全國高等院校古籍整理研究工作委員會直接資助項目

邇言等五種

〔清〕錢大昭等　撰

顏春峰　葉書奇　點校

中華書局

圖書在版編目(CIP)數據

邇言等五種/(清)錢大昭等撰;顏春峰,葉書奇點校. —北京:
中華書局,2019.2
ISBN 978-7-101-13723-1

Ⅰ.邇… Ⅱ.①錢…②顏…③葉… Ⅲ.漢語-古詞語
Ⅳ.H131

中國版本圖書館 CIP 數據核字(2019)第 006726 號

書　　名　邇言等五種
撰　　者　〔清〕錢大昭等
點 校 者　顏春峰　葉書奇
責任編輯　許　榮
出版發行　中華書局
　　　　　(北京市豐臺區太平橋西里 38 號　100073)
　　　　　http://www.zhbc.com.cn
　　　　　E-mail:zhbc@zhbc.com.cn
印　　刷　北京瑞古冠中印刷廠
版　　次　2019 年 2 月北京第 1 版
　　　　　2019 年 2 月北京第 1 次印刷
規　　格　開本/710×1000 毫米　1/16
　　　　　印張 23¼　插頁 2　字數 320 千字
印　　數　1-2500 册
國際書號　ISBN 978-7-101-13723-1
定　　價　78.00 元

目　　錄

前　言

　　《邇言》等五種包括《邇言》《釋諺》《語竇》《常語尋源》《俗說》五部書，主要採集漢語中的各種俗語、諺語、方言詞語等，通過援引書證，指明其出處。內容涉及飲食、言語、舉止、服飾、禮儀、典制、名物、技藝、稱謂、禽獸、草木等方面，與錢大昕《恆言錄》、翟灝《通俗編》、趙翼《陔餘叢考》等，風格、性質類似。《邇言》等五種書篇幅較小，搜羅、考證不及《恆言錄》《通俗編》等書豐富精細，但徵引、考辨亦各有特色，也是研究漢語語源、漢語詞彙史比較有價值的參考資料。

　　《邇言》，清代錢大昭撰。錢大昭，字晦之，號可廬，江蘇嘉定（今屬上海）人，錢大昕之弟。生於乾隆九年（1744），卒於嘉慶十八年（1813）。嘉慶元年舉孝廉方正。曾參與校錄《四庫全書》。除《邇言》外，還著有《爾雅釋文補》《廣雅疏義》《說文統釋》《漢書辨疑》《後漢書辨疑》《續漢書辨疑》《三國志辨疑》《後漢書補表》《詩古訓》《經說》《補續漢書藝文志》《後漢郡國令長考》等。

　　《邇言》共6卷，總計597條，不分類。全書以二字詞爲主，卷五後半部分爲一字、三字詞，卷六爲四字及以上的詞語。每條先列出被釋詞，不釋義，直接徵引一兩條書證，個別多達十數條。每條書證均注明出處，徵引書目來源於經、史、子、集，大多常見易尋。該書有咸豐元年正月原刻本及光緒四年仁和葛元煦理齋刻本。光緒四年刻本是對咸豐元年刻本的補刊，卷末附有葛元煦識語。

　　《釋諺》,清代平步青撰。平步青,字景孫,號棟山、侶霞、霞偶、常庸等,別署三壺佚史、棟山樵等,浙江山陰(今紹興)人。生於道光十二年(1832),卒於光緒二十一年(1895)。同治元年(1862)進士,授翰林院編修,任江西督糧道,曾署江西布政使、按察使。同治十一年(1872)棄官歸鄉,校輯群書,晚年輯所著爲《香雪崦叢書》,包括《讀經拾瀋》《讀史拾瀋》《樵隱昔寱》《霞外攟屑》《群書斠識》等,另有《安越堂外集》。

　　《釋諺》是《香雪崦叢書》丙集《霞外攟屑》的第十卷,總計176條(一條下收數詞以一條計,下同),不分類。收詞原則爲“已見各書而無訂正、補增者不錄”。每條先列出被釋詞,與今俗制度、慣例相關者先作簡單說明,隨後再徵引數條例證或觀點。在所引書名之後,往往用小字注明卷號或篇目,每段最後有案語,對所引内容進行解釋、訂正或增補。所引内容大多來源於各類筆記、文集及各種方言、俗語著作,涉及越俗、越諺内容較多,有民國六年(1917)《香雪崦叢書》本。

　　《語竇》,清代胡式鈺撰。胡式鈺,字啄如,一字青坳,號癯圃,室名寸草堂,上海人,諸生。嘉慶二十三年(1818)以科場文字案充發山西渾源縣,道光六年(1826)赦還。著有《竇存》4卷、《寸草堂詩鈔》12卷。

　　《語竇》是《竇存》的第四卷,總計323條,不分類。收詞以一、二、三字詞爲主,每條被釋詞不單獨列出,而是在行文中以右側加點的方式標明。行文注重釋義、注音及推原,部分詞義難解的條目會進行源流考辨。該書有道光二十一年(1841)刻本。

　　《常語尋源》,清代鄭志鴻撰。鄭志鴻,號遜齋,安徽涇縣人。

　　《常語尋源》共2卷10冊。上卷分爲甲、乙、丙、丁四冊,下卷分爲戊、己、庚、辛、壬、癸六冊。作者在卷首部分撰有總目,分別標明了每冊所收條目的數量,總計1068條。但癸冊較總目所載少一條,實爲1067條。該書收詞不分類,以字數分冊,甲冊爲二字詞,乙冊爲三字詞,丙冊至庚冊爲四字詞,辛冊爲五字詞,壬冊爲六字詞,癸冊爲七、八字詞。收詞以出於文人學士、經史、佛典、諸子百家雜出之書爲主，不見於載籍者不收，太文、太泛者不收，《西廂記》《水滸傳》等通俗文學作品也不在徵引範圍内。此書條目有不少重出於前人之書者，引文、出處也多有錯誤，但作者對每條俗語都儘量考證源流，無法考證者則標注“未詳”二字，羅列可能的出處，搜羅較富，仍具有研究和參考價值。該書有光緒二年（1876）涇縣鄭氏家刻本。日本漢學家長澤規矩也曾精選中國古籍，輯成《明清俗語辭書集成》，《常語尋源》光緒二年刻本就被收錄在第三册中。

　　《俗說》，清末民初羅振玉撰。羅振玉，字式如、叔蘊、叔言，號雪堂、永豐鄉人、貞松老人等，祖籍浙江上虞。同治五年（1866）出生於江蘇山陽（今淮安），民國二十九年（1940）卒於旅順。清末曾任學部參事官、京師大學堂農科監督等。也曾參與籌備、管理僞滿洲國事務。他在搜集整理古代遺物、文獻方面貢獻卓越，有專著《殷虛書契》《殷虛書契考釋》《三代吉金文存》《流沙墜簡》（與王國維合著）《鳴沙石室佚書》等，另有著作集《雪堂校刊群書敘錄》《永豐鄉人稿》《貞松老人遺稿》等。

　　《俗說》收錄在《貞松老人遺稿》甲集中。《俗說》本爲南朝梁沈約所著志人小說集，羅振玉借用其名，撰輯《恆言錄》《直語補正》《通俗編》未載之方言俗語，而成是書。該書收詞346條，以二字詞爲主，列出被釋詞後，直接抄錄一兩條書證，不作注釋考辨。有民國三十年（1941）《貞松老人遺稿》鉛印本。

　　《邇言》等五種1959年由商務印書館合訂斷句排印。該本對《邇言》的作者、版本及研究價值都做了介紹，並編製四角號碼索引以供查閱，是當時《邇言》等五種唯一的通行校本。但該本的點校存在些許問題：避諱字多未改回、徑改底本文字而不出校記、排印錯訛、斷句錯誤，如《邇言》自序“隻語片解”當作“隻語片辭”；《釋諺》“三更三點”條“人鵁行”當作“入鵁行”，“花轎”條“南部新書唐”當作“南部新書庚”，“不大不小”條“罍彝”當作“罍彝”，“年紀”條“隻塵談”當作“隻麈談”；《語寶》“上頭”條“便上頭”當作"使上頭"，"手不釋卷"條"海育門生"當作"誨育門生"；《常語尋源》"孤注"條"臣問"當作"臣聞"，"口占"條"馮兒"當作"馮几"，"夫婦齊眉"條"賃春"當作"賃舂"等。另有《常語尋源》"已歸道山"條"續世說"衍"續"字，《俗說》"雷公電母"條"蘇軾"脫"軾"字，《釋諺》"小姐"條、《語竇》"錢財""偷""狗""草鎮""家兄、孔方兄""市井"等條下也都存在不同程度的漏句，《常語尋源》壬冊還遺漏"今生作，來生受"一條。斷句錯誤如《釋諺》"當差"條"皆於西園諧價差等也"當作"'皆於西園諧價。'差，等也"。《常語尋源》"事無常法"條"不法法則，事無常法，不法則令不行"當作"不法法，則事無常；法不法，則令不行"等。

此次整理《邇言》等五種，分別以上海古籍出版社《續修四庫全書》影印咸豐元年刻本《邇言》、民國六年《香雪崦叢書》本《霞外攟屑》第十卷《釋諺》、1985年中國書店影印道光二十一年刻本《竇存》第四卷《語竇》、1989年上海古籍出版社影印《明清俗語辭書集成》第三冊光緒二年刻本《常語尋源》及1996年上海書店影印民國三十年鉛印本《貞松老人遺稿》甲集《俗說》爲底本，同時參考商務印書館1959年斷句排印本《邇言》等五種及上海古籍出版社1982年斷句排印本《霞外攟屑》。

在點校過程中，對於如"按/案（語）、譌/訛（誤）、雞/鷄、檐/簷、譔/撰"等異體字以及古今字、俗體字等，基本保留底本文字原樣，不作改動，但部分字有兩種寫法，如：傍/徬、磅/磞、邊/邉、並/竝、冊/册、牀/床、盜/盗、凡/凡、蓋/葢、恆/恒、侯/矦、荒/荒、黃/黄、回/囘、禍/禍、卽/即、腳/脚、酵/酵、捷/捿、肯/肻、涼/凉、畱/留、劉/劉、魯/魯、略/畧、睪/蒙/蒙、密/宻、旁/旁、啟/啓、强/強、群/羣、尙/尚、淫/濕、諡/謚、說/説、搜/捜、歎/嘆、忘/忘、妄/妄、溫/温、臥/卧、庿/廂、季/孝、廝/廝、兌/兑、虛/虚、敘/叙、彥/彦、寃/冤、柵/栅、衆/眾等，我們進行了統一字形的工作。避諱字則直接改回，不出校；古人引文多憑記憶，並不嚴格，或爲節引，一般仍加引號，不出刪節號，如有出處錯誤、關鍵字詞差異則出校。

全書總計2509條，按照《邇言》《釋諺》《語竇》《常語尋源》《俗說》的

順序,統一用阿拉伯數字編號,除《語竇》"便宜"與"篦箃、鹿鹿速速"本爲1
條拆作2條外,其他均按照原書條目排列。書後編有音序索引,以便查檢。

　　顔春峰從杭州師範大學主持申報全國高校古籍整理研究工作委員會直
接資助項目"《恆言録》等七種清代俗語詞著作點校",獲得立項,謹致謝忱。

邇 言

嘉定錢大昭

序

　　家隱侯譔《俗說》三卷，載《隋書·經籍志》子雜家類，當時劉霽亦有《釋俗語》八卷，書皆不傳。傳於今者，唯宋龔頤正之《釋常談》、明楊愼之《俗言》數家。而近人翟晴江學博《通俗編》、錢辛楣少詹《恆言錄》爲尤著。可盧徵君固少詹之難弟也，嘗著《邇言》一編，與少詹書相出入。昔人言杜詩、韓筆“無一字無來歷”，豈知街談巷語亦字字有所本。世之人習焉不察，好學深思者觸類皆通。女夫韓君小亭將刊行是書，徵君孫直卿文學請余弁首。余曩時曾譔《續恆言錄》，其徵引頗有出於諸家之外者，蓋亦識小之一端、揮塵之一助也。道光庚戌中秋，年家子沈濤謹序。

自　序

　　“乃諺”爲《無逸》之所戒，然“齊人有言”，孟子以證“乘勢”；“南人有言”，孔子以譏“無恆”；夏諺、周諺引於經傳，齊鄙語引於《呂覽》，鄒魯諺引於《漢書》，則淺近之言亦聖賢所不廢乎？夫今古一耳，古人所言，今人謂之古語，在古人自視，未嘗不以爲今語也，筆之於書，遂爲故實。若然，則今人所爲俗語，安知不爲幾千百年後之故實乎？舊有無名氏《釋常談》，又有宋龔頤正《續釋常談》，皆寥寥二三百事，無甚可觀。因於涉獵之暇，類次俗語俗事之見於經、史、子、集者，爲《邇言》六卷，於以見一話一言亦不可無所根據焉。至於爬羅剔抉，務使里巷中隻語片辭俱合於古，則請俟諸異日。壬寅中秋，晦之甫錢大昭記。

卷　一

0001 斟酌　《國語·周語》云：“而後王斟酌焉。”《荀子·富國篇》云：“節其流，開其源，而時斟酌焉。”《漢書·律曆志》云：“斟酌建指，以齊七政。”《揚雄傳》云：“皆斟酌其本，相與放依而馳騁云。”《敘傳》云：“斟酌六經，放《易》象《論》。”《白虎通》云：“言周公輔成王，能斟酌文武之道而成之也。”《後漢書·章帝》贊曰：“左右蓺文，斟酌律禮。”《張奮傳》云：“猶周公斟酌文武之道。”《班彪傳》云：“因斟酌前史而譏正得失。”班固《兩都賦》云：“騰酒車而斟酌。”又《典引》云：“屢訪群儒，論咨故老，與之乎斟酌道德之淵源，看覈仁義之林藪。”仲長統《昌言》：“非能斟酌賢愚之分，以開盛衰之數也。”《蔡邕傳》云：“斟酌群言，韙其是而矯其非。”《魏志·袁渙傳》云：“常談曰：‘世治則禮詳，世亂則禮簡。’全在斟酌之閒耳。”《宋書·恩倖傳》論：“都正俗士，斟酌時宜。”

0002 筆研　《漢書·薛宣傳》云：“下至財用、筆研，皆爲設方略，利用而省費。”《後漢書·班超傳》：“投筆歎曰：‘大丈夫無它志略，猶當效傅介子、張騫立功異域，以取封侯，安能久事筆研閒乎？’”

0003 雲泥　《後漢書·矯慎傳》云：“去雖乘雲行泥，棲宿不同。”

0004 才具　《晉書·高崧傳》云：“是時謝萬爲豫州都督。崧謂曰：‘卿今疆理西藩，何以爲政？’萬粗陳其意，崧便爲敘刑政之要數百言。萬呼崧小字曰：‘阿酃故有才具耶！’”

0005 榮華　《魏志·陳思王植傳》云：“朱紱光大，使我榮華。”《文選·責躬詩》作“光光大使，我榮我華”。李善注引《文子》曰：“有榮華者，必有愁悴。”

0006 儒雅　《晉書·陳頵傳》云：“解結曰：‘張彥真以爲汝、潁巧辯，不及青、徐儒雅也。’”

0007 **光鮮**　曹子建詩《名都篇》云：“寶劍直千金，被服光且鮮。”

0008 **長進**　《晉書·和嶠傳》云：“嶠後與荀顗、荀勖同侍，帝曰：‘太子近入朝，差長進，卿可俱詣之，粗及世事。’”《世說》云：“王長史與支公語，支曰：‘君言義了不長進①。’”

0009 **威風**　《後漢書·章帝紀》云：“明糾非法，宣振威風。”《隗囂傳》云：“安定大尹王向，威風獨能行其邦内，屬縣皆無叛者。”《左雄傳》云：“謂殺害不辜爲‘威風’，聚斂整辦爲‘賢能’。”

0010 **情趣**　《後漢書·劉陶傳》云：“好尚或殊，富貴不求合；情趣苟同，貧賤不易意。”

0011 **快活**　《五代史·劉昫傳》云：“是時，三司諸吏提印聚立月華門外，聞宣麻罷昫相，皆歡呼相賀曰：‘自此我曹快活矣。’”

0012 **勤緊**　《宋書·黃回傳》云：“會中書舍人戴明寶被繫，差回爲户伯，性便辟勤緊，奉事明寶竭盡心力。”

0013 **勤謹**　《漢書·食貨志》云：“治田勤謹，則畝益三升。”

0014 **妥帖**　陸機《文賦》云：“或妥帖而易施，或岨峿而不安。”

0015 **安穩**　《大疋·緜》詩“乃慰乃止”箋：“民心定，乃安隱其居。”《莊子·應帝王篇》“其卧徐徐”司馬彪注：“徐徐，安隱皃。”《說文》無“穩”字，徐鉉《新坿字》有之，云：“安也。古通用‘安隱’。”

0016 **太平**　荀悦《漢紀》云：“九年耕，餘三年之食，進業日升，謂之升平，三升曰泰。二十七年，餘九年食，謂之太平。”

0017 **富足**　《後漢書·王符傳》云：“禮義生於富足，盜賊起於貧窮。”

0018 **寶貝**　《文選·海賦》云：“積太顛之寶貝與隨侯之明珠。”

0019 **聰察**　《漢書·宣元六王傳》贊云：“淮陽憲王於時諸侯爲聰察矣。”

0020 **部署**　司馬相如《大人賦》云：“悉徵靈圉而選之兮，部署衆神於

---

① 言義，《世說新語·文字》作“義言”。

搖光。"

0021 比校 《齊語》云："管仲曰：'昔我先君，合群叟，比校民之有道者。'"韋昭注云："校，考合也。"

0022 繆巧 《漢書·韓安國傳》云："意者有他繆巧可以禽之，則臣不知也。"

0023 醞藉 《聘禮》云："凡執玉無藉者襲。"鄭注："藉，謂繅也。繅，所以醞藉也。"《漢書·薛廣德傳》："爲人溫雅有醞藉。"又《匡張孔馬傳》贊云："其醞藉可也。"顏師古曰："謂如醞釀及薦藉，道其寬博重厚也。"

0024 鄭重 《漢書·王莽傳》云："然非皇天所以鄭重降符命之意。"顏師古曰："鄭重，頻煩也。"

0025 料理 《晉書·王徽之傳》云："桓沖嘗謂徽之曰：'卿在府日久，比當相料理。'"

0026 擔負 《商頌·玄鳥》云："百祿是何？"鄭箋："謂當擔負天之多福。"

0027 比方 韋注《齊語》云："比，比方也。"

0028 攫舉 羅隱《春風》詩云："但是秕穅微細物，等閒攫舉到青雲。"

0029 衾影 宋徐子端杜門讀書，作《後泉散人傳》，引蔡季通"獨行不愧影，獨寢不愧衾"之語以自擬。

0030 刻苦 《唐書·盧杞傳》云："許安曰：'我父兄刻苦以持門戶，終爲緇郎壞之。'"

0031 團圓 《後漢書》張衡《思玄賦》云："志團圓以應懸兮，誠心固其如結。"

0032 明白 《漢書·東方朔傳》："客難云：'好學樂道之效，明白甚矣。'"《楊惲傳》："廷尉定國考問，左驗明白。"

0033 堪輿 《漢書·藝文志》有《堪輿金匱》十四卷。顏師古曰："許慎云：'堪天道，輿地道也。'"

0034 生活 《孟子》云："民非水火不生活。"《詩》"于嗟闊兮，不我活兮"毛傳云："不與我生活也。"劉向《說苑·建本篇》云："譬猶食于釜甑，須以生活而非陶冶者也。"《漢書·郊祀志》云："稷者，百穀之主，所以奉宗廟，共粢盛，人所食以生活也。"《南史》："梁武帝謂臨川王曰：'阿六，汝生活大可。'"《北魏書·祖瑩傳》云："瑩常語人曰：'文章須自出機杼，成一家風骨，何能共人同生活也？'蓋譏世人好偷竊他文以爲己用。"

0035 綽約 《莊子》："綽約若處子。"《說文》作"嫮妁"，《廣雅》作"婥約"，字異音義同。《漢書》司馬相如《子虛賦》："便嬛嫮約。"楊雄《反離騷》云："閨中容競淖約兮，相態以麗佳。"顏師古曰："淖約，善容止也。淖音綽。"

0036 薦舉 《焦氏易林》云："明允篤誠，升擢薦舉。"

0037 風俗 《漢書·地理志》云："凡民稟五常之性，而有剛柔緩急，聲音不同，繫水土之風氣，故謂之風，好惡取舍，動靜無常，隨君上之情欲，故謂之俗。"

0038 葷辛 《士相見禮》云："夜侍坐，問夜、膳葷，請退可也。"鄭注："膳葷，謂食之葷辛物，蔥薤之屬。"

0039 射覆 《漢書·東方朔傳》云："上嘗使諸數家射覆。"顏師古曰："於覆器之下而置諸物，令闇射之，故云射覆。"

0040 攻緻 《小雅》云："王事靡盬。"鄭箋："盬，不攻緻也。"

0041 鶻崙 《朱子語類》云："若只是握得一箇鶻崙底果子，不知裏面是酸、是鹹、是苦、是澀，須是與他嚼破，便見滋味。"

0042 利市 《說卦傳》："爲近利市三倍。"《易林》云："入門笑喜，與我利市。"

0043 壽算 《易林》云："賜我祉福，壽算無極。"

0044 風流 范蔚宗《方術傳》論云："其風流可知矣。"《隋書·樂志》云："古之君子，悲周道之衰、頌聲之輟，飾鼓以鷺，存其風流。"

0045 **性命** 《後周書·張元傳》云："少時,村陌有狗子爲人所棄者,元見卽收而養之。其叔父怒曰:'何用此爲?'將欲更棄之。元對曰:'有生之類,莫不重其性命。若天生天殺,自然之理。今爲人所棄而死,非其道也。若見而不收養,無仁心也。是以收而養之。'叔父感其言,遂許焉。未幾,乃有狗母銜一死兔置前而去。"

0046 **奉承** 宋范質《戒子孫》詩有云:"舉世好奉承,昂昂增意氣。不知奉承者,以爾爲兒戲。"

0047 **分付** 《漢書·原涉傳》云:"涉迺側席而坐,削牘爲疏,具記衣被棺木,下至飯含之物,分付諸客。諸客奔走市買,至日昳皆會。"

0048 **習慣** 《左傳》:"習射御貫①,則能獲禽。"賈誼《新書》:"習慣如自然。"

0049 **枝掌** 《魯靈光殿賦》云:"枝掌杈枒而斜據。""掌"俗作"撐",非是。

0050 **元由** 《宋書·王景文傳》云:"臣遣李武之問謝儼元由,答云'使人謬誤'。"

0051 **含胡** 《唐書》:"安祿山斷顏杲卿舌曰:'復能罵否?'杲卿含胡而死。"

0052 **機關** 《易林》云:"甘露醴泉,太平機關。"

0053 **支持** 《魯靈光殿賦》云:"豈非神明依憑支持,以保漢室者也?"

0054 **停當** 《呂覽·上德篇》云:"……不察。嚴罰厚賞,不足以致此。"高誘曰:"厚賞,一作停當。"

0055 **矍鑠** 《後漢書·馬援傳》云:"援據鞍顧眄,以示可用。帝笑曰:'矍鑠哉!是翁也。'"注云:"矍鑠,勇貌。"

0056 **黃昏** 《淮南子》云:"日至于虞淵,是謂黃昏。"

---

① 《左傳·襄公三十一年》無"習"字。

0057 **要害** 《漢書·西南夷傳》:"大司農豫調穀積要害處。"顏師古曰:"要害者,在我爲要,在彼爲害也。"

0058 **紬繹** 《漢書·谷永傳》云:"燕見紬繹,以求咎愆。"顏師古曰:"紬讀曰抽。紬繹者,引其端緒也。"

0059 **計較** 《吳志·孫堅傳》云:"夜馳見袁紹,畫地計較。"

0060 **肴饌** 曹子建《七啟》:"可以和神,可以娛腸,此肴饌之妙也。"

0061 **迴避** 《漢書·蓋寬饒傳》云:"擢爲司隸校尉,刺舉無所迴避,小大輒舉。"又《趙廣漢傳》云:"好用世吏子孫新進年少者,見事風生,無所迴避。"

0062 **溫麣**麣讀若吞 許氏《說文》云:"麣,安溫麣也。"[①]又"嬽"字注云:"讀若水溫麣也。乃昆切。""麣"或作"㬉"。王建《宮詞》云:"新晴艸色暖溫㬉。"白居易詩云:"池水暖溫㬉。"陶宗儀《輟畊錄》云:"南人方言曰'溫㬉'者,懷熅也。"

0063 **經紀** 俗謂人營生者曰"經紀"。《唐書》:"太宗勑滕王、蔣王曰:'滕王、蔣兄自能經紀,不須賜物。'"

0064 **脩娖** 俗謂葺理整齊爲"脩娖"。唐中和二年,脩娖部伍。"娖"音"捉"。

0065 **模樣** 杜荀鶴詩云:"子細尋思底模樣。"

0066 **滑汰** 《李翕天井道碑》云:"冬雪則涷渝,夏雨滑汰。"洪适曰:"汰卽渿字。"

0067 **文書** 《後漢·光武紀》:"文書調役,務從簡寡。"《潛夫論》云:"但坐調文書,以欺朝廷。"

0068 **響亮** 《文選·吳都賦》云:"鳴條律暢,飛音響亮。"

0069 **規摹** 《漢書·高帝紀》云:"雖日不暇給,規摹弘遠矣。"

---

① 安溫麣,《說文解字·日部》作"安麣,溫也"。

0070 **調攝**　《焦氏易林》云："調攝違和，陰陽顛倒。"

0071 **賣買**　《周禮·小宰》："聽賣買以質劑。"《說文》："市，買賣所之也。"

0072 **子細**　《北史·源思禮傳》："爲政當舉大綱，何必太子細也？"杜甫詩："野橋分子細。"又云："醉把茱萸子細看。"杜荀鶴詩："子細尋思底模樣。"又歐陽修詩："秋花不比春花落，回報詩人子細看。"

0073 **交代**　《漢書·蓋寬饒傳》云："及歲盡交代。"《後漢書·傅燮傳》云："初，郡將范津明知人，舉燮孝廉。及津爲漢陽，與燮交代，合符而去，鄉邦榮之。"《白虎通》云："所以必於泰山何？萬物交代之處也。"《風俗通》云："萬物之始[①]，陰陽交代。"

0074 **完全**　《荀子·議兵篇》云："韓之上，地方數千里，完全富具。"楊倞注云："完全，言城邑也。"

0075 **功勞**　《晉書》："太始五年，詔曰：'其條勤能有稱尤異者，歲以爲常。吾將議其功勞。'"

0076 **吹噓**　楊雄《方言》云："吹、扇，助也。"郭璞注云："吹噓扇拂，相佐助也。"

0077 **將養**　《詩·小雅》"不遑將父"毛公傳云："將，養也。"張氏《廣雅》云："將，養也。"

0078 **等輩**　《後漢書·第五倫傳》云："倫每讀詔書，常歎息曰：'此聖主也。'等輩笑之曰：'爾說將尚不下，安能動萬乘乎？'"《禰衡傳》云："若衡等輩，不可多得。"

0079 **尺牘**　《文選》謝宣遠詩云："誰謂情可書，盡言非尺牘。"李善注引杜篤《弔比干文》云："敬申弔於比干，寄長懷於尺牘。"

0080 **瓜葛**　《世說新語》云："王導嘗與其子悅圍棊爭道，導笑曰：'相

---

① 始，《風俗通義·正失》作"宗"。

與有瓜葛，亦得爾耶？'"

0081 消息　《魏志·齊王芳本紀》云："毌丘儉上言：'昔諸葛恪圍合肥新城，城中遣士劉整出圍傳消息，爲賊所得。'又云：'又遣鄭像出城傳消息。'"

0082 倜儻　《漢書·郊祀志》云①："志倜儻，精權奇。"《司馬相如傳》云："倜儻窮變。"《文選》枚乘《七發》云："忽兮慌兮，倜兮儻兮。"《廣雅》云："倜儻，卓異也。"倜儻，《說文新附字》："古作俶儻。"

0083 畱連　焦贛《易林·復之離》云："行旅遲遲，畱連齊魯。"《後漢書·劉陶傳》云："畱連至今，莫肎求問。"《北齊書·王晞傳》："詩曰：'日落應歸去，魚鳥見畱連。'"

0084 狂瞽　《後漢書·戴憑傳》云："臣無謇諤之節，而有狂瞽之言。"《欒巴傳》云："苟肆狂瞽，益不可長。"

0085 功夫　《魏志·齊王芳紀》云："七年，詔曰：'吾乃當以十九日親祠，而昨出已見治道，得雨當復更治，徒棄功夫。'"《王肅傳》云："太極以前，功夫尚大也。"

0086 雷同　《曲禮》云："無勦說，無雷同。"《漢書·馬宮傳》云："希指雷同，詭經辟說。"劉歆《移太常博士書》云："雷同相從，隨聲是非。"《後漢書·桓譚傳》云："略靁同之俗語，詳通人之雅謀。"馮衍《顯志賦》："紛綸流於權利兮，親靁同而妒異。"王符《潛夫論》云："不隨俗而雷同，不逐聲而寄論。"

0087 雪白　《廣韻》卅二霰引束晳《麪賦》云："重羅之麪，塵飛雪白。"

0088 滋味　《月令》云："薄滋味。"王褒《聖主得賢臣頌》云："羹藜晗嚃者，不足與論太牢之滋味。"

---

① 郊祀志，當作"禮樂志"，見《漢書》卷二二。

0089 **謙虛** 《後漢·馬皇后紀》帝曰：“太后誠存謙虛，奈何令臣獨不加恩三舅乎？”《寶章傳》云：“章謙虛下士。”《胡廣傳》云：“體眞履規，謙虛溫雅。”

0090 **牽帥** 《左傳》知武子曰：“牽帥老夫以至于此。”

0091 **竭蹷** 《荀子·議兵篇》：“近者謳謳而樂之，遠者竭蹷而趨之。”

0092 **搔擾** 王符《潛夫論》云：“邊陲搔擾。”

0093 **把持** 《白虎通》云：“霸，迫也，把也。迫脅諸侯，把持其政。”

0094 **渣滓** 《鹽鐵論》云：“文學守死渣滓之語，而終不移。”

0095 **拳勇** 《毛詩》：“無拳無勇。”《吳都賦》云：“覽將帥之拳勇。”李善曰：“拳與權同。”

0096 **調戲** 《左傳》：“宋華弱與樂轡少相狎，長相優。”杜預曰：“優，調戲也。”馮衍《與婦弟任武達書》云：“房中調戲，布散海外。”《文選·游天台山賦》注引《大智度論》曰：“五蓋：貪欲、嗔恚、睡眠、調戲、疑悔。”

0097 **軟弱** 《潛夫論》云：“將軍皆怯劣軟弱。”劉琨《答盧諶》詩曰：“咨余軟弱，弗克負荷。”

0098 **沙汰** 《吳志·朱據傳》云：“是時選曹尚書暨豔，疾貪汙在位，欲沙汰之。”

0099 **煩碎** 《漢書·京房傳》云：“皆言房言煩碎，令上下相司，不可許。”《黃霸傳》云：“初若煩碎，然霸精力能推行之。”《薛宣傳》云：“殆吏多苛政，政教煩碎。”又云：“官屬譏其煩碎、無大體，不稱賢也。”《何武傳》云：“多所舉奏，號爲煩碎，不稱賢公。”《王莽傳》云：“太后詔曰：‘今衆事煩碎，朕春秋高，精氣不堪。’”《魏略·苛吏傳》云：“王思爲人雖煩碎，而曉練文書，敬賢禮士，傾意形執，亦以是顯名。”

0100 **沈吟** 《後漢書·隗囂傳》云：“牛邯得王遵書，沈吟十餘日，乃歸命洛陽。”《賈復傳》云：“帝召諸將議兵事，沈吟久之。”《魏志·董昭傳》云：“臣恐陛下雖有勑渡之詔，猶必沈吟，未便從命也。”《蜀志·龐統傳》云：“若沈吟不去,將致大困,不可久矣。"

0101 **硬搶** 《朱子語類》論《甫田》詩云:"驕驕,張王之意,猶曰'暢茂樂敖'耳。'樂樂'與'驕驕'之義同。今田畝閒,莠最硬搶。"

0102 **虛譁** 《漢書·五行志》云:"言上號令不順民心,虛譁憒亂,則不能治海內。"

0103 **虛華** 《後漢書·朱穆傳》云:"是以虛華盛而忠信微,刻薄稠而純篤稀。"

0104 **屬託** 《潛夫論》云:"今又却于貴人之風指,脅以權埶之屬託,請謁闐門,禮贄輻輳。"《後漢書·楊震傳》云:"外交屬託,擾亂天下。"

0105 **含糊** 《唐書·陸贄傳》云:"又如遇敵而守不固,陳謀而功不成,責將帥,將帥曰:'資糧不足。'責有司,有司曰:'須給無乏。'更相爲解,而朝廷含糊,未嘗究詰。"

0106 **掘强** 《漢書》:"伍被謂淮南王安曰:'掘强江淮之閒,苟延歲月之命。'"《後漢書》論云:"然猶以假附宗室,能掘强歲月之閒。"杜子美詩:"掘强泥沙有時立。"

0107 **强梁** 《道德經》:"彊梁者不得其死。"《墨子·魯問篇》:"其子强梁不材。"《莊子·應帝王篇》:"齧疾强梁。"《大宗師篇》:"無莊之失其美,據梁之失其力。"《釋文》引李頤云:"據梁,强梁也。"《釋名·釋宮室》云:"梁,彊梁也。"

0108 **唐突** 《小雅·漸漸之石》箋云:"豕之性能水,又唐突難禁制。"《文選·魯靈光殿賦》云:"盜賊奔突。"張載注:"突,唐突也。"魚豢《典略》云:"路粹承指數孔融罪,言融爲九列,不遵朝儀,禿巾微行,唐突宮掖。"

0109 **荒唐** 《潛夫論》云:"俗之荒唐,世法滋彰。"

0110 **惕息** 《焦氏易林》云:"懼畏惕息,終免禍患。"《漢書·司馬遷傳》云:"視徒隸則心惕息。"

0111 **約莫** 張炎《樂府指迷》云:"若八字既工,下句便合少寬,庶不窒塞。約莫太寬易,又着一句工緻者,便精粹。"

0112 **連蹇** 《易》曰:"往蹇來連。"王氏曰:"往來皆難也。"馬氏曰:"難也。"楊雄《解嘲》云:"孟軻雖連蹇,猶爲萬乘師。"《反離騷》云:"騁驊騮以曲囏兮,驢騾連蹇而齊足。"《焦氏易林》云:"道陟多阪,胡爲連蹇。"

0113 **詛難** 桓寬《鹽鐵論》云:"閒者郡國或令民作布絮,吏詛難,與之爲市。"《焦氏易林》云:"行道詛難不可以涉。"

0114 **作撻** 宋吳龍翰《春懷》詩云:"好景相看作撻盡,閉門不覺了清明。"龍翰,字式賢,新安人,有《古梅遺稿》六卷。

0115 **詿誤** 《焦氏易林》云:"暗昧冥語,相傳詿誤。"《潛夫論》云:"不信則懼失賢,信之則詿誤人。此俗士可厭之甚者也"。

0116 **落魄** 《史記》云:"酈食其好讀書,家貧落魄。"應劭曰:"落魄,志行衰惡之貌。"顏師古曰:"失業無次也。"

0117 **折閱** 《荀子·脩身篇》云:"良賈不爲折閱不市。"楊倞曰:"折,損也;閱,賣也。言損所閱賣之物價也。"《漢書·食貨志》云:"用其本賈取之,無令折錢。"

0118 **鈔暴** 《後漢書》:建武九年,"匈奴轉盛,鈔暴日增。"

0119 **彭亨** 《大雅·蕩》毛傳:"炰烋,猶彭亨也。"鄭箋:"炰烋,自矜氣健之兒。"《廣韻》:"膨脝,脹也。"又:"憉悙,自强。"皆毛、鄭義也。今俗呼腹脹爲彭亨。韓昌黎《石鼎聯句》:"豕腹脹彭亨。"

0120 **薄相** 蘇東坡詩:"此豈水薄相,與我相娛嬉。"

0121 **首級** 《魏志·國淵傳》云:"破賊文書,舊以一爲十。及淵上首級,如其實數。太祖問其故,淵曰:'夫征討外寇,多其斬獲之數者,欲以大武功且示民聽也。河閒在封域之內,銀等叛逆,雖克捷有功,淵竊恥之。'太祖大悅。"

0122 **逋負** 《後漢書·段潁傳》云:"洗雪百年之逋負,以慰忠將之亡魂。"

0123 覺察　《舊五代史·食貨志》云:"唐同光二年,詔曰:'宜禁斷沿江州縣。每有舟船到,嚴加覺察。'"

0124 忌諱　《焦氏易林》云:"國多忌諱,大人恆畏,結口無患,可以長存。"《漢書·東方朔傳》云:"愚不知忌諱,當死。"

0125 發迹　《舊五代史·周太祖紀》:"臣發迹寒賤,遭遇聖明,既富且貴,實過平生之望。"

0126 脫空　《五代史》:"少主崩,命馮道迎相公,將立。公至相州,周祖已爲三軍推戴。郭忠恕責道曰:'今公一旦反作脫空漢子。'"

0127 蹺欹　《朱子語類》云:"只是堅立著志,順義理做去,他無蹺欹也。"

0128 卑末　《後漢書·欒巴傳》云:"雖幹吏卑末,皆課令習讀。"

0129 抽替　俗呼器皿之抽頭爲"抽替"。案:《南史》:"殷妃死,孝武思見之,遂爲抽替棺,欲見則引替觀屍。"

0130 猶豫　《易》曰:"由豫,大有得。"馬融本作"猶豫",云"疑也"。

0131 刻畫　《晉書·周顗傳》:"庾亮嘗謂周顗曰:'諸人咸以君方樂廣。'顗曰:'何乃刻畫無鹽,唐突西施也?'"

0132 數奇　《漢書·李廣傳》云:"大將軍陰受上指,以爲李廣數奇,毋令當單于,恐不得所欲。"如淳曰:"數爲匈奴所敗,爲奇不耦。"服虔曰:"作事數不耦也。"顏師古曰:"數,音所角反;奇,音居宜反。"王維詩"衛青不敗由天幸,李廣無功因數奇",始以"數"爲命數之數。

0133 蔕芥　《漢書·賈誼傳》云:"細故蔕芥,何足以疑?"師古曰:"蔕芥,小鯁也。"

0134 處分　《晉書》謝安曰:"朝廷處分已定矣。"

0135 蒼黃　杜少陵《新婚別》詩:"誓欲隨君去,形勢反蒼黃。"

0136 孤負　李陵《答蘇武書》:"陵雖孤恩,漢亦負德。"又曰:"孤負陵心。"

0137 勢利 《漢書·張耳陳餘傳》贊云:"勢利之交,古人羞之。"

0138 縮朒 《漢書·五行志》劉歆曰:"王侯縮朒不任事。"《說文》"朔而月見東方,謂之縮朒",亦取不申達之象今本《說文》作"肭",誤。

0139 攛掇 《朱子語類》云:"四面八方攛掇他去這路上行。"

0140 夭邪 唐詩:"錢唐蘇小小,人道最夭邪。"俗作"歪邪",非。

0141 卒暴 《漢書·陳湯傳》:"興卒暴之師。"注云:"卒讀曰猝。"

0142 數說 俗謂責人曰"數說"。《左傳》:"乃執子商而數之。"又如漢高祖之數項羽、范雎之數須賈,所謂數其罪而責之也。

0143 委頓 《左傳》云:"夫婦辛苦墊隘。"杜預曰:"墊隘猶委頓。"

0144 誼譁 《呂覽·樂成篇》云:"誠能決善,衆雖誼譁而弗爲變。"

0145 房屋謂御女也 《南史》:"武帝手勑責賀琛曰:'朕絕房屋三十餘年。'"

0146 流落 《漢書·霍去病傳》云:"諸宿將皆流落不偶。"師古曰:"流謂遲,流落謂隨落①。"《明皇雜錄》云:"李白、杜甫、孟浩然雖有文名,俱流落不偶。"

0147 主張 《莊子》曰:"孰主張是?"

0148 冤屈 屈原《九歌》云②:"撫情效志兮,冤屈而自抑。"

0149 慚愧 《國語·齊語》云:"是故大國慚愧,小國附協。"

0150 睡頓 《北魏書·甄琛傳》云:"琛舉秀才,入都積歲,頗以奕棊棄日,至乃通夜不止。手下蒼頭,常令秉燭,或時睡頓,大加其杖,如此非一。奴後不勝楚痛,乃白琛曰:'郎君辭父母,仕宦京師,若爲讀書執燭,奴不敢辭罪,乃因圍棊日夜不息,豈是向京之意? 而賜加杖罰,不亦非理?' 琛惕然慙感,遂從許叡、李彪假書研習,聞見益優。"今北人以假寐爲"打頓",蓋本於此。

---

① 流落謂隨落,《漢書·霍去病傳》作"雷落謂墮落"。
② 九歌,當作"九章",見《楚辭·九章·懷沙》。

0151 **嘴鼻** 《金史》：“宋破金泗州，守將畢資倫不肯降。及盱眙守將納合買住降，北望哭拜，謂之‘辭故主’。資倫罵住曰：‘國家未嘗負汝，何所求死不可，乃作如此嘴鼻也？’”案：如此嘴鼻，今謂之“如此嘴臉”。

卷　二

0152 持重　《漢書·韋玄成傳》云："守正持重，不及父賢，而文采過之。"

0153 望八　朱晦翁詩："默數流年欣望八，閒尋隱訣話存三。"

0154 六壬　《五代史·賀瓌傳》："以六壬占之，得斬關，以爲吉。"徐無黨曰："斬關，卦名。"

0155 六合　術家有"六合"之說：子與丑合，寅與亥合，卯與戌合，辰與酉合，巳與申合，午與未合是也。《南齊書·禮志》云："宋元嘉、大明以來，祀先農並用立春後亥日。太學博士劉蒝云：'禮，孟春之月，立春迎春，又于是月以元日祈穀。又擇元辰躬耕帝籍。盧植說禮通辰日，日，甲至癸也；辰，子至亥也。郊天，陽也，故以日。籍田，陰也，故以辰。陰禮卑後，必居其末，亥者辰之末，故記曰元辰，法曰吉亥。又據五行之說，木生於亥，以亥日祭先農，又其義也。'太常丞何諲之云：'鄭注云："元辰，蓋郊後吉亥也。"亥，水辰也，凡在墾稼，咸存灑潤。五行說十二辰爲六合，寅與亥合，建寅月東耕，取月建與日辰合也。'"

0156 腳錢　《朝野僉載》記李畬母事，有"御史祿米，不出腳錢"之說。《新唐書·列女傳》記畬母事，改"腳錢"曰"車庸"。宋周遵道《豹隱紀談》云："吳門風俗多重至節，謂曰'肥冬瘦年，互送節物'。"寓官顏侍郎度詩曰："至節家家講物儀，迎來送去費心機。腳錢盡處渾閒事，原物多時却載歸。"

0157 肚裏　孟東野詩："面結口頭交，肚裏生荆棘。"《寓園雜記》云："大理少卿吳興楊先生復在南京時，頗家貧，畜三豕，日命童子于後湖採蘋藻飼之。有法司官家人與童子爭，且毆之，法司官以先生不能避嫌，先生戲作一絕句云：'太平門外後湖邊，不是君家祖上田。一點浮萍容不得，如何肚裏好撐船？'"

0158 **王法** 《後漢書·虞延傳》云："汝犯王法,身自取之。"

0159 **賤事** 《司馬遷傳》報任安書云："又迫賤事,相見日淺。"

0160 **前定** 《禮記·中庸》言"前定、事前定、行前定"。

0161 **避瘧** 杜子美詩云："三年猶瘧疾,一鬼不銷亡。隔日搜脂髓,增寒抱雪霜。徒然潛隙地,有覿屢鮮粔。"《唐書》："高力士流巫州。李輔國授謫制。時力士方避瘧功臣閣下。"

0162 **兩便** 《漢書·溝洫志》云："空居與行役,同當衣食;衣食縣官,而爲之作,廼兩便。"

0163 **若干** 《周禮·天官》注云："若言某月某日,詔書出某物若干,給某官某事。"《曲禮》云："問天子之年,曰:'聞之,始服衣若干尺矣。'"《投壺》云："某賢于某若干純。"《儀禮·鄉射》《大射》數射算曰"若干純"。《特牲饋食禮》云："俎釋三个。"鄭注："个,猶枚也。今俗言物數有若干個者,此讀然。"《漢書·食貨志》云："輕錢,百加若干。"

0164 **十全** 《周禮·醫師職》云："歲終,則稽其醫事以制其食。十全爲上;十失一,次之;十失二,次之;十失三,次之;十失四,爲下。"

0165 **代步** 《禮含文嘉》云："禮有九錫,一曰車馬。"宋均注云："進退有節,行步有度,賜之車馬,以代其步。"

0166 **銅錢** 《漢書·食貨志》："銅錢質如周錢,文曰'半兩',重如其文。"

0167 **行竈** 《白華》詩云："印烘于煁。"毛傳："煁,烓竈也。"《說文》："烓,行竈也。"《爾雅·釋言》云："煁,烓也。"郭璞曰："今之三隅竈也。"

0168 **兩造** 《呂刑》云："兩造具備。"《周禮·大司寇》："以兩造禁民訟。"鄭注："造,至也,使訟者兩至。"

0169 **重聽** 《漢書·黃霸傳》云："許丞老病聾,督郵白欲逐之。霸曰:'許丞廉吏,雖老,尚能拜起送迎,正頗重聽,何傷?'"

0170 **倒屣** 《魏志·王粲傳》云："蔡邕才學顯著,貴重朝廷,常車騎填巷,賓客盈坐。聞王粲在門,倒屣迎之。粲至年既幼弱,容貌短小,一坐盡驚。邕曰：'此王公孫也，有異才，吾不如也。'"

0171 令甲 《漢書·宣帝紀》："令甲，死者不可生，刑者不可息。"如淳曰："令有先後，故有令甲、令乙、令丙。"師古曰："甲、乙者，若令之第一、第二篇耳。"

0172 酒令 荀悅《漢紀》云："高后令章爲酒吏，章自請曰：'臣，將種也，請得以軍法行酒令。'"《後漢書·賈逵傳》云："逵又作詩、頌、誄、書、連珠、酒令，凡九篇。"

0173 別字 《漢書·藝文志》小學有《別字》十三篇，此卽揚雄之《別國方言》也。《後漢書·尹敏傳》云："讖書非聖人所作，其中多近鄙別字。"

0174 先馬 《荀子·正論篇》云："諸侯持輪、挾輿、先馬。"楊倞曰："先馬，導馬也。"

0175 改名 《南齊·張敬兒傳》云："敬兒本名苟兒，宋明帝以其名鄙，改焉。"近有四川人敬華南，乾隆辛未進士榜。姓苟，自以姓鄙，改爲敬，官檢討，後爲常熟縣知縣。案：《鄰幾雜誌》云："敬字，避廟諱改姓者，爲苟且之苟、文章之文。姓苟者之改敬，復其舊耳。"

0176 彊盜 《後漢書·陳忠傳》云："夫穿窬不禁，則致彊盜；彊盜不斷，則爲攻盜；攻盜成群，必生大姦。"

0177 神福 元方回詩云："磯頭浪急上灘難，舟子索錢賽神福。"

0178 閒話 盧延讓詩[1]："莫將閒話當閒話，往往事從閒話生。"

0179 辛苦 羅隱詩云："採得百花成蜜後，不知辛苦爲誰甜。"

0180 隆冬 《漢·武帝紀》詔曰："今水潦移于江南，迫隆冬至。"

0181 腳汗 方回詩云："腳汗眠慵洗，頭風坐畏梳。"

0182 中醫 《漢書·藝文志》云："有病不治，恆得中醫。"

0183 紙貴 《北齊書·邢劭傳》云："自孝明之後，文雅大盛，劭雕蟲之

---

[1] 所引見《全唐詩》卷七九五衛準詩。

美,獨步當時。每一文初出,京師爲之紙貴,讀誦俄遍遠近。”

0184 無聊　《易林》云:“耕石山顛,費種家貧,無聊虛作,苗髪不生。”

0185 獨步　《後漢·戴良傳》云:“獨步天下,誰與爲偶?”

0186 百拜　《續古今攷》云:“秦時臣上人主書曰‘再拜’,《漢書·高祖紀》云‘眛死再拜’,近世乃動曰‘百拜’,可憐哉!”又曰:“今日簡帖曰‘頓首百拜’,非也。古無百拜之禮。賓主百拜酒三行,非一時也。”《日知錄》謂洪武三年,詔禁人稱百拜。讀方氏書,乃知其誤不始于洪武。

0187 狗尿　《五代史·孫晟傳》云:“晟輕馮延巳爲人,常曰:‘金椀玉盃而盛狗尿,可乎?’”

0188 性急　《左傳》:“皆笑曰:‘公孫之亟也。’”杜預曰:“亟,急也,言其性急不能受屈。”

0189 金口　《晉書》夏侯湛《抵疑》云:“今乃金口玉音,漠然沈默。”

0190 月建　《周禮·馮相氏》注云:“《樂說》:‘歲星與日常相應太歲月建以見。’”

0191 夜作　諺云:“河射角,堪夜作。”《白虎通》云:“景星常見,可以夜作。”

0192 技癢　《顏氏家訓》云:“應劭《風俗通》云:‘《太史公記》云:“高漸離變名姓爲人庸保,匿作于宋子,久之,作苦。聞其家堂上有客擊筑,技癢不能無出言。”’按:技癢者,懷六技而腹癢也[1],是以潘岳《射雉賦》亦云:‘徒心煩而技癢。’今《史記》並作‘徘徊’,或作‘徬徨不能無出言’,是爲薄俗傳寫誤也。”

0193 小便　《左傳》:“師慧過宋,朝將私焉。”杜預曰:“私,小便。”

0194 弓長　《宋書·王景文傳》:“謠言曰:‘一士不可親,弓長射殺人。’一士王字也,弓長張字也。”

---

[1]　六,《顏氏家訓·書證》作“其”。

0195 **炯戒**　班固《幽通賦》云："旣諄爾以吉象兮，又申之以炯戒。"曹大家曰："炯，明也。"

0196 **筆跡**　陸機《謝平原內史表》云："事蹤筆跡，皆可推校。"李善注引蔡邕書曰："惟是筆跡，可以當面也。"

0197 **自在**　《魏志·齊王紀》注引《魏書》曰："我作天子，不得自在邪？"

0198 **蒼蠅**　曹子建詩："蒼蠅閒白黑，讒巧令親疏。"

0199 **得趣**　《晉書·孟嘉傳》云："桓溫問嘉：'酒有何好，而卿嗜之？'嘉曰：'公未得酒中趣耳。'"

0200 **予告**　孟康注《高祖本紀》云："古者名吏休假曰告。漢律，吏二千石，有予告、賜告。予告者，在官有功最，法所當得也。賜告者，病滿三月當免，天子優賜其告，使得帶印綬將官屬歸家治病。至成帝時，郡國二千石，賜告不得歸家。至和帝時賜、予皆絕。"

0201 **師表**　班固《賓戲》云："聲盈塞于天淵，眞吾徒之師表也。"《後漢·黃憲傳》荀淑曰："子，吾之師表也。"

0202 **爆杖**　《朱子語類》云："雷，如今之爆杖，蓋鬱積之極而迸出者也。"

0203 **泰謙**　《漢書·張安世傳》云："上笑曰：'君言泰謙。君而不可，尚誰可者？'"

0204 **忽地**　王建詩云："楊柳宮前忽地春。"

0205 **客氣**　《左氏·定十年傳》陽虎曰："盡客氣也。"

0206 **百官**　《荀子·正論篇》云："古者天子千官，諸侯百官。以是千官也，令行於諸夏之國，謂之王。以是百官也，令行于境內，國雖不安，不至於廢易遂亡，謂之君。"

0207 **一槩**　《後漢書·王符傳》云："一槩悉蒙赦釋。"

0208 **多謝**　《漢書·趙廣漢傳》云："界上亭長戲曰：'至府，爲我多謝問趙君。’”

0209 底裏 《後漢·竇融傳》云：“自以底裏上露，長無纖介。”

0210 天報 《漢書·荆燕吳傳》云：“蓋聞爲善者，天報以福；爲非者，天報以殃。”《後漢·魯恭傳》云：“愛人者必有天報。”

0211 將門 《魏志·曹植傳》：“諺曰：‘相門有相，將門有將。’”

0212 物故 《荀子·君道篇》云：“則不得不有疾病物故之變焉。”《後漢·儒林傳》注云：“案：魏臺訪問物故之義，高堂隆答曰：‘聞之先師：物，無也；故，事也。言死者無復所能於事故也。’”

0213 納贖 潘岳《西征賦》云：“人百身以納贖。”

0214 還俗 《宋書·徐湛之傳》云：“時有沙門釋惠休善屬文，辭綺艷。世祖命使還俗。本姓湯，位至揚州從事吏。”

0215 從吉 《晉書·孟陋傳》：“陋字少孤，喪母，毀瘠殆于滅性，不飲酒食肉十有餘年。親族迭謂之曰：‘少孤，誰無父母？誰有父母？聖人制禮，令賢者俯就，不肖企及。若使滅性無嗣，更爲不孝也。’陋感此言，然後從吉。”

0216 天君 《荀子·天論篇》云：“心居中虛，以治五官。夫是之謂天君，聖人清其天君。”

0217 舉家 《焦氏易林》云：“喜如其願，舉家蒙寵。”

0218 監試 《魏志·司馬朗傳》：“朗十二，試經爲童子郎。監試者以其身體壯大，疑朗匿年，劾問，朗曰：‘朗之內外，累世長大，朗雖稺弱，無仰高之風，損年以求早成，非志所爲也。’監試者異之。”

0219 覆試 《後漢書·黃瓊傳》云：“左雄前議舉吏，先試之于公府，又覆之于端門。後尚書張盛奏除此科，瓊復上言：‘覆試之作，不宜改革。’”《舊五代史·周王峻傳》：“戶部侍郎趙上交權知貢舉。上交嘗詣諸峻，峻言及一童子，上交不達其旨，牓出之日，童子不第，峻銜之。及貢院申中書門下，取日過堂，峻在政事堂厲聲曰：‘今歲選士不公，當須覆試。’諸相曰：‘但緣已行指揮行過，臨事不欲改移，況未勅下，覆試非晚。’”

0220 **關說** 《漢書・梁孝王武傳》云："大臣及爰盎等,有所關說于帝。"又《佞幸傳》云："高祖時則有籍孺,孝惠有閎孺,俱以婉媚貴幸,與上臥起,公卿皆因關說。"師古曰："關說者,言出之而納說,如行者之有關津。"

0221 **交關** 《光武本紀》："得吏人與郎交關謗毀者數千章,光武不省,會諸將軍燒之,曰:'令反側子自安。'"《周章傳》："竇憲被誅,公卿以下多以交關得罪,太守幸免。"

0222 **倩人** 《魏志・陳思王植傳》云："植年十歲餘,善屬文。太祖嘗視其文,謂植曰:'汝倩人邪?'植跪曰:'言出爲論,下筆成章。願當面試,奈何倩人?'"

0223 **饗福** 《晉書・郭璞傳》："寅畏者所以饗福,怠傲者所以招患。"

0224 **馳名** 《孔叢子》云："貲擬王公,馳名天下。"

0225 **見教** 《上林賦》云："乃今日見教,謹受命矣。"

0226 **一個** 《秦誓》:"若有一个臣。"《左傳》云："二惠競爽,猶可,又弱一个焉。"

0227 **自便** 《後漢書・竇融傳》云："帝知融欲有讓,遂使左右傳出。他日會見,迎詔融曰:'日者知公欲讓職還土,故命公暑熱且自便。'"

0228 **飛風** 唐制,馬入尚乘局者,依左、右閑,印以三花;其餘雜馬,以風字印右膊,以飛字印左膊。今俗呼疾速爲"飛風",蓋取義於馬耳。

0229 **少頃** 《荀子・致仕篇》云："君子也者,道法之總要也,不可以少頃曠也。"

0230 **指日** 曹子建《應詔》詩云："弭節長鶩[1],指日遄征。"

0231 **中式** 《鹽鐵論》云："於是廢天下諸錢,而專命水衡二官作。吏近侵利,或不中式,故有薄厚輕重。"

0232 **格言** 潘岳《閒居賦》云："奉周任之格言,敢陳力而就列。"李善

---

[1] 鶩,《曹子建集》卷五《應詔》作"騖"。

引《論語比考讖》曰：“賜問曰：‘格言成法，亦可以次序也。’”

0233 **屠城**　　《荀子·議兵篇》：“不屠城，不潛軍，不留衆。”注云：“屠，謂毀其城，殺其民，若屠者然也。”

0234 **地獄**　　《魏志·蔣濟傳》濟曰：“賊據西岸，列船上流，而兵入洲中，是爲自内地獄，危亡之道也。”

0235 **五内**　　李陵詩：“行行且自割，無令五内傷。”魏文帝《與鍾大理書》云：“捧匣跪發，五内震駭。”石崇《王明君辭》：“哀鬱傷五内，泣涙霑珠纓。”

0236 **被盗**　　《後漢·隗囂傳》云：“帝遣衛尉銚期持珍寶、繒帛賜囂。期至鄭，被盗，亡失財物。”

0237 **登時**　　任昉《彈劉整》云：“遇見采音在津陽門賣車欄龍牽，苟奴登時欲捉取。”

0238 **清晨**　　曹子建詩：“清晨登皇邑[①]，日夕過首陽。”

0239 **歲朝**　　《後漢·周磐傳》云：“歲朝會集諸生，講論終日。”注云：“歲朝，歲旦也。”

0240 **旁邊**　　戴叔倫詩云：“春風裏許杏花開[②]，杏樹旁邊醉客來。”

0241 **爾來**　　《蜀志·諸葛亮傳》疏云：“受任於敗軍之際，奉命於危難之間，爾來二十有一年矣。”

0242 **潤筆**　　《隋書·鄭譯傳》云：“上令内史令李德林立作詔書，高潁戲謂譯曰：‘筆乾。’譯答曰：‘出爲方岳，杖策言歸，不得一錢，何以潤筆？’上大笑。”

0243 **寒毛**　　《晉書·夏統傳》云：“聞君之談，不覺寒毛盡戴。”猶俗言“嚇得寒毛子豎”也。

---

① 　登，《曹子建集》卷五《贈白馬王彪》作“發”。
② 　春，《全唐詩》卷二七四戴叔倫《聽歌回馬上贈崔法曹》作“秋”。

0244 **活計** 白樂天詩云："休厭家貧活計微。"

0245 **唱諾** 俗謂作揖曰"唱喏"，"喏"音"惹"。《玉篇》："喏，敬言。"謂作揖以道敬意也。《春渚紀聞》云："才仲攜一麗人登舟，卽前聲'喏'。"《崔煒傳》："使者唱喏。"

0246 **專門** 《北齊書·儒林傳》云："雖曰專門，亦皆粗習也。"

0247 **風花** 晁無咎詩云："明日揚帆應改駛，蒸雲散亂作風花。"

0248 **門神** 《漢書·廣川惠王傳》云："其殿門有成慶畫，短衣，大絝，長劍。"晉灼曰："成慶，荊軻也。衞人謂之慶卿，燕人謂之荊卿。"師古曰："成慶，古之勇士也。事見《淮南子》，非荊卿。"予謂今之所謂門神，蓋濫觴于此。

0249 **財主** 《後漢書·陳寔傳》云[①]："盜殺財主，何如骨肉相殘？"

0250 **風聞** 《漢書·南粵傳》云："又風聞老夫父母墳墓已削壞。"師古曰："風聞，聞風聲。"

0251 **生書** 杜荀鶴詩云："出爲羈孤營糒食，歸同弟姪讀生書。"

0252 **中飯** 權德輿詩："山僧相勸期中飯。"

0253 **麩炭** 《老學庵筆記》云："浮炭曰麩炭。"

0254 **抵罪** 《漢書·高帝紀》云："殺人者死，傷人及盜抵罪。"韋昭曰："抵，當也，謂使各當其罪。"

0255 **下情** 《晉書·陸納傳》："謂桓溫曰：'外有微禮，方守遠郡，欲與公一醉以展下情。'"

0256 **見錢** 《漢書·王嘉傳》："是時，外戚訾千萬者少耳，故少府水衡見錢多也。"

0257 **見在** 《夏官·稾人職》云："以待會而攷之，亡者闕之。"鄭注："闕猶除也。弓弩矢箙棄亡者除之，計今見在者。"《釋文》："見，賢遍反。"

---

① 引文見《世說新語·政事》。

0258 **亂道**　《漢書·張禹傳》云："新學小生，亂道誤人，宜無信用，以經術斷之。"

0259 **跨竈**　蘇軾與陳季常書云："長子邁作文，頗有父風；二子作詩騷殊勝，咄咄有跨竈之興。"

0260 **蚊子**　《雙槐歲鈔》云："鄭文寶《江表志》：'楊鸞詩云："白日蒼蠅滿飯盤，夜聞蚊子又成團。每到更深人靜後，定來頭上咬楊鸞。"'"鸞，宣和中進士。

0261 **無常**　五代時陳裕詩："一朝若也無常至，劍樹刀山不放伊。"

0262 **拍蚊**　韓昌黎詩："朝蠅不可驅，莫蚊不可拍。"

卷 三

0263 上司 《魏志·杜恕傳》注云："若令下官事無大小，咨而後行，則非上司彈繩之意；若咨而不從，又非上下相順之宜。"《晉書·范甯傳》云："夫府以統州，州以監郡，郡以涖縣。如令互相領帖，則是下官反爲上司，賦調役使無復節限。"

0264 下縣 《漢書·文翁傳》云："又脩起學官于成都市中，招下縣子弟以爲學官弟子。"顏師古曰："下縣，四郊之縣，非郡所治也。"

0265 加級 《呂覽·懷寵篇》云："皆益其祿，加其級。"高誘曰："級，等也。"

0266 好缺 《宋書·羊玄保傳》云："太祖嘗曰：'人仕宦非唯須才，然亦須運命。每有好官缺，未嘗不先憶羊玄保。'"

0267 陛見 《後漢書·戴封傳》云："公車徵，陛見，對策第一，擢拜議郎。"又《周黨傳》云："陛見帝廷，黨不禮屈。"

0268 公館 《曾子問篇》云："公館復，私館不復。"鄭注："公館，若今縣官舍也。"

0269 幕賓 《晉書·郄超傳》云："桓溫欲立霸王之基，超爲之謀。謝安與王坦之嘗詣溫論事，溫令超帳中臥聽之，風動帳開，安笑曰：'郄生可謂入幕之賓矣！'"

0270 下官 《文選》江文通《詣建平王上書》云："下官每讀其書，未嘗不廢卷流涕。"李善注引沈約書曰："郡縣爲封國者，內史、相並於國王稱'臣'①，去任便止。世祖孝建中始改此制爲'下官'。"

0271 大人 《易·乾》："九二，利見大人。"《禮記》云："大人世及以爲

---

① 王，《文選》卷三九《詣建平王上書》作"主"。

禮。”《孟子》云：“說大人，則藐之”，“大人者，不失其赤子之心者也。”《乾鑿度》云：“孔子曰：‘大人者，聖明德備也。’”《焦氏易林》云：“大人衛守，君不失國。”《漢書·陳湯傳》云：“今無名王大人見將軍受事者，何單于忽大計，失客主之禮也！”《匈奴傳》云：“左伊秩訾王爲呼韓邪計，勸令入朝漢。諸大人相難久之。”並有德位之通稱。《後漢書·岑彭傳》云：“彭因言韓歆南陽大人，可以爲用。”則又以爲大家豪右之稱。《馬嚴傳》：“遂交結英賢，京師大人咸器異之。”《蘇章傳》：“祖父純，字桓公，性強切而持毀譽。士友咸憚之，至迺相謂曰：‘見蘇桓公，患其教責人，不見，又思之。’三輔號爲大人。”則又以爲長者之稱。《漢書·高帝紀》云：“始大人常以臣無賴，不能治產業。”《霍光傳》云：“因跪曰：‘去病不早自知爲大人遺體也。’”並稱父爲大人。《疏廣傳》云：“受叩頭曰：‘從大人議。’”則稱世父爲大人也。

0272 謝恩 《後漢書·郭伋傳》：“帝以盧芳據北土，迺調伋爲并州牧。過京師謝恩，帝卽引見。”

0273 卓異 《後漢書·劉愷傳》：“誠宜簡練卓異，以厭衆望。”《廣雅》云：“俶儻，卓異也。”“俶儻”與“倜儻”同。

0274 六親 《老子》云：“六親不和，有孝慈。”王弼曰：“六親，父母、兄弟、妻子也。”《史記·管晏列傳》云：“上服度則六親固。”張守節曰：“六親，謂外祖父母一，父母二，姊妹三，妻兄弟之子四，從母之子五，女之子六也。”《呂覽》曰：“何謂六戚？父母、兄弟、妻子。”高誘曰：“六戚，六親也。”《漢書·賈誼傳》云：“以承祖廟，以奉六親。”應劭注與《呂覽》同。《後漢書》馮衍《顯志賦》云：“念人生之不再兮，悲六親之日遠。”《秦彭傳》：“乃爲人設四誡，以定六親長幼之禮。”章懷注並云：“六親，夫婦、父子、兄弟也。”諸說不同，當以《呂覽》爲正。

0275 親眷 《魏志·毛玠傳》云：“文帝爲五官將，親自詣玠，屬所親眷。玠答曰：‘老臣以能守職，幸得免戾。今所說人非遷次，是以不敢奉命。’”

0276 尊公 《晉書·陳壽傳》云：“丁儀、丁廙有盛名於魏，壽謂其子曰：

'可覓千斛米見與,當爲尊公作佳傳。'丁不與之,竟不爲立傳。"又《簡文帝本紀》云:"帝謂郗超曰:'致意尊公。'"

0277 哥 《舊五代史·晉李德珫傳》:"德珫幼與明宗俱事武皇,故後之諸將多兄事之。時謂之'李七哥'。"

0278 家兄 《晉書·謝玄傳》云:"戴逵,處士逯之弟。逯屬操東山,而逯以武勇顯。謝安嘗謂逯曰:'卿兄弟志業何殊?'逯曰:'下官不堪其憂,家兄不改其樂。'"

0279 舍弟 魏文帝《與鍾大理書》曰:"是以令舍弟子建,因荀仲茂時從容喻鄙旨。"

0280 阿爺 梁人《木蘭詩》云:"阿爺無大兒,木蘭無長兄。"後人以《木蘭詩》爲中唐人韋元甫作,非也,韋乃擬《木蘭詩》耳。《北夢瑣言》云:"後唐明宗時,秦王從榮進詩。上說於俳優敬新磨,敬新磨贊美曰:'勿訝秦王詩好,他阿爺平生好作詩。'上大笑。"

0281 阿公 唐趙璘《因話錄》云:"晉州視事際[①],有婦人陳牒論田產,稱'阿公在日'。"

0282 新婦 《焦氏易林·同人之渙》云:"娶于姜呂,駕迎新婦。"

0283 家父、家母 《顏氏家訓》云:"陳思王稱其父爲'家父',母爲'家母'。"

0284 家祖 《顏氏家訓》又云:"潘尼稱其祖曰'家祖'。"

0285 家公 《家訓》又云:"昔侯霸之子孫,稱其祖父爲'家公'。"

0286 家君 《後漢書·列女傳》:"袁隗問曰:'南郡君學窮道奧,文爲辭宗,而所在之職,輒以貨財爲損,何耶?'倫對曰:'孔子大聖,不免武叔之毀;子路至賢,猶有伯寮之愬。家君獲此,固其宜耳。'"

0287 家姑、家姊 《家訓》又云:"蔡邕書集呼其姑、姊爲'家姑、

---

① 晉,《因話錄》卷四作"衢"。

家姊'。"

0288 **家孫** 《家訓》又云:"班固書集亦云'家孫'。"

0289 **稱尊、稱賢** 《家訓》又云:"凡與人言,稱彼祖父母、世父母、父母及長姑,皆加尊字。自叔父以下,則加賢字,尊卑之差也。"大昭謂:今人與己之卑幼稱賢,未知所出。

0290 **先父** 《左氏·成九年傳》云:"公曰:'能樂乎?'對曰:'先父之職官也,敢有二事?'"

0291 **娘子** 《唐書》:"高祖女平陽公主典兵,號'娘子軍'。"韓昌黎有《祭周氏十二娘子文》①。花蕊夫人《宮詞》云:"諸院各分娘子位。"《北里志》詩云:"一曲高歌綾一匹,兩頭娘子謝夫人。"是不論貴賤,皆稱娘子也。

0292 **側室** 《宋書·謝靈運傳》云:"何長瑜文才之美,亞于惠連,寄言宗人何勖,以韻語序臨川王義慶州府僚佐云:'陸展染鬢髮,欲以媚側室。青青不解久,星星行復出。'"

0293 **姬** 今俗稱人側室曰"姨娘"。案:《史記·呂后本紀》云:"高祖爲漢王,得定陶戚姬。"裴駰《集解》引如淳曰:"姬音怡,衆妾之總稱也。"蓋古有是稱,而今變其字爲姨耳。

0294 **鄉里** 《南史·張彪傳》:"呼妻爲'鄉里',云:'我不忍令鄉里落他處。'"

0295 **姨母** 《舊五代史·周太祖紀》:"帝未及齠齔,章德太后蚤世,姨母楚國夫人韓氏提攜鞠養。"

0296 **姑夫** 《宋書·袁淑傳》:"淑十餘歲,爲姑夫王弘所賞。"

0297 **姊夫** 《晉書·郗愔傳》云:"愔與姊夫王羲之、高士許恂並有邁世之風。"《晉陽秋》云:"荀顗幼爲姊夫陳群所異見《魏志》注。"

---

① 十二,《昌黎先生文集》卷二三作"二十"。

0298 **子壻**[①] 《漢書·張耳傳》云："子敖嗣立爲王,尚高祖長女魯元公主爲王后。高祖過趙,趙王旦莫自上食,體甚卑,有子壻禮。"《說文》:"壻,夫也,從士。讀與細同。"今吳中稱壻如細,與古音合。《舊五代史·周世宗紀》:"戶部侍郎王敏停任,坐薦子壻陳南金爲河陽記室也。"

0299 **外孫** 《漢書·婁敬傳》云："冒頓在,固爲子壻;死,外孫爲單于。豈曾聞外孫敢與大父亢禮哉?"

0300 **兄子壻** 兄子壻,今謂之姪壻。《後漢書·馬援傳》云："援兄子壻王磐子石,王莽從兄子也。"

0301 **從孫甥** 《左傳》云："太叔疾之從孫甥《哀二十五年》。"杜預曰:"姊妹之孫爲從孫甥,與孫同列。"

0302 **姊女** 姊女,今謂之外甥女。《後漢書·馬后紀》云："時后前母姊女賈氏,亦以選入。"

0303 **婦公** 今人稱妻父母爲岳父母,非也。按:《爾雅·釋親》云："妻之父爲外舅,妻之母爲外姑。"《晉書》:"衛玠妻父樂廣有海內重名,議者以爲婦公冰清,女壻玉潤。"

0304 **坦** 《晉書》:"太尉郗鑒使門生求女壻于王導。導令就東廂,徧觀子弟。門生歸,謂鑒曰:'王氏諸少並佳,然聞信至,咸自矜持。惟一人在東牀,坦腹食,獨若不聞。'鑒曰:'正此佳壻耳。'訪之,乃羲之也,遂以女妻之。"

0305 **老姊** 《漢書·杜欽傳》云："紅陽侯立與業書曰:'誠哀老姊垂白,隨無狀子出關。'"

0306 **外甥** 《後漢書·袁紹傳》云："外甥高幹爲并州刺史。"

0307 **岳公** 《摭遺》云："歐陽永叔嘗曰:'今人呼妻父爲岳公,以太山有丈人峯。又呼丈母爲泰水。不知出何書也。'"

---

① 壻,原作"婿",據正文改。

0308 中表　《後漢書·鄭泰傳》云："明公將帥,皆中表腹心。"

0309 外兄　《後漢書·來歙傳》云："君叔雖單車遠使,而陛下之外兄也。"注云："光武之姑子,故曰外兄。"

0310 親家翁　《五代史·劉昫傳》云："先是,馮道與昫爲姻家而同爲相。道罷,李愚代之。愚素惡道爲人,凡事有稽失者,又指以誚昫曰①:'此公親家翁所爲也。'"

0311 太山　段成式《酉陽雜俎》云："明皇東封,以張說爲封禪使。及事已,三公以下皆轉一品。說以婿鄭鎰官九品,因說遷五品。玄宗惟而問之,鎰不能對。黃幡綽對曰:'太山之力也。'"案:今人以外舅爲太山因此。或曰太山有丈人峯,俗稱外舅爲丈人,故謂之太山。

0312 彌甥　《左傳》云："以肥之得備彌甥也。"杜預曰："彌,遠也。季桓子外祖母②,故稱彌甥。"正義曰："季桓子爲宋景公之甥,景公爲康子父之舅氏也。"

0313 姊子　姊子,今謂之外甥。《後漢書·馬援傳》:"援謂姊子曹訓云云。"

0314 子姪　《晉書·譙王休之傳》云："休之力戰不捷,乃還城,攜子姪奔於慕容超。"范甯《穀梁傳序》云："兄弟子姪,研講六經。"《北魏書》云:"劉廞與清河王懌子姪交遊往來。"

---

① 又,《新五代史·劉昫傳》作"必"。

② 季桓子外祖母,《左傳·哀公二十三年》杜預注作"康子父之舅氏"。

卷 四

0315 友于 《後漢書·史弼傳》云："陛下隆于友于，不忍遏絶。"《魏志·陳思王植傳》云："今之否隔，友于同憂。"《晉書·王渾傳》云："虧友于欵篤之義。"《宋書·范泰傳》云："孝慈天至，友于過隆。"《南史·齊文惠太子傳》："太子見上，友于既至。"《北史·李順傳》："篤穆友于，見稱于世。"

0316 具爾 陸機《歎逝賦》云："痛靈根之夙隕，怨具爾之多喪。"李善曰："具爾，兄弟也。"

0317 貽厥 《晉書·五行志》云："何曾謂子遵曰：'國家無貽厥之謀，及身而已。'"《南史》："到漑之孫藎從宋武帝登北固樓賦詩，帝稱爲才子，後漑和上詩，上輒手詔戲之曰：'得無貽厥之力乎？'"

0318 先輩 《采薇》詩鄭箋云："西伯將遣戍役，先與之期以采薇之時，今薇生矣，先輩可以行也。"

0319 徵君 《後漢書·黃憲傳》云："天下號曰'徵君'。"

0320 漢子 《北齊書》："魏愷自散騎常侍遷青州長史，固辭。文宣帝大怒曰：'何物漢子？與官不就！'"

0321 名士 《月令》"聘名士"鄭注："名士，不仕者。"

0322 賤子 《漢書·樓護傳》云："邑居樽下，稱'賤子上壽'。"

0323 晚生 元方回詩云："晚生何敢跂前賢，夫子宮牆賜及肩。"

0324 門生 《五代史·裴皞傳》云："皞以文學在朝廷久。宰相馬允孫、桑維翰，皆皞禮部所放進士也。後允孫知舉，放榜，引新進士詣皞。皞喜，作詩曰：'門生門下見門生。'世傳以爲榮。維翰已作相，嘗過皞，皞不迎不送，人或問之，皞曰：'我見桑公于中書，庶寮也；桑公見我於私第，門生也。何送迎之有？'人亦以爲當。"

0325 同年 《唐書·許季同傳》云："時京兆尹元義方奏劾宰相李絳與

季同舉進士爲同年，才數月輒徙。帝以問絳，絳曰：'進士、明經，歲大抵百人，吏部得官至千人，私謂爲同年，本非親與舊也。'"

0326 員外 方回《續古今攷》云："南渡前，開封富人皆稱員外。古之員外，直猶近人之添差，其稱謂之紊久矣。"

0327 騃子 《潛夫論》云："癡兒騃子，尚云不當救助。"

0328 腐儒 《荀子·非相篇》云："《易》曰：'括囊，無咎無譽。'腐儒之謂也。"

0329 客作 《魏志·管寧傳》注引《魏略》云："焦先饑則出，爲人客作，飽食而已，不取其直。"

0330 賤儓 今吴俗駡人曰"賤儓讀若胎"。揚雄《方言》云："儓，農夫之醜稱也。南楚凡駡庸賤，謂之田儓。"郭璞註："倯儓，駑鈍皃。或曰僕臣儓，亦至賤之號也。"

0331 酒保 《鶡冠子》云："伊尹酒保，太公屠牛，皆海内荒亂，立爲世師。"《漢書·欒布傳》云："窮困賣庸於齊，爲酒家保。"孟康曰："酒家作保。保，庸也，可保信，故謂之保。"顔師古曰："謂庸作受顧也。爲保，言保可任使。"《後漢書·杜根傳》云："因得逃竄，爲宜城山中酒家保。"注云："《廣雅》曰：'保，使也。'言爲人傭力保任而使也。"

0332 當兵 楊雄《甘泉賦》云："詔招搖與泰陰兮，伏鉤陳使當兵。"李善引鄭注《禮記》云："當，主也。主，謂典領也。"

0333 笨伯 《晉書·羊聃傳》云："先是，兖州有八伯之號時州里稱陳畱阮放爲宏伯，高平郗鑒爲方伯，泰山胡母輔之爲達伯，濟陰卞壼爲裁伯，陳畱蔡謨爲朗伯，阮孚爲誕伯，高平劉綏爲委伯，羊曼爲黯伯，號兖州八伯，擬古之八儁也。其後更有四伯：大鴻臚陳畱江泉以能食爲穀伯；豫章太守史疇以大肥爲笨伯；散騎郎高平張嶷以狡妄爲滑伯；而聃以狼戾爲瑣伯。蓋擬古之四凶。"

0334 九流 《漢書·敘傳》云："劉向司籍，九流以别。爰著目録，略序洪烈。"應劭曰："儒、道、陰陽、法、名、墨、從横、雜、農，凡九家。"

0335 **阿誰** 《蜀志・龐統傳》:"先主謂曰:'向者之論,阿誰爲失?'統對曰:'君臣俱失。'先主大笑。"

0336 **百姓** 古稱百官爲百姓,今俗以鄉民爲百姓,然亦有所本。《史記・蒯通傳》云:"臣,范陽百姓蒯通也。"

0337 **主者** 《漢書・周勃傳》:"有主者。"《後漢書・劉陶傳》云:"事付主者。"

0338 **宗師** 《漢書・藝文志》云:"憲章文武,宗師仲尼。"

0339 **冰人** 《晉書》:"孝廉令狐策夢立冰上,與冰下人語。索紞曰:'冰上爲陽,冰下爲陰,陰陽事也。士如歸妻,迨冰未泮,昏姻事也。君在冰上,與冰下人語,爲陽語陰,媒介事也。君當爲人作媒,冰泮而婚成。'策曰:'老夫耄矣,不爲媒也。'會太守田豹爲子求鄉人張公徵女,仲春而婚成焉。"

0340 **裁縫** 《周禮・內司服》注云:"主宮中裁縫官之長。"又《縫人》注云:"女工,女奴曉裁縫者。"杜甫詩云:"裁縫滅盡針線迹。"孟郊詩:"啟貼理針線,非獨學裁縫。"

0341 **孩兒** 《周書・康誥》云:"若保赤子。"孔傳:"愛養人如孩兒赤子。"

0342 **寒酸** 趙宧光《說文長箋》云:"《周官》:'田大夫之屬曰田畯。'因農夫義,故鄙野人曰'寒畯'。鄭光祿熏舉引寒畯,士類多之。俗誤讀'寒酸'。酸,重文作酸,本從畯,失酉形,易溷也。"大昭謂宋元人目秀才爲"窮措大",因改措爲醋,又因醋味酸而謂爲酸,皆後人取笑之詞,非誤讀也。

0343 **軍師** 武王伐紂,以呂尚爲師尚父;田單守卽墨,以一卒爲神師;韓信既破趙,師事李左車,皆軍師也。隗囂聘請平陵人方望以爲軍師,鄧禹以韓歆爲軍師,漢末華歆爲軍師,董蒙爲軍師祭酒,則竟以軍師爲官名矣。

0344 **將軍** 春秋時,晉使卿爲軍將,謂之將中軍、將上軍。《左氏・昭二十八年傳》云:"豈將軍食之而有不足?""將軍"二字,始見於此,後世遂以爲官名矣。

0345 **使君**　《漢書·王訢傳》云：“使君顓生殺之柄。”顔師古曰：“爲使者，故謂之使君。”

0346 **秀才**　《管子·小匡篇》云：“其秀才之能爲士者，則足賴也。”

0347 **蒼生**　《書·益稷篇》“至于海隅蒼生”，孔傳以“蒼生”爲“蒼蒼生木”。《晉書》山濤謂王衍“誤天下蒼生”。《世說》云：“安石不肯出，將如蒼生何？”是《晉書》始以民爲蒼生也。

0348 **君侯**　《漢書·丙吉傳》：“客或謂吉曰：‘君侯爲漢相，姦吏成其私，然後懲艾①。’”《後漢書·楊終傳》：“終戒馬廖曰：‘君侯誠宜以履薄臨深爲戒。’”

0349 **等輩**　《後漢書·种岱傳》云：“若不槃桓難進，等輩皆已公卿矣。”

0350 **我輩**　《晉書·石苞傳》：“見吏部郎中許允，求爲小縣，允謂苞曰：‘卿是我輩人，當相引在朝廷，何欲小縣乎？’”

0351 **幼童**　《衛風·芄蘭》箋云：“惠公以幼童卽位。”《左氏·閔二年傳》云：“惠公之卽位也少。”杜預曰：“蓋年十五六。”《漢書·鮑宣傳》云：“外親幼童未親經術者，皆宜令休就師傅。”

0352 **小生**　《漢書·朱雲傳》云：“薛宣爲丞相，從容謂雲曰：‘在田野無事，且留我東閣。’雲曰：‘小生乃欲相吏邪？’宣不敢復言。”顔師古曰：“小生，謂其新學後進。言欲以我爲吏乎？”

0353 **祖師**　《漢書·外戚傳》云：“定陶丁姬，《易》祖師丁將軍之玄孫。”

0354 **總督**　《漢書·敍傳》云：“昭宣乘業，都護是立，總督城郭，三十有六。”

0355 **時髦**　《後漢書》贊云：“孝順初立，時髦允集。”

0356 **花娘**　陶宗儀《輟耕錄》云：“娼妓爲花娘。”李賀《申胡觜栗歌》序：“命花娘出幙，徘徊拜客。”

---

① 後，《漢書·丙吉傳》作“無所”。

0357 丫頭　唐劉賓客《寄贈小樊》詩云："花面丫頭十三四,春來綽約向人時。"

0358 淫婦　《魯語》云："季氏之婦不淫矣。"

0359 老物　《晉書·宣穆張皇后傳》："帝嘗臥疾,后往省病。帝曰:'老物可憎,何煩出也!'后慙恚不食,將自殺。諸子亦不食。帝驚而致謝,后乃止。帝退而謂人曰:'老物不足惜,慮困我諸好兒耳。'"

0360 奴才　《晉書》劉元海曰："穎不用我言,逆自奔潰,眞奴才也。"《唐書》郭子儀曰："子儀諸子,皆奴才也。"

0361 惡少　《荀子·脩身篇》云："偷儒憚事,無廉恥而嗜乎飲食,可謂惡少者矣。"

0362 冤家　梁簡文始生,誌公賀梁武曰："冤家亦生矣。"蓋指侯景亦生於是歲也。

0363 無賴　《漢書·高祖紀》："始大人以臣無賴。"晉灼曰："賴,利也,謂無入于家也。或曰,江淮之間謂小兒多詐狡獪爲無賴。"

0364 老賊　《後漢·劉永傳》帝曰："吾常以龐萌社稷之臣,將軍得無笑其言乎? 老賊當族。"

0365 雜種　《晉書·前燕載記》贊曰："蠢茲雜種。"梁丘遲書云："姬漢舊邦,無取雜種。"

0366 癡種　《大戴禮》曰："慧種生聖,癡種生狂。"《越絕書》亦有此語。

0367 老奴　《晉書·后妃傳》："賈充密遣語妃云:'衛瓘老奴,幾破汝家!'"

0368 生事　《公羊傳》云："遂者何? 生事也。"何休曰："生猶造也。"《漢書·陳湯傳》云："禹復爭,以爲吉往,必爲國取侮生事,不可許。"

0369 爲非　《漢書·霍光傳》云："將軍爲非,不須校尉。"

0370 破綻　元方回《桐江續集》云："壞屋如敝衣,隨意補破綻。"

0371 **相罵** 《左傳》：“伏己而鹽其腦。”服虔曰：“如俗語相罵云‘嘜女腦’矣。”

0372 **獻醜** 《後漢·郭后紀》論云：“雖惠心妍狀，愈獻醜焉。”

0373 **取笑** 《魏志·劉廙傳》注引廙《別傳》云：“門戶殄滅，取笑明哲。”

0374 **相打** 《晉書·諸葛長民傳》云：“長民富貴之後，常一月中輒十數夜眠中驚起，跳踉如與人相打。毛脩之常與同宿，見之駭愕。”

0375 **弄權** 曹元首《六代論》云：“君孤立於上，臣弄權於下。”

0376 **打人** 《宋書·長沙景王傳》云：“劉義宗坐門生杜德靈放橫打人，還第內藏，義宗隱蔽之，免官。”

0377 **發笑** 《漢書·司馬遷傳》云：“適足以發笑而自點耳。”

0378 **果然** 《漢書·循吏傳》云：“朱邑病且死，屬其子曰：‘我故爲桐鄉吏，其民愛我，必葬我桐鄉。後世子孫奉嘗我，不如桐鄉民。’及死，其子葬之桐鄉西郭外。民果然共爲邑起冢立祠，歲時祠祭，至今不絕。”《後漢書》光武曰：“吾所以不令賈復別將者，爲其輕敵也。果然失吾名將。”

0379 **藉甚** 《漢書·陸賈傳》云：“名聲藉甚。”

0380 **乍可** 杜荀鶴詩云：“乍可百年無稱意，難敎一日不吟詩。”

0381 **怪道** 《後漢·廉范傳》：“薛漢坐楚事誅，故人門生莫敢視，范獨往收斂之。吏以聞，帝怒，問范曰：‘卿廉頗後邪？與右將軍褒、大司馬丹有親屬乎？’范對曰：‘褒，臣之曾祖。丹，臣之祖也。’帝曰：‘怪卿志膽敢爾。’因貰之。”今人言“怪道”之怪本此。

0382 **自然** 賈誼《新書》云：“習慣如自然。”《晉書·后妃傳》：“文明王皇后，祖朗薨，后哀戚哭泣，發于自然。”

0383 **可憐** 《漢書·楊惲傳》：“爲言大臣廢退，當闔門惶懼，爲可憐之意。”

0384 **不大** 《詩》曰：“不大聲以色。”《漢書·田叔傳》：“叔爲魯相，魯王好獵,相常從入苑中。王輒休相就館,相常暴坐苑外,終不休,曰:'吾王暴露,獨何爲舍?'王以故不大出游。"

0385 不饒 杜牧之《送隱者》詩云:"公道世間惟白髮,貴人頭上不曾饒。"

0386 那得 袁宏《後漢紀》云:"更始韓夫人曰:'不如此者,帝當那得之?'"

0387 何苦 《漢書·高祖紀》云:"漢王數羽曰:'何苦乃與公挑戰?'"《黥布傳》:"與布相望見,隃謂布:'何苦而反?'"《後漢書·蓋勳傳》云:"靈帝召見,問:'天下何苦而反亂如此?'勳曰:'倖臣子弟擾之。'"《魏志·曹仁傳》云:"仁遣部曲將牛金與吳將周瑜挑戰,遂爲所圍。仁意氣奮怒甚,謂左右取馬來。長史陳矯謂仁曰:'賊衆盛,不可當也。假使棄數百人何苦,而將軍以身赴之!'"

0388 幾許 古詩:"河漢清且淺,相去距幾許[①]?"

0389 耐可 俗呼"寧可"曰"耐可"。李太白詩:"耐可乘流直上天。"又云:"耐可乘明月。""耐"皆讀如"能"。

0390 多許 《隋書》:"天下何處有多許賊!"

0391 忒殺 俗語"太甚"曰"忒殺",音沙去聲。白居易《半開花》詩云:"西日憑輕照,東風莫殺吹。"自注:"殺去聲,亦作煞。"元人傳奇"忒風流、忒殺思"。楊升庵謂京師語大曰"殺大"、高曰"殺高",即今吾鄉之"殺能大、殺能高"也。

0392 裏許 溫岐詩:"合歡桃核終堪恨,裏許原來別有人。"

0393 一出 俗謂一番曰一出。《世說》林道人云:"今日與謝孝劇談一出來。"

0394 一點 杜子美詩:"關山同一點。"岑嘉州詩:"嚴灘一點舟中月。"

---

① 距,《文選》卷二九《古詩十九首·迢迢牽牛星》作"復"。

又《赤驥馬歌》：“草頭一點疾如飛。”又：“西看一點是關樓。”朱灣《白鳥翔翠微》詩：“淨中雲一點。”花蕊夫人詩：“繡簾一點月窺人。”蘇東坡詩：“一點芳心雀啅開。”

0395 傳語　《後漢書·清河王慶傳》云：“又令慶傳語中常侍鄭衆。”

0396 面會　《後漢·耿純傳》云：“純報劉揚曰：‘奉使見王侯牧守，不得先詣。如欲面會，宜出傳舍。’”

0397 口占　《漢書·朱博傳》云：“博口占檄文。”又《陳遵傳》云：“治私書謝京師故人，遵馮几口占書吏，且省官事。書數封①，親疏各有意。”顏師古：“口占，隱度也。口隱其辭以授吏也。”

0398 心照　潘岳《夏侯湛誄》曰：“心照神交，唯我與子。”

0399 肺附　《漢書·劉向傳》云：“臣幸託肺附。”顏師古曰：“舊解云，肺附謂肺肝相附著，猶言心膂也。一說，肺，謂斫木之肺，札也，自言於帝室猶肺札附于大材木也。”大昭案：如前說則從肉，如後說則從木，今人訛爲“肺腑”，非是。

0400 心肯　唐太宗詩云：“待予心肯日，是汝命通時。”

0401 口信　《宋書·王景文傳》云：“晚得征南參軍謝儼口信云云。”

0402 經手　《北齊書·恩幸韓鳳傳》云：“駕幸鳳宅，宴會盡日，軍國要密，無不經手。”

0403 著意　楚詞《九辯》云②：“罔流涕以聊慮兮，惟著意而得之。”

0404 努力　古詩：“少壯不努力，老大徒傷悲。”《漢書·翟方進傳》云：“小史有封侯骨，當以經術進，努力爲諸生學問。”《後漢·光武紀》：“有白衣老父在道旁，指曰：‘努力！’”

0405 低頭　《焦氏易林》云：“陽低頭，陰仰首。”唐詩：“牀前明月光，

---

① “封”前《漢書》卷九二有“百”字。

② 辯，原作“辨”，據《楚辭·九辯》改。

疑是地上霜。舉頭望明月,低頭思故鄉。"

0406 **中意**　《漢書·杜周傳》云:"奏事中意任用。"《江充傳》云:"上以充忠直,奉法不阿,所言中意。"顏師古曰:"中,當也。"

0407 **點心**　唐鄭傪爲江淮留後,家備夫人晨饌,夫人顧其弟曰:"治妝未畢,我未及餐,爾且可點心。"

0408 **致意**　《漢書·朱博傳》云:"故事,二千石新到,輒遣吏存問致意,迺敢起職。"《晉書·簡文帝本紀》云:"郗超請急省其父。帝謂之曰:'致意尊公,家國之事,遂致於此!'"

0409 **稽顙**　《荀子·大略篇》云:"平衡曰拜,下衡曰稽,首至地曰稽顙。"

0410 **注意**　《漢書·西南夷傳》云:"因盛言滇大國,足事親附,天子注意焉。"

0411 **打頭**　蘇和仲詩:"忽焉欠伸屋打頭。"

0412 **過意**　《漢書·貢禹傳》云:"陛下過意徵臣,臣賣田百畝以供車馬。"《公孫丞相傳》云:"今臣愚駑,無汗馬之勞,陛下過意擢臣卒伍之中,封爲列侯,致位三公。"

卷　五

0413　草屋　《南史》：“宋後廢帝陳太妃家在建康縣，居有草屋兩三間，上出行，問尉曰：‘御道那得此草屋？當由家貧。’賜錢三萬，令起瓦屋。”

0414　步櫓　《上林賦》云：“步櫚周流，長途中宿。”師古曰：“步櫚，言其下可行步，卽今之步廊也。”

0415　屋脊　《左傳正義》云：“《說文》：‘甍，棟梁也。’此是屋上之長材，橡所以馮依者也。今俗謂之屋脊。”孟郊詩：“藏書挂屋脊，不借與凡聾。”

0416　舍下　杜工部詩：“舍下笋穿壁。”

0417　轅門　《周禮·掌舍》：“王行則設車宮轅門。”《漢書·項籍傳》：“諸侯將入轅門。”

0418　甲第　《漢書·高帝紀》云：“賜大第。”孟康曰：“有甲乙次第，故曰第也。”《司馬相如傳》云：“列居東第。”師古曰：“東第，甲第也。居帝城之東，故曰東第也。”

0419　黃堂　《後漢·郭丹傳》：“太守杜詩敕以丹事編署黃堂，以爲後法。”注云：“黃堂，太守之廳事。”

0420　燕寢　唐韋蘇州詩云：“兵衛森畫戟，燕寢凝清香。”

0421　潭府　韓昌黎《符讀書城南》詩：“不見公與相[1]，潭潭府中居。”潭潭卽沈沈。《漢書·陳涉傳》云：“夥，涉之爲王沈沈者！”

0422　流寓　《後漢·廉范傳》：“范父遭喪亂，客死於蜀郡。范遂流寓西州。”

---

[1]　不見，《昌黎先生文集》卷六《符讀書城南》作“一爲”。

0423 **客堂** 《後漢·延篤傳》：“吾昧爽櫛梳，坐於客堂。”

0424 **祠堂** 《漢書·張安世傳》云：“將作穿復土，起冢祠堂。”《龔勝傳》：“勿隨俗動吾冢，種柏，作祠堂。”《循吏傳》“文翁終于蜀，吏民爲立祠堂”，“朱邑葬桐鄉西郭外，民爲起冢立祠”。《後漢書·馬援傳》：“援夫人卒，乃更脩封樹，起祠堂。”《潛夫論》云：“廬舍祠堂，崇侈上僭。”

0425 **精舍** 《後漢·劉淑傳》云：“淑少學，明五經，遂隱居，立精舍，講授諸生，常數百人。”

0426 **反舍** 《漢書·叔孫通傳》云：“拜爲博士。通已出反舍，諸生曰：‘生何言之諛也？’通曰：‘公不知，我幾不免虎口！’”

0427 **塞責** 《史記·項羽本紀》云：“欲以法誅將軍以塞責。”

0428 **對門** 《漢書·黥布傳》云：“醫家與中大夫賁赫對門。”唐王維詩：“洛陽女兒對門居。”

0429 **單身** 《左氏·昭十四年傳》云：“收介特。”杜預曰：“介特，單身民也。”

0430 **居閒** 《漢書·灌夫傳》云：“蚡言灌夫家在潁川橫甚。夫亦持蚡陰事，爲姦利，受淮南王金。賓客居閒，遂已，俱解。”《郭解傳》云：“邑中賢豪居閒以十數，終不聽。”又云：“令洛陽豪居閒，乃聽。”

0431 **超等** 《漢書·食貨志》云：“軍功多用超等，大者封侯、卿、大夫，小者郎。”

0432 **脩舊** 《公羊傳》云：“新延廄者何，脩舊也。”

0433 **滿貫** 《韓非子》曰：“有與悍者鄰，欲賣宅以避之。人曰：‘是其貫將滿也。’或曰：‘子姑待之。’答曰：‘吾恐其以我滿貫也。’遂去之。”《潛夫論》云：“後人貪權冒寵，蓄積無極，思登顛隕之臺，樂循覆車之迹，願俾福祚以備員滿貫者，何世無之？”

0434 **不快** 《後漢書·華佗傳》云：“體有不快，起作一禽之戲。”

0435 **得氣**　班固《賓戲》曰："得氣者蕃滋,失時者零落。"

0436 **獻寶**　《漢書·鄒陽傳》云："玉人獻寶[1],楚王誅之。"

0437 **重煩**　《漢書·司馬相如傳》云："方今田時,重煩百姓。"師古曰："重,難也,不欲召聚之也。"

0438 **佳作**　《北魏書·馮熙傳》云："北邙寺碑文,中書侍郎賈元壽之詞。高祖頻登北邙寺,親讀碑文,稱爲佳作。"又《李太白集》云："不有佳作,何伸雅懷?"

0439 **隔壁**　《宋書·范蔚宗傳》:"蔚宗在獄,與謝綜等異處,乃稱疾,求移考堂,欲近綜等。見聽,與綜等果得隔壁。"

0440 **盇**　《說文》:"盇,覆蓋也。从皿,盇聲。臣鉉等曰:今俗別作蓋,非是。烏合切。"

0441 **澣**　唐制:十日一休沐。韋應物詩"九日驅馳一日閒",白居易詩"公假月三旬"是也。今人以上中下旬爲上中下澣,襲用故事,卻甚無謂。

0442 **殷** 讀若烟　《左傳》云："左輪朱殷。"杜預云："血色久則殷。殷音近煙。今人謂赤黑爲殷色。"

0443 **黴**　《說文》云："黴,中久雨青黑。从黑,微省聲。武悲切。"

0444 **恬**　《周禮·鹽人職》云："王之膳羞共飴鹽。"注云："飴鹽,鹽之恬者。"又《酒正》:"五齊:二曰醴齊。"注云："成而汁滓相將,如今恬酒矣。"《說文》作"甛",云："美也,从甘从舌。舌,知甘者。徒兼切。"

0445 **個**　《士虞禮》云："俎釋三个。"鄭注："个猶枚也。"今俗或名"枚"曰"個",音相近。

0446 **齗**　《說文》:"齗,齒本也。語斤切。"今吳人呼齒本爲牙齗肉。

0447 **誌**　《漢書·高帝紀》:"左股有七十二黑子。"師古曰："今中國通呼爲黶子,吳楚俗謂之誌。誌者,記也。"

---

[1]　玉,原訛作"王",據《後漢書·鄒陽傳》改。

0448 涿 《蜀志·周群傳》云："初先主與劉璋會涪時,蜀郡張裕爲璋從事,侍坐。其人饒鬚,先主嘲之曰:'昔吾居涿縣,特多毛姓,東西南北皆諸毛也。涿令稱曰:"諸毛繞涿居乎?"'裕即答曰:'昔有作上黨潞長,遷爲涿令。涿令者,去官還家,時人與書,欲署潞則失涿,欲署涿則失潞,乃署曰潞涿君。'先主無鬚,故裕以此及之。"案:今吳中亦有是語,而涿則讀若篤。

0449 尼 《北磵集·書尼刺》云:"比丘,釋子通稱也;尼,別男女也。七佛前無尼,創于耶輪陀羅,得度于釋迦文。《法華》稱'耶輪陀羅比丘尼'。《傳燈》載尼總持、末山尼了然,妙喜書中有尼無著妙總,皆尼之奇傑者。了比尼事,比丘所甚難,尼尤難也。"

0450 你 《隋書·李密傳》云:"宇文化及瞋目大言曰:'共你論相殺事,何須作書語邪?'"

0451 饞 《焦氏易林》云:"一指食肉,口無所得。染其鼎鼏,舌饞于腹。"

0452 賀 《漢書·高帝紀》云:"沛中豪傑聞令有重客,皆往賀。"師古曰:"以物相慶曰賀。"案:《說文》:"賀,以禮相奉慶也。"

0453 臘 《說文》:"冬至後三戌,臘祭百神。"今俗別作"臈",非是。

0454 伏 《漢書·郊祀志》:"秦德公作伏祠。"孟康曰:"六月伏日也,周時無,至此乃有之。"師古曰:"伏者,謂陰氣將起,迫於殘陽而未得升,故爲藏伏,因名伏日也。立秋之後,以金代火,金畏于火,故至庚日必伏。庚,金也。"

0455 傖 助庚切 《廣韻》:"傖,楚人別種也。"《晉陽秋》云:"吳人謂中州人爲傖。"陸抗曰[1]:"幾作傖鬼。"顧辟疆曰:"不足齒之傖。"陸機《與弟雲書》云:"此閒有一傖父,欲擬作《三都賦》。"又宋孝武比擬群[2],目王玄謨爲

---

[1] 陸抗,《吳郡志》卷二作"陸玩"。
[2] 群,《韻府群玉》卷七"老傖"作"群臣"。

老儈。韓昌黎詩：“無端逐饑儈。”

0456 詢　《說文》：“詢，小兒未能正言也。大牢切。”今俗閒以爲都遼切。

0457 齆　《倉頡篇》云：“齆，鼻疾也。”王充《論衡》云：“鼻不知香臭爲齆。”

0458 啞　《唐書·禮樂志》云：“初，隋用黃鍾一宮，惟擊七鍾。其五鍾設而不擊，謂之啞鍾。”

0459 喎　《說文》：“喎，不正也。火罸切。咼，口戾不正也。苦媧切。”今俗別作“歪”，非是。

0460 頩　《說文》：“頩，傾首也。匹米切。”

0461 訊　《公羊傳》云：“嘗訊臣矣。”何休注云：“上問下曰訊。”

0462 壚　《說文》：“壚，坏也。呼訝切。”今吳人俗語有此音。

0463 籅　《說文》：“籅，以判竹，圜以盛穀也。从竹，㟟聲。市緣切。”

0464 笔　《說文》：“笔，籅也。从竹，屯聲。徒損切。”

0465 圈渠篆切　《五代史·劉知俊傳》：“知俊爲人色黑，而其生歲在丑。王建之諸子皆以宗承爲名，乃於里巷構爲謠言曰：‘黑牛出圈椶繩斷。’建益惡之。”《說文》云：“圈，養畜之閑也。”

0466 椅　《五代史·景延廣傳》云：“延廣所進器服、鞍馬、茶牀、椅榻，皆裹金銀，飾以龍鳳。”宋曾吉甫幾《次韓叔夏送行》詩云：“竹椅蒲團深著意，雪窗螢案坐收功。”

0467 葷　《荀子·哀公篇》云：“端衣玄裳，絻而乘路者，志不在乎食葷。”

0468 蠟　《潛夫論》：“知脂蠟之可明燈也，而不知甚多則冥之。”

0469 枴　《舊五代史·漢高祖紀》：“晉少帝遣牙將王峻奉表于契丹。契丹主賜木枴一。蕃法，貴重大臣方得此賜，亦猶漢儀賜几杖之比也。王峻持拐而歸，契丹望之皆避路。”

0470 帳　《後漢·西域傳》云:"仍將卑君還敦煌,以後部人三百帳別屬役之,食其稅。帳者,中國之戶數也。"

0471 綹　《說文》:"緯十縷爲綹。讀若柳。"

0472 弄 俗作衖　《南史·齊廢帝鬱林王本紀》:"蕭諶入殿,帝出西弄,遇害。"

0473 件　《舊五代史·晉陳玄傳》:"修合藥法百件,號曰'要術',刊石置于太原府衙門之左。"

0474 念　今人謂讀書爲念書。案:《漢書·王莽傳》云:"念銅人銘,有'皇帝初兼天下'之文。"

0475 覓　《北魏書·茹皓傳》云:"欲覓官職,如何不與?"《舊五代史·晉書·趙德鈞傳》云:"汝父子自覓天子,何耶?"

0476 煩　《漢書·周昌傳》云:"召昌謂曰:'吾固欲煩公,公彊爲我相趙。'"《後漢書·馬援傳》援曰:"此丞掾之事,何足相煩?"

0477 鑽　班固《荅賓戲》曰:"商鞅挾三術以鑽秦孝公。"

0478 不耐煩　嵇康《與山巨源絕交書》云:"心不耐煩,而官事鞅掌,機務纏其心,世故繁其慮,七不堪也。"《宋書·庾登之傳》云:"弟炳之,爲人彊急而不耐煩。賓客干訴非理者,忿詈形於辭色。"

0479 不曉事　《文選》楊脩《與曹子建書》曰:"脩家子雲,老不曉事。"

0480 不中意　《漢書·孔光傳》云:"光以議不中意,左遷廷尉。"《王溫舒傳》云:"擊東越還,議有不中意,坐以法免。"

0481 不中用　《史記·秦始皇本紀》云:"吾前收天下書不中用者。"又《外戚世家》云:"武帝擇宮人不中用者,斥出歸之。"《漢書·王尊傳》云:"助太守爲治。其不中用,趣自避退。"

0482 不直錢　《漢書·灌夫傳》云:"平生毀程不識不直一錢。"史游《急就篇》云:"柀敝囊橐不直錢。"顏師古曰:"柀者,幭殘之帛也;敝,敗衣也。有底曰囊,無底曰橐。言柀帛及敝敗囊橐無所堪任,賣之不售也。"張叔仁《送謝疊山入燕》詩云：“此去好憑三寸舌，再來不值半文錢。”

0483 不二價　《孟子》云：“從許子之道，則市價不貳。”《後漢書·韓康傳》：“康字伯休，采藥名山，賣于長安市，口不二價，三十餘年。時有女子從康買藥，康守價不移，女子怒曰：‘公是韓伯休耶？乃不二價乎？’”

0484 不得意　《漢書·田蚡傳》云：“諸公稍自引而怠驁，唯灌夫獨否。故嬰墨墨不得意，而厚遇夫也。”《灌夫傳》云：“潁陰侯彊請之，鬱鬱不得意。”

0485 不知情　《漢書·揚雄傳》云：“雄不知情，有詔勿問。”《鮑宣傳》云：“宣不知情，坐繫獄。”《後漢書·孔融傳》云：“漢律：與罪人交關三日以上，皆應知情。”知情者應坐罪，不知情者不坐①。

0486 云云　《漢書·汲黯傳》云：“上方招文學儒者，上曰吾欲云云。”《蔡義傳》云：“以爲人主師當爲丞相，何謂云云。”《金日磾傳》云：“卽數揚言殿省中，敎當云云。”仲長統《昌言》云：“或曰：何子之言云云也。”《後漢書·崔琦傳》梁冀曰：“百官外內，各有司存，天下云云，豈獨吾人之尤？”

0487 怱怱　《魏志·夏侯玄傳》注引《魏略》云：“李豐等被收，大將軍聞許允前遽，怪之曰：‘我自收豐等，不知士大夫何爲怱怱乎？’”

0488 勿勿　《顏氏家訓》云：“世中書翰多稱‘勿勿’，相承如此，不知所由。或有妄言此‘勿勿’之殘闕耳。案：《說文》：‘勿者，州里所建之旗也。象其柄，有三游，所以趣民事。故忽遽者稱爲勿勿。’”

0489 區區　《左傳》：“是區區者而不余畀？”《史記》云：“以區區之齊，在海濱。”《漢書·禮樂志》云：“河閒區區，下國藩臣。”《楚元王傳》云：“豈爲區區之禮哉？”《後漢·章帝紀》：“區區管窺，豈能照一隅哉？”《隗囂傳》論：“區區兩郡，以禦堂堂之鋒。”

0490 平平　《後漢·班超傳》：“任尚私謂所親曰：‘我以班君當有奇策，

今之所言,平平耳。'"

0491 **上大人** 今童子初就傅,往往寫"上大人孔乙己化三千七十士"云云,不過取其筆畫少而便習耳。後讀元方回詩云"忽到古稀年七十,猶思上大化三千",乃知由來已久。

0492 **姜子牙** 《孫子兵法》曰:"周之興也,呂牙在殷。"《史記·雷侯世家》正義曰:"太公姜子牙,周文王師,封齊侯也。"案:子牙之字,蓋始於此。

0493 **抱佛腳** 孟郊《讀經》詩云:"垂老抱佛腳,敎妻讀黃經。"

0494 **龍虎榜** 宋太宗朝,泉州劉昌言《上呂蒙正》詩曰:"重名清望遍華夷,恐是神仙不可知。一舉首登龍虎榜,十年身到鳳凰池。廟堂只似無言者,門館常如未貴時。除卻洛京居守外,聖朝賢相復書誰?"又《澠水燕談》云:"孫何、孫僅兄弟馳名。何旣爲狀元,明年僅亦第一。王黃州以詩賀之曰:'病中何事忽開顏?記得時稱小狀元。粉筆每題龍虎榜,錦標終屬脊令原。'"

0495 **天花板** 《山房隨筆》云:"元好問妹自補天花板。"

0496 **者之乎** 《北夢瑣言》云:"盧延讓有詩云:'不同文賦易,爲是者之乎。'後入翰林,閣筆而已。同列戲之曰:'不同文賦易,爲是者之乎。'竟以不稱職,數日而罷。"

0497 **十字街** 《北史·李諧傳》云:"劉家在七帝坊十字街東南,入窮巷是也。"

0498 **家生奴** 《漢書·陳勝傳》:"免驪山徒人奴產子。"顏師古曰:"奴產子,猶人云家生奴也。"

0499 **眼中釘** 《五代史·趙在禮傳》:"在禮在宋州,人尤苦之。已而罷去,宋人喜而相謂曰:'眼中拔釘,豈不樂哉?'旣而復受詔居職,乃籍管內口率錢一千,自號'拔釘錢'。"

0500 **公生明** 《荀子·不苟篇》云:"公生明,偏生闇,端愨生通,詐僞生塞,誠信生神,夸誕生惑。此六生者,君子慎之,而禹、桀之所以分也。"

0501 **無聊賴**　《漢書·張釋之傳》云：“尉窘亡聊賴。”[①]

0502 **眼孔小**　桑維翰愛錢，上曰：“措大眼孔小，與錢十萬貫，塞破屋子矣。”

0503 **孔方兄**　《晉書》魯褒作《錢神論》云：“親之如兄，字曰孔方。失之則貧弱，得之則富昌。”

0504 **相髣髴**　漢《郊祀歌》云：“靈之至，慶陰陰，相放怫，震澹心。”顏師古曰：“放怫，猶髣髴也。”予按：《說文》：“仿，相似也。”“佛，見不審也。”又云：“髴，若似也。”今吳人稱“相似”爲“相髣髴”。

0505 **赤骨立**　《朱子語類》論“夫子安仁，顏淵不違仁，子路求仁”曰：“子路譬如脫得上面兩件麤糟底衣服了，顏淵又脫得那近裏面底衣服了，聖人則和那裏面貼肉底汗衫都脫得赤骨立了。”

0506 **細碎事**　《吳志·呂範傳》注云：“策謂範曰：‘子衡，卿既上大夫，加手下已有大衆，立功于外，豈宜復屈小職，知軍中細碎事乎？’”

0507 **姜太公**　古之稱齊太公者，或言呂尚，或言尚父，或言太公。姜太公之稱，見於徐幹《中論·審大臣篇》，其詞曰：“又有不因衆譽而獲大賢，其文王乎？田於渭水邊，道遇姜太公，皤然皓首，方秉竿而釣，文王召而與之言，則帝王之佐也，乃載之歸，以爲太師。”

0508 **耳邊風**　杜荀鶴詩云：“百歲有涯頭上雪，萬般無染耳邊風。”

0509 **有火蟲**　《爾雅》：“熒火卽炤。”舍人注云：“夜有火蟲也。”今吳人以螢爲有火蟲。

0510 **沒字碑**　《舊五代史·周安叔千傳》云：“叔千鄙野而無文，當時謂之‘安沒字’，言若碑碣之無篆籀，但虛有其表耳。”《五代史·唐任圜傳》云：“崔協不識文字，而虛有儀表，號爲‘沒字碑’。”

---

① 《漢書·張釋之傳》作“尉亡賴”。《古今韻會舉要》卷十九去聲“賴”下引《張釋之傳》注：“尉窘亡聊賴。”

0511 **少吃口** 古樂府云："晚飯少吃口,活到九十九。"

0512 **小家子** 《漢書·霍光傳》云："使樂成小家子,得幸大將軍,至九卿封侯。"

0513 **有心幾** 《後漢書》："宦者鄭衆,爲人謹敏有心幾。"

0514 **平天冠** 蔡邕《獨斷》云："孔子曰:'服周之冕。'鄙人不識,謂之平天冠。"李善《東京賦》注云:"冕,所謂平天冠也。"

0515 **大手筆** 《晉書·王珣傳》:"珣夢人以大筆如椽與之。既覺,語人云:'此當有大手筆事。'俄而帝崩,哀冊諡議,皆珣所草。"

0516 **叫不應** 《後漢書·劉陶傳》云："關東破膽,四方動搖,威之不來,叫之不應。"

0517 **浴佛日** 《後漢書·陶謙傳》云："每浴佛,輒多設飲飯,布席于路。其有就食及觀者,且萬餘人。"《宋書·劉敬宣傳》云:"八歲喪母,四月八日,敬宣見衆人灌佛,乃下頭上金鏡以爲母灌,因悲泣不自勝。"

0518 **破天荒** 唐荆州衣冠藪澤,每歲解送舉人,多不成名,號曰"天荒解"。劉蛻舍人以荆解及第,號爲"破天荒"。見孫光憲《北夢瑣言》。

0519 **裏頭空** 宋時謠云："臻蓬蓬,外頭花豔裏頭空。"今人言"外頭閃電裏頭空"本此。

0520 **東道主** 《左傳》:"燭之武見秦君曰:'若舍鄭以爲東道主。'"《史記》:"鄭使謂秦穆公曰:'君何不解鄭,得東道?'"《後漢書·彭寵傳》云:"以一身從我,不如以一代爲北道主人。"[1]是今人專以主人爲東道,古人各指其地言之。

0521 **人道我** 《詩》"寤言不寐,願言則嚔"鄭箋:"言,我也。願,思也。嚔,讀當爲不敢嚔咳之嚔。我其憂悼而不能寐,汝思我心如是,我則嚔也。今俗人嚔,云'人道我',此古之遺語也。"是漢時已有此語。

---

[1] 彭寵,當作"鄧晨"。一代,《後漢書·鄧晨傳》作"一郡"。

0522 三分話　《朱子語類》云："如今俗語云'逢人且說三分話'，只此便是不忠。"

0523 做將來　《五雜俎》云："陶器，柴窑最古。世傳周世宗燒造，所司請其顏色，御批云：'雨過青天雲缺處①，這般顏色做將來。'"

0524 行好事　馮道詩云："但知行好事，莫要問前程。"

0525 權入手　朱灣詩云："一朝權入手，看取令行時。"

0526 十八九　《漢書·丙吉傳》云："至今十八九矣。"

0527 十三四　《後漢書·劉陶傳》云："今其存者尚十三四。"

0528 在何許　杜工部詩："我生本飄飄，今復在何許?"

0529 五時衣　《後漢·東平憲王傳》云："乃閱陰太后舊時器服，愴然動容，乃命留五時衣各一襲。"注云："五時衣，謂春青、夏赤、季夏黃、秋白、冬黑也。衣單、複具曰襲。"

0530 賊王八　《五代史·前蜀世家》云："王建少無賴，以屠牛、盜驢、販私鹽爲事。里人謂之'賊王八'。"

0531 主人翁　《史記·范雎列傳》云："主人翁習知之。唯雎亦得謁。"《漢書·東方朔傳》："上曰：'願謁主人翁。'"又云："當是時，董君見尊，不名，稱'主人翁'。"

0532 田舍翁　《宋書》："武帝大脩宮室，袁顗屢稱高祖儉素，帝曰：'田舍翁得此，已過矣!'"

0533 脩邊幅　《後漢書·馬援傳》云："公孫不吐哺走迎國士，與圖成敗，反脩飾邊幅。此子何足久稽天下士乎?"注云："言若布帛脩整其邊幅也。"

0534 送竈君　羅隱《送竈》詩云："一棧清茶一縷烟，竈君皇帝上青天。玉皇若問人間事，爲道文章不值錢。"

---

① 缺，《五雜俎》卷十二作"迫"。

0535 **無能爲** 《漢書·高帝紀》云："豨不據邯鄲，而阻漳水，吾知其無能爲矣。"

0536 **致書郵** 《晉書》："殷羨字洪喬，爲豫章太守，都下人士因其致書者百餘函。行次石頭，皆投之水中，曰：'沈者自沈，浮者自浮，殷洪喬不爲致書郵。'"

0537 **獨眼龍** 《五代史》："李克用少驍勇，軍中號曰'李鴉兒'，其一目眇，及其貴也，又號'獨眼龍'，其威名蓋于代北。"

0538 **清、愼、勤** 《魏志·李通傳》注引李秉《家誡》云："昔侍坐於先帝，時有三長吏俱見。臨辭出，上曰：'爲官長，當清，當愼，當勤。修此三者，何患不治乎？'"

0539 **大根脚** 元史浩《兩鈔摘腴》云："韃靼有扨哥者，原係大根脚凌替，典賣貨物罄盡。"

0540 **一頓食** 《世說新語》羅友曰："願乞一頓食。"杜子美詩："頓頓食黃魚。"

卷 六

0541 諸老先生 《漢書·賈誼傳》云："誼年二十餘,最少,每詔令議下,諸老先生未能言,誼盡爲之對,人人各如其意所出。"

0542 白面書生 《宋書·沈慶之傳》云："慶之曰:'治國如治家,耕當問奴,織當訪婢。陛下今欲伐國,而與白面書生輩謀之,事何由濟?'"

0543 學步邯鄲 《漢書·敘傳》云："昔有學步于邯鄲者,曾未得其髣髴,又復失其故步,遂匍匐而歸耳。"

0544 干汝何事 《舊唐書》云："明皇爲楚王,叱金吾將軍武懿宗曰:'吾家朝堂,干汝何事?敢迫吾騎從!'"杜甫《黑白二鷹詩》云："干人何事網羅求?"南唐元宗樂府詞云："小樓吹徹玉笙寒。"馮延巳有"風乍起,吹縐一池春水"之句,皆爲警策。元宗將戲延巳:"吹縐一池春水,干卿何事?"延巳曰:"未如陛下'小樓吹徹玉笙寒'。"

0545 隔靴爬痒 《朱子語類》云："聖人只是識得'性'。百家紛紛,只是不識'性'字。《揚子》鶻鶻突突,《荀子》又所謂'隔靴爬痒'。"

0546 依樣葫蘆 《東軒筆錄》云："宋太祖曰:'頗聞翰林草制,皆檢前人舊本,改換詞語。此乃俗所謂"依樣畫葫蘆"耳。'"又《五代詩話》引《順存錄》云："陶穀來使,忠懿王宴之,王命進葫蘆羹,曰:'此先王時有此品味,庖人依樣造者。'穀在中朝,或作詩嘲之曰:'堪笑翰林陶學士,年年依樣畫葫蘆。'故王以此戲焉。"

0547 女生外嚮 《白虎通》云："男生內嚮,有留家之義;女生外嚮,有從夫之義。"

0548 驚心破膽 王符《潛夫論》云："故凡欲變風改俗者,其行賞罰也,必使足驚心破膽。"

0549 自我作古 《唐書·懿德太子傳》云："是歲立爲皇太孫,開府置官屬。高宗問吏部侍郎裴敬彞、郎中王方慶,對曰:'禮有嫡子,無嫡孫。漢、魏太子在,子但封王。晉立愍懷子爲皇太孫,齊立文惠子爲皇太孫,皆居東宮。今有太子,又立太孫,於古無有。'帝曰:'自我作古,若何?'"

0550 未能免俗 《晉書》:"阮咸與叔父籍居道南,諸阮居道北,北阮富而南阮貧。七月七日,北阮盛曬衣服,皆錦綺粲目。咸以竿挂大布犢鼻于庭。人或怪之,答曰:'未能免俗,聊復爾耳。'"

0551 年開八袠 古人以年過六十爲"開七袠",年過七十爲"開八袠"。白居易詩云:"行開第八袠,可謂盡天年。"又云:"已開第八袠①,屈指幾多人。"方回《丁酉元日年七十一》詩云:"九臚唱第今三紀,八袠開端又一年②。"又云:"高年開八袠,細字尚親抄。"皆其證也。

0552 瓜田李下 《文選》詩:"瓜田不納履,李下不整冠。"

0553 奉行故事 《漢書·魏相傳》云:"相好觀漢故事及便宜章奏,以爲古今異制,方今務在奉行故事而已。"

0554 名士風流 《後漢書·方術傳》論云:"漢世之所謂名士者,其風流可知矣。"

0555 得隴望蜀 《晉·宣帝紀》:"魏武曰:'人苦無足。既得隴右,復欲得蜀。'"

0556 粉白黛黑 《楚辭·大招》云:"粉白黛黑,施芳澤只。"《列子·周穆王篇》云:"衣阿錫,曳齊紈,粉白黛黑。"《戰國策》云:"張儀曰:'周、鄭之女粉白黛黑,非見而知之者,以爲神。'"《漢武故事》云:"上起明光宮,發燕趙美女二千充之,皆自然美麗,不施粉白黛黑。"以上諸書,皆作"粉白黛黑",至韓昌黎作《送李愿歸盤谷序》乃云"粉白黛綠者,列屋而閒居"。而東坡《與王定國書》:"粉白黛綠者,俱是火宅中狐狸、射干之流,願以道眼點

---

① 八,《白氏長慶集》卷六四《七年元日對酒五首》作"七"。
② 八,《桐江續集》卷二三《丁酉元日年七十一》作"七"。

破。”孫覿宋人《與張宣榦書》曰：“粉白黛綠，乃疾病之根，一刀兩段，不可復疑也。”俱沿昌黎之譌。

0557 剝人面皮　《晉書》：“賈充問孫皓曰[①]：‘卿在江南，何爲剝人面皮？’皓曰：‘見無禮于君者，則剝之。’”

0558 半閒不界　《朱子語類》論“發憤忘食，樂以忘憂，不知老之將至云爾”：“泛說若是謙詞。然聖人之爲人，自有不可及處，直要做到底，不做箇半閒不界底人。”

0559 天網恢恢　《道德經·任爲章》：“天網恢恢，疏而不失。”

0560 爾俸爾祿　《容齋隨筆》云：“‘爾俸爾祿，民膏民脂。下民易虐，上天難欺。’太宗皇帝書此，以賜郡國，立於廳事之南，謂之《戒石銘》。按：成都人景煥有《野人閒話》一書，乾德三年所作。其首篇《頒令箴》，載蜀王孟昶爲文頒諸邑云：‘朕念赤子，旰食宵衣。言之令長，撫養惠綏。政成三異，道在七絲。驅雞爲理，留犢爲規。寬猛得所，風俗可移。無令侵削，無使瘡痍。下民易虐，上天難欺。賦輿是切，軍國是資。朕之賞罰，固不踰時。爾俸爾祿，民膏民脂。爲民父母，莫不仁慈。勉爾爲戒，體朕深思。’凡二十四句。昶區區愛民之心，在五季諸僭僞之君，爲可稱也。但語言皆不工，唯經表出者，詞簡理盡，遂成王言，蓋詩家所謂奪胎換骨法也。”

0561 興復不淺　《晉書·庾亮傳》云：“亮在武昌，諸佐吏殷浩之徒乘秋夜往，共登南樓。俄而不覺亮至，諸人將起避之，亮徐曰：‘諸君少住，老子於此興復不淺。’便據胡牀，與浩等談詠竟坐。”

0562 金玉滿堂　《道德經·運夷章》云：“金玉滿堂，莫之能守。”

0563 金龍大王　《吳興備志》引《馮元成集》云：“金龍大王姓謝名緒，建祠洪上。隆慶閒，大司空潘季馴督漕河，河塞不流，司空爲文責神，河塞如故。會司空有書史以事過洪，天將暮，遇五伯，擒以見神。神坐廟內，詰問書

---

① 賈充，《晉書·王濟傳》作“(晉武)帝”。

史曰：'若官人胡得無禮！河流塞亦天數也，吾豈爲此厲民？爲語司空，吾已得請於帝，河將以某日通矣。若掌書不敬，當罰。'書史訴不得，受朴，去，以告司空。已而河果以某日通，于是司空祗事，不敢不虔。"

0564 耕當問奴 《宋書·沈慶之傳》云："耕當問奴，織當訪婢。"《北魏書·邢巒傳》云："俗諺曰：'耕則問田奴，絹則問織婢。'臣雖不武，忝備征將，前宜可否，頗實知之。"

0565 今宵有酒 "今宵有酒今宵醉，明日愁來明日愁"，《野客叢書》以爲羅隱詩，《能改齋漫錄》以爲權常侍審所作，其上二句云："得則高歌失則休，何須多恨太悠悠。"

0566 差彊人意 《後漢書·吳漢傳》云："帝歎曰：'吳公差彊人意，隱若一敵國矣！'"

0567 乘興而來 《晉書》："王子猷嘗居山陰，夜雪初霽，月色清朗，四望皓然，獨酌酒，詠左思《招隱》詩。忽憶戴逵，逵時在剡，便夜乘小船詣之，經宿方至，造門不前而反。人問其故，徽之曰：'本乘興而來，興盡而反，何必見安道邪？'"

0568 束之高閣 《晉書·庾翼傳》："京兆杜乂、陳郡殷浩，並名冠世，而翼不之重也。每語人曰：'此輩宜束之高閣，俟天下太平，然後議其任耳。'"

0569 遙遙華胄 《南史》："梁何昌寓爲吏部尚書，有姓閔求官者，昌寓問：'君是誰後？'對曰：'閔子騫後。'昌寓掩口笑曰：'遙遙華胄。'"

0570 四通八達 《舊五代史·晉高祖本紀》云："今汴州乃萬庚千倉之地，是四通八達之郊。"

0571 張三李四 《朱子語類》云："如這衆人，只是一箇道理，有張三，有李四，李四不可爲張三，張三不可爲李四。"

0572 家有賜書 《漢書·敘傳》云："班彪字叔皮，幼與從兄嗣共游學，家有賜書。"

0573 鹿死誰手 《晉書·載記》石勒曰："朕若遇高皇帝，當北面事之，與韓、彭競鞭而爭先耳。脫遇光武,當並驅中原,未知鹿死誰手。”

　　0574 富貴榮華　　王符《潛夫論》云:“所謂賢人君子者,非必高位厚祿、富貴榮華之謂也。”

　　0575 無出其右　　《漢書·高帝紀》云:“賢趙臣田叔、孟舒等十人,召見與語,漢廷臣無能出其右者。”

　　0576 孤兒寡婦　　《後漢書·陳龜傳》云:“戰夫身膏沙漠,居人首係馬鞍,孤兒寡婦,號哭空城。”《晉書·載記》石勒曰:“大丈夫行事,當磊磊落落,如日月皎然,終不能如曹孟德、司馬仲達父子,欺他孤兒寡婦,以取天下也。”

　　0577 嚃嚃呼犬　　《公羊傳》徐彥疏云:“今呼犬謂之嚃。”

　　0578 窮兒暴富　　東坡先生《與程全父推官啟》云:“兒子到此,鈔得《唐書》一部,又借得《前漢》一部欲鈔。若了此二書,便是窮兒暴富也。呵呵。”

　　0579 急流勇退　　《湘山野錄》云:“錢若水謁陳希夷,欲分華山居之。白閣道者謂希夷曰:‘無此骨法。當爲貴公卿,能于急流中勇退耳。’”東坡先生《次孫巨源五絕句》云:“高林晚歲終難進[①],勇退當年正急流。”又《贈程傑》云:“火色上騰雖有數,急流勇退豈無人。”

　　0580 因饐廢食　　《呂覽·蕩兵篇》云:“夫有以饐死者,欲禁天下之食,悖;有以乘舟死者,欲禁天下之船,悖;有以用兵喪其國者,欲偃天下之兵,悖。”《說苑·說叢篇》云:“一噎之故,絕穀不食;一蹶之故,卻足不行。”

　　0581 不分皂白　　《大雅·桑柔》詩箋:“賢者見事之是非,非不能分別皂白,言之于王也。然不言之,何也?此畏懼犯顏得罪罰。”

　　0582 不識時務　　《後漢書·張霸傳》云:“時皇后兄虎賁中郎將鄧騭當朝貴盛,聞霸名行,欲與爲交。霸逡巡不答,衆人笑其不識時務。”

　　0583 人面獸心　　《漢書·匈奴傳》云:“人面獸心。逐草隨畜,射獵爲

---

① 林,蘇軾《次韻孫巨源寄漣水李盛二著作并以見寄五絕》作“才”。

生。"《晉書·孔嚴傳》云："又觀頃日降附之徒,皆人面獸心,貪而無親,難以義感。"

0584 年衰鬼弄 杜荀鶴詩云："世亂奴欺主,年衰鬼弄人。"[①]

0585 吹毛求疵 《漢書·中山靖王勝傳》云："今或無罪,爲臣下所侵辱,有司吹毛求疵,笞服其臣,使證其君,多自以侵冤。"

0586 人所應有 《宋書》："沈懷文與江智淵友善。懷文每稱之曰:'人所應有盡有,人所應無盡無者,其江智淵乎?'"

0587 頰上添毛 《晉書》："顧愷之嘗圖裴楷象,頰上加三毛,觀者覺神明殊勝。"

0588 力不從心 《後漢書·西域傳》云："如諸國力不從心,東西南北自在也。"

0589 高聲大罵 任昉《彈劉整》云："忽至戶前,高聲大罵。"

0590 這邊、那邊 《北夢瑣言》云："蜀王衍常裹小巾,其尖如錐,宮妓多衣道服,簪蓮花冠,施胭脂夾臉,號'醉粧'。衍作醉粧詞云:'這邊走,那邊走,只是尋花柳。那邊走,這邊走,莫厭金盃酒。'"

0591 樂此不疲 《後漢書·光武帝本紀》云："皇太子見帝勤勞不怠,承閒諫曰:'陛下有禹、湯之明,而失黃老養性之福。願頤愛精神,優游自寧。'帝曰:'我自樂此,不爲疲也。'"

0592 一人向隅 《漢書·刑法志》云："古人有言曰:'滿堂而飲酒,有一人鄉隅而悲泣,則一堂皆爲之不樂。'"

0593 時來運去 羅隱詩："時來天地皆同力,運去英雄不自由。"

0594 閉門不管窗前月 "閉門不管窗前月,分付梅花自主張",南宋陳隨隱自述其先人藏一警句,爲眞西山、劉漫塘所擊賞者。

0595 不能使船嫌溪曲 《朱子語類》云："人多言爲事所奪,有妨講

---

① 非杜荀鶴詩,見《全唐詩》卷六四三李山甫《自歎拙》。

學，此爲‘不能使船嫌溪曲’者也。遇富貴，就富貴上做功夫，遇貧賤，就貧賤上做功夫。”

0596 **名下無虛士**　《國史纂異》云：“閻立本家世善畫，至荆州視張僧繇舊迹，曰：‘定虛得名耳。’明日又往，曰：‘猶是近世佳手。’明日又往，曰：‘名下定無虛士。’坐臥觀之，雷宿其下，十日不能去。”

0597 **冷灰裏荳爆**　《朱子語類》：“問：‘程子謂致知節目如何？’曰：‘如此理會也未可。須存得子心，却逐節子思索，自然有箇覺處，如諺所謂冷灰裏荳爆。’”

語稱大舜，邇言必察。邇言者，淺近之言也。淺近之言，在當時則覺鄙俚，而後人沿襲，歷數十百年之久，往往遂成典故。古之口頭語，沿爲今日之典故；今之口頭語，亦儘有沿自古人者，此錢君可廬《邇言》一書所由昉也。可廬爲辛楣宮詹之介弟。宮詹，一代經師，海內宗仰。壎箎叶奏，著作定亦非凡。此特其小學之一端耳。原板久失，潤州包雲湖廣文藏書最富，今其哲嗣曉村，逮將此書寄示，囑爲補刊，相見其孳孳好學，遠紹旁搜之意焉。校刊已畢，故爲略述其巔末如此。時在光緒四年，歲次戊寅秋八月，仁和葛元煦理齋氏識。

釋　諺

《霞外攟屑》卷十

山陰平步青景孫纂

方言俚語，皆有自來。古人甄錄爲書者，如《隋書·經籍志》子部雜家載劉霽《釋俗語》八卷，《舊唐書》載李少通《俗語難字》，《新書》載張推《證俗音》、顏愍楚《證俗音略》、李虔《續通俗文》，今皆不傳。傳者衹宋人《釋常談》《肯綮錄》。《容齋隨筆》亦偶及之。《困學紀聞》卷十九羅列百十五條，疏證尚未備也。乾隆中，翟氏灝《通俗編》出，句稽緐夥，分門別類，蔚爲巨編，宜侔備矣。然如焦文端《筆乘》所載數條，猶未賅而存之，梁山舟學士所以有《直語補證》之作也。同時趙東潛有《營庭錄》，其書未梓。諸秋士仿晴江例，集遠近方言，證以經傳，徵引旣博，援據尤精，分韻編之，成若干卷，惜亦無槧本。《陔餘叢攷》成語凡二百條，則在翟、趙、諸三家後。著書欲不誤，難；若云不扇，則尤難之難者。潛邱之言，豈易副哉？咸豐壬子八月，病瘏臥牀，剟取群籍，仿諸氏例，取便拾補。三十年來，南櫂北轅，時復增益，宙合大矣。四部書未經目者，如恆河沙數，不知幾千萬億條，可資采獲者，日出而未有已。兔冊未成，鶴髮已素。以頗費日力於此，不忍棄擲，入之舉書，不復分韻。已見各書而無訂正補譜者，不錄。並世有好事者，取而賡之，倘如杜尺莊徵君之於茹氏《越言釋》，疏證倍於本書，讀者不以類書見夷，或亦小學之一助焉。光緒壬午七月九日。

0598 狀元紅　　曾鞏《荔支譜》：“狀元紅，言於荔支爲第一，在福州報國寺。”《通俗編》卷三十引《天彭牡丹譜》按：見陸游《天彭花品釋名》：“狀元紅者，重葉深紅，天姿富貴。彭人以冠花品，以其高出衆花之上，故名。或曰舊制進士第一人卽賜茜袍，此花如其色，故以名之。”庸按：《花鏡》牡丹千葉樓子，大紅色、荔支實圓而小核，細如丁香，上品也、菊千葉，深紅，皆有“狀元紅”之名。今越人又以名酒之醅者。絳蠟之短而鉅者，一斤八條，亦以是呼之。

0599 鍍金　　《升庵全集》卷六十六：“《唐六典》有十四種金，曰‘銷金’，曰‘拍金’，曰‘鍍金’，曰‘織金’，曰‘研金’，曰‘披金’，曰‘泥金’，曰‘鏤金’，曰‘撚金’，曰‘餞金’，曰‘圈金’，曰‘貼金’，曰‘嵌金’，曰‘裹金’。”庸按：《廣韻》：“鍍，徒故切。金飾物也。”字又可作“鍍”。《集韻》：“鍍，又徒故切。音渡。”張衡《思玄賦》：“雲師䨓以交集兮，凍雨沛其灑鍍。轙琱輿而樹葩兮，擾應龍以服路。”《摭言》李紳答章孝標詩：“假金只用眞金鍍。若是眞金不鍍金。”白居易《新樂府·西涼伎》云：“刻木爲頭絲作尾，金鍍眼睛銀帖齒。”則且以之入詩矣。今“鍍金、織金、泥金、貼金、裹金”五種，無人不知，餘無聞矣。

0600 豬頭　　越俗祀神，以豬頭爲敬。黎雲問：“於古有之乎？”曰：“有之。”鄭獻甫《愚一錄》卷六：“《周禮》：‘小子掌珥於社稷，祈於五祀。’鄭司農曰：‘珥，社稷以牲頭祭也。’疏謂：‘漢時祈禱，有牲頭祭。’據此，則後世所謂‘晴喫羊頭，雨喫豬頭’者，固有本也。若晏子之祭先人，則只云‘豚肩’；涫于所言祭田神，則只云‘豚蹏’。”庸按：小谷說本《通俗編》卷十九，翟云：“《郊特牲》‘用牲于庭，升首于堂’，謂旣用全牲以祭，復登其首於北牖下也。今人只用牲頭，蓋沿珥祭之制。”今越人有不用牲頭者，只用髀髀一方，卽晏子之“豚肩”、《左·宣十六年傳》所云“折俎”也。有只用豬爪者，卽濇于“豚蹢”。《小繁露》“豬頭”條引《夷堅志》“周狗師”條，謂“宋時已然”，似非。

0601 帳鐫　帳鐫之“鐫”，今人多書作“鉤”。按：《西京雜記》卷六：“廣川王去疾發魏哀王冢，銅帳鐫一具，或在牀上，或在地下。似是帳麋朽，而銅鐫墜落。”《屬樊榭集》有《魏景初帳構銅歌》，注：“《南史·崔祖思傳》：‘劉備取帳構銅鐫錢，以充國用。’”《龍城札記》卷三：“《宋書·禮志》及《江夏王義恭傳》作‘帳鐫’，云：‘帳鐫不得作五花及豎笥形。’此亦見於史者。”則六朝人作“鐫”，不作“鉤”。若《釋名卷四·釋田器第二十一》“鐫，溝也，既割去壟上草，又辟其土以壅苗根，使壟下爲溝，受水潦也”，則似今之“麥鑒”。《茶香室續鈔》卷二十二引《雜記》《釋名》，謂“鐫是田器之名，此云帳鐫，疑古字鐫與鉤通”，似未攷《集韻》：“鐫，居侯切，同鉤。”無可疑也。

0602 薯莨綢　越中夏月，多服敲皮袴。初惟市人著之，近日風行，漸及閨閣矣。名曰“薯莨綢”，有紫、緇二色，近作僞者易以紗而質薄，不堪久著矣。《廣東新語》卷二十七：“薯莨產江北者良，其白者不中用，用必以紅。紅者多膠液，漁人以染眾罾，使苧麻爽勁，既利水，又耐鹹潮，不易腐。而薯莨膠液本紅，見水則黑。諸魚屬火而喜水，水之色黑，故與魚性相得。染眾罾使黑，則諸魚望之而聚云。”《西雲札記》卷三“赭魁卽餘糧”條云：“《夢谿筆談》二十六：‘《本草》所論赭魁，皆未詳。今南中極多，膚黑肌赤，似何首烏。汁赤如赭，南人以染皮製鞾，閩、嶺人謂之餘糧云云。’按：吾邑人以之染夏布與魚綱，謂之‘薯囊’，卽‘餘糧’之轉音也。”據西雲說，則屈之“薯莨”，“莨”應作“糧”。

0603 明堂宜作明唐　越中呼院落曰“明堂”，字宜依《越諺》卷中作“明唐”，引《詩》“中唐有甓”爲是。若《後漢書·獨行·范冉傳》“其明堂之奠，干飯寒水”，注：“《禮》：送死者衣曰‘明衣’，器曰‘明器’。鄭玄注云：‘明者，神明之也。’此言‘明堂’，亦神明之堂，謂壙中也。”《西雲札記》卷四

引之云："按：予得古甎，文曰'陳盟明堂'[①]，蓋墓甎也。"據西雲說，則可呼
"明唐"，不可呼"明堂"。且明堂，古天子所居，民間庭院豈可襲其名乎？

0604 湯包肚　京師酒肆最膾炙者"湯包肚"。按：《史記·貨殖傳》：
"胃脯，簡微耳，濁氏連騎。"注："晉灼曰：'今大官常以十月作沸湯，燖羊胃，
以末椒薑扮之[②]，暴使燥。'"是也。《廣雅卷六·釋親》："胃，謂之脁。"《說文》
"脁"下徐鍇注云："今俗言'肚脁'也。"是漢時羊肚作脯，至於進御。無怪張
驢兒孃垂涎羊肚羹，消得一死也。

0605 葱白縠色　《七啟》："春清縹酒。"李善注："縹，綠色而微白也。"
《昭明文選序》"縹囊、緗帙"也，呂向注："縹，青色。緗，淡黃色。"庸按：
"縹"即今之葱白色。《禮記》"盎齊"鄭注[③]："盎猶翁也，成而翁翁然，葱白
色。"俗又呼"魚肚白"，又曰"湖色"，亦曰"東方亮"。"緗"即今之縠色，京
師呼"盪米嬌"。

0606 炭墼　《說文》："墼，瓴適也，一曰未燒也。從土，毄聲。"《韻會》
引徐鍇曰："未燒甎也。"《字林》："甎未燒曰'墼'。"《埤蒼》："形土為方曰
'墼'。"《玉篇》："毄，土毄也。"顏注《急就篇》："毄者，抑泥土為之，令其堅
緻也。"《後漢書·周紆傳》"常築墼以自給"，《汝南先賢傳》"袁宏臨沒，勅
其子以五百墼為藏"，蓋即指未燒甎。若屑炭為團，冬月備鑪火之用，呼曰
"炭墼"，字從同。戊申冬，任少眉世丈藩云："道光初，應縣試，以炭亶賦，
為某令所激賞。""亶"字字書無之。按：周遵道《豹隱紀談》："石湖居士戲
用鄉語云：'九九八十一，家家打炭墼。'"字正作"墼"。《樊榭山房集·炭墼
詩》"厥製惟墼良，九九徵宋諺"，自注："夏至後諺云：'九九八十一，家家
打炭墼。'出陸泳《吳下田家志》。"《有正味齋續集·消寒八詠之一》本之。
馮慕岡《月令廣義》引石湖語作"炭圾"，《隨園食單》作"炭吉"，殆刻

---

① 盟，《西雲札記》卷四《明堂》作"監"。

② 扮，《史記·貨殖列傳》作"坋"。

③ 引文出自《周禮·天官·酒正》。

誤。《歸田錄》有"得墼勝於得啟"語,則作"墼"爲長。《隸續》有《永和官墼文》^①,作"墼"。

0607 三更三點 《耐冷譚》卷十二:"屬對有百思不能者,有矢口而成不能更換者。曩偕陳古華太守,在海昌扃門校試,太守於席間出對曰:'山外山光半夕陽。'僕應之曰:'雲間雲影皆春水。'太守,雲間人,故爲是言,實不能再換也。因憶《元史》,脫脫將赴三河,陛辭,元主錫之宴。至夜分,起曰:'臣明日早行矣,半醉半醒過半夜。'元主笑曰:'卿明日行,亦不必早,三更三點到三河。'眞乃一時佳語!"庸按:《元史·順帝紀》及《托克託傳》皆無此。且其語儇薄,不似史文,小茗殆誤記耳。杜甫《至日遣興寄北省舊閣老兩院故人》:"去歲茲晨捧御牀,五更三點入鵷行。"已以入詩。

0608 穀旦 《清白士集·呂子校補》:"《聽言》'其與人穀言也','穀言'二字新,猶善人稱穀人。"按:《詩》:"穀旦于差。"傳:"穀,善也。"本《爾雅·釋詁》文。郭注:"省、綝、穀,未詳其義,餘皆常語。"《管子·禁藏》云:"氣情不營,則耳目穀。"注亦云:"穀,善也。"是亦周、秦間常語。

0609 坫 《越言釋》卷二:"古所謂'坫'者,蓋壘土爲之,以代今人卓子之用。其在私居,則大夫有閣,而士有坫。'閣'即今之卓子。士不得有閣,故坫也。其在行禮之所,則諸侯以上始設坫于兩楹之間,以爲反爵之用。而大夫、士無之。《論語》所謂'邦君爲兩君之好,有反坫'是也。北方山橋野市,凡賣酒漿不托者大都不設卓子,而有坫。因而酒曰酒店,飯曰飯店。是店之爲店,實因坫得名。"余成教《石園文橐·店上記》:"《古今注》:'店,置也,所以置貨鬻物也。'徐勉《誡子崧書》:'或欲創闢田園,或勸興立邸店。'《說文》云:'坫,反爵之處。古文與店通。'《汲冢周書》曰:'四隅、反店。'^②注:'外向室也。''店'之見於書傳者,祇此數端。"按:《說文解字》"坫,屏

---

① 和,《隸續》卷十五《永初官墼文》作"初"。

② 四隅、反店,《石園文稿初集》卷一《店上記》作"四阿、反店",《逸周書·作雒解》作"四阿、反坫"。

也”，不與“店”通。《周書·作雒解》“乃位五宮，咸有四隅反坫”①，亦不作“店”。石園不知何本。惠氏棟《松厓筆記》卷一“店”條引《唐律義疏》曰②：“邸店者，居物之處爲邸，估賣之所爲店《名例四》“平贓”者條下。”據惠引《唐律》，似“邸”爲今之棧房，“店”爲鋪面也。

　　0610　按摩　《莊子·外物篇》：“眥搣可以休老。”注：“以兩手按目之四眥，令眼神光明，按滅皺紋，可以沐浴老容。”《急就篇》：“沐浴揃搣寡合同。”師古注：“揃搣謂鬋拔眉髮也，蓋去其不齊整者。”《士喪禮》：“蚤揃如他日。”注：“蚤讀爲爪，斷爪揃鬚也。人君則小臣爲之。他日，平生時。”《士虞記》作“搔翦”，《喪大記》作“小臣爪手翦鬚”。俞理初《癸巳存稾》卷十四謂：“平鬋眉鬚，不使老至③。”郝敬《禮記通解》云：“剔手去甲曰爪，刷鬚鬢曰揃。”《史記·扁鵲傳》：“鑱石撟引，案杬毒熨。”《索隱》：“杬，謂按摩而玩弄身體，使調也。”此四條即今按摩及薙髮匠整容之謂。《孟子》：“爲長者折枝。”趙岐注：“折枝，案摩折手節，解罷枝也。”與《莊子》注、《索隱》略同。而《集注》易之。《通俗編》卷二十一引《素問》“治之以案摩”、《說苑》“子術按摩”、《北史·趙邕傳》“給按摩奔走之役”，而未引《莊》《史》。

　　0611　蟻　近有司衙門，凡科房書吏稟牘本官，自稱“某科某房書吏某”，若軍牢、夜役等差上稟及領狀，則自稱“臺下蟻某”，不知何本。詢之老吏，亦不能答。按：《孫文安公嘉淦集》中《撫綏苗猺疏》有“隨據峒、寨各長連名具呈稱‘蟻等初歸仁化’”，又云“蟻等查實”，又云“如蟻等隱匿不報”，又云“令蟻等按名押赴衙門”，則苗猺寨長上稟總督，亦用此稱。《金樓子》載：“謝超宗子幾卿，中拜率更令。騶人姓謝，亦名超宗，亦便自稱姓名，云：‘超宗蟲蟻，就官乞睞。’幾卿既不容酬此言，騶人謂爲不許，而言之不已。幾卿又走。”《養新錄》卷十二引之，是蟻之稱頗古。騶人，今之馬夫，與軍牢、

---

① 　隅，《逸周書·作雒解》作“阿”。
② 　義疏，《松厓筆記》卷一《店》作“疏義”。
③ 　至，《癸巳存稿》卷十四《揃》作“醜”。

夜役等耳。惟《通志堂經解》中《水村易鏡》一卷,宋莆田林光世逢聖撰,自序稱"逸民莆田水邨蟻蝨林光世"。按:《館閣續錄》:"淳祐十年,光世以易學召赴闕,充祕書省檢校文字。"自稱蟻蝨,豈以進呈故耶? 亦少見矣。

0612 火斛錫鏇子攢合 毛西河《辨定祭禮通俗譜》云:"古鼎用銅,今以錫代之。如盂而上有高蓋,每獻則啟蓋作跌,而安盂於上。俎則代以槃而去足。"庸按:此條所云,卽今之火斛俗作鍋、錫鏇子鏇字見《六書故》。第近製斛蓋低,而中有火箐,以銅爲之,然炭於中。如西河所言,今之水盌似之,而微不同。又云:"明制:宮中小祭獻及小燕宴,俱用槃槅。《李夢陽傳》所稱'攢槃'者也。俗呼'攢合',以髹漆爲之,外盛以木匲。今亦用漆,或以錫爲之。"按:《東坡集卷四十八·與滕達道書》之五十四云:"某好攜具野飲,欲問公求紅朱累子,兩卓二十四隔者。""卓"卽今之"桌"字,"隔"卽"槅",今俗作"格",皆後起字,從文忠作"卓"、作"隔"爲是。

0613 天窗 《越諺》卷中引《魯靈光殿賦》"懸棟結阿,天窗綺疏",本《通俗編》卷二十四。李商隱詩:"鳥影落天窗。"范成大詩:"天窗曉色半熹微。"按:《文選》李注:"高窗也。"則非今之天窗。徐氏鼐《讀書雜釋》卷十三引:《公羊·哀六年傳》注:'中央曰中霤。'疏引庾蔚之《禮記月令說》曰:'中霤、複穴,皆開其上取明,故雨霤之。是以因名中室爲中霤也。'今俗謂之'開天窗'。燒片瓦,空其中,俗謂之'屋漏',是其遺意也。"按:今人以蠣殼或玻璃障之。

0614 餛飩 《事物原會》:"《方言》:'餅謂之飩,或謂之脤,或謂之餛。'其來久矣。"《越言釋》卷二引:"《通鑑》:'陳霸先守建康,糧運不至,士皆飢疲。會陳蒨饋米三千斛、鴨千頭。霸先命炊米煮鴨,人人以荷葉裹飯,媼以鴨肉數臠。'注:'媼,公渾反,以鴨肉蓋飯上曰媼。'此望文爲說耳。今江東猶謂以物蒙頭曰媼,則得之。今人以麪作小餅裹肉啖之,謂之餛飩,於古無所攷,蓋卽所謂'媼'耳。由媼而餛,由餛而餛飩,其蹤跡如此。"庸按:"餛飩"字已見《廣雅》《玉篇》,作"䐃肫",三樵說亦未必然,況今人無以鴨肉裹餛飩者。

　　0615 當年　越俗呼今年爲“當年”。按:《列子·仲尼篇》:“此道不行一國與當年,其如天下與來世矣。”“當年”與“來世”爲對文,猶俗與“明年”爲對也。《通俗編》卷三:“《韓詩外傳》:‘先生者,當年霸;後生者,三年而復。’‘當’讀去聲。方干詩:‘庭梅曾試當年花。’”

　　0616 自稱愚　古人行文,多偁“予、吾”,或有偁“不佞、不才、不肖”者。《金石萃編》卷四十一:“《後魏昌黎馮王新廟碑文》自稱曰‘愚’。又《孔紓墓誌》亦自稱‘愚’。”按:此卽今人於卑幼書牘自署“愚”之所本。

　　0617 元封　《日知錄》謂:“元者,本也。本官曰‘元官’,本來曰‘元來’,唐、宋人多此語。後人以‘原’字代之,不知何解。或以爲洪武中臣下有稱‘元任官’者,嫌於元朝之官,改此。”《冷廬雜識》卷一引:“《孟子》‘則取之左右逢其原’‘原泉混混’,《漢書·董仲舒傳》‘道之大原出於天’,《司馬相如傳》‘爾陿游原’,皆作本字解。《易》:‘原始要終。’原,謂尋其本也。然則改元爲原,正未可議矣。”庸按:今越人有“原封不動”語,字亦作原。《北夢瑣言》卷五:“歸登尚書性甚嗇,嘗爛一羊胛,旋割旋噉,封其殘者。一旦內子於封處割食,八座不見元封,大怒。”[①]則作“元”爲是。

　　0618 理書　越人以溫書爲理書,亦非無本。《顏氏家訓卷上·勉學篇》:“吾七歲時,誦《靈光殿賦》,至於今日,十年一理,猶不遺忘。二十之外,所誦經書,一月廢置,便至荒蕪矣。”

　　0619 對天　越俗於人之負心者,輒曰“對不住天”,反之,則曰“對得天住”。按:《孟子外書·文說第二》:“孟子曰:‘人不可以不知天,凡事可以對天,則知天矣。’”

　　0620 鮮明　《續漢書·輿服志上》“鮮明卒”惠氏棟補注:“魯峻石壁殘畫,有鮮明騎。洪适曰:‘朱氏《畫史》:朱浮墓石壁人物,有鮮明隊。’棟

────────────

① 此段引文,字詞與《北夢瑣言》稍有出入,如“胛”原作“脾”。

按:《前書》:'辛慶忌好興馬,號爲鮮明。'鄭玄《毛詩箋》亦言'兵車鮮明'是也。"庸按:今越俗亦呼物之精采者爲"鮮明",其語西漢已然。

0621 門包　《通俗編》卷二十三:"《後漢書·梁冀傳》:'客到門不得通,皆請謝門者,門者累千金。'按:'門包'昉此。"庸按:其初以謁不得通,屬門者爲入謁,謝之,其後則屬官於上司,雖饋禮亦如之,數多寡不等。尋常十之一,苟且則累加。《蟲鳴漫錄》載和珅之副貢,其奴劉全下重僮,亦累千金不置矣。

0622 坐產招夫　《越諺》卷中謂之"𡟫牀老"。庸按:《篇海類編》有"𡟫"字,同"嬔"。《爾雅·釋獸》:"兔子嬔。"又同"娩"。《說文》:"兔子也。娩疾也。"《方言》:"抱嬔,耦也。"作"𡟫",音步,不知何本。據《搜神記》卷一:"後魏洛陽阜財里有問善寺,京兆人韋英宅也。英早卒,其妻梁氏,不治喪而嫁,更納河內向子集爲夫。雖云改嫁,仍居英宅。"則孀招後夫來居孀家,古已有之。

0623 把持　《釋名卷二·釋親屬第十一》:"父之兄曰世父,言爲嫡統繼世。又曰伯父,伯,把也,把持家政也。"《越諺·賸語》卷下但引《潛夫論》,非。

0624 傾菱空籠　劈栗撲籠　披離剝落　《堅瓠壬集》卷四:"朱亦巢先生髫年善作對。'山童採栗用箱承,劈栗撲籠',先生思之未就,適童提菱一籃入,遂應聲曰:'野老買菱將擔倒,傾菱空籠。'"按:今越中有此八字俗語。《麗濂薈錄》卷七:"《爾雅·釋詁》:'毗劉,暴樂也。'毗劉,猶言化離,蓋分散之義。暴樂,猶言拓落,謂搖落之象。今俗語'披離剝落',即此四字。"按:越人呼此四字皆作入聲。"披離"音近"劈栗",蓋聲轉而訛,義猶是也。

0625 假充　越人以人之詐冒者爲"假充"。有曰"假充在行人",或曰"假充有錢人"。按:此二字亦古。《漢書·哀帝紀》:"材質不足以假充太子之宮。"師古曰:"謙不敢言爲太子,故云假充,若言非正。"

0626 錢塊　蘇軾《與秦觀書》:"在黃州,日以錢百五十作一塊,用不盡者貯筒中。”按:《漢書·趙廣漢傳》: 守潁川, 受民閒書, 爲缿筩以投之。注:“若受錢筩, 可入不可去也。”與《西京雜記》鄒長倩遺公孫弘之“撲滿”皆今之錢筩,不必引文忠後事也。

0627 新鮮 《困學紀聞》云出《太玄經·勝》“次二,新鮮自求珍”[①]。《雋塵談》本之。按:《文子卷十·上仁篇》已有“不敢清明者,處濁辱而不敢新鮮也”,又云“處濁辱故新鮮”,則二字連文,亦周人常語,不始於子雲。

0628 妝聾 《哀郢》[②]:“蓀詳聾而不聞。”蘇軾《答少游見戲耳聾》詩“今君疑我特佯聾”,卽本《楚辭》。今人有“妝耳朵聾”之語,出此。劉克莊詩“吏白文書但託聾”,亦此意也。

0629 通草花 通草,古名通脫木。《太平廣記》卷四百六引《□□》云[③]:“通脫木如蜱麻,生山側,花上粉主治惡瘡,如空,中有瓤,輕白可愛。女工取以飾物。”《本草》:“通草,一作蓪草。”《通俗編》卷二十五引:“《外記》:‘晉惠帝正月賞宴,百花未開,令宮人翦五色通草花。’唐王叡詩:‘蓪草頭花柳葉裙。’李咸用《詠紅薇》詩:‘晝出看還欠,蓪爲插未輕。’今云‘葱草’者,譌。”按:《升庵全集卷三十四·竹枝詞》:“紅妝女伴碧江濆,蓪草花簪茜草裙。”蓋卽本之王、李詩。《物原》:“五采通草花,呂后製。”《東坡志林》卷八:“荼蘼花似通草花,桃花似臘花,杏花似絹花,罌粟花似紙花。三月十一日,會王文甫家,衆議評花如此。”《攤飯續談》引《古今注》:“冠子者,秦始皇之制也。令三妃九嬪,當晝戴芙蓉冠,插五色通草蘇梁子。”知通草爲飾,由來舊矣。《小繁露》但引《夷堅志》“李大哥”條“饒州天慶觀居民李小一,以制造通草花爲業”,似未詳所始。洪但云制造,非必謂昉於李也。

0630 歸根 《老子》:“夫物芸芸,各得歸其根。歸根曰靜。”《唐書·禮儀志》黎幹議狀:“事皆歸根,觸物不礙。”《越諺》卷上本《通俗編》卷三十,

---

① 勝,當作“務”,見《太玄·務》。
② 哀郢,當作“抽思”,見《楚辭·九章·抽思》。
③ 缺文當作“酉陽雜俎”,見《太平廣記》卷四〇六《通脫木》。

"樹高千丈,葉落歸根"條云下句見《傳燈錄》:"六祖慧能涅槃時答衆曰:'葉落歸根,來時無日。'"陸游詩:"雲間忘出岫,葉落喜歸根。"

0631 北邊、南邊　《史記·漢興以來諸侯王年表·序》:"是以燕、代無北邊郡,吳、淮南、長沙無南邊郡。"又《蒙恬傳》贊:"吾適北邊。"

0632 攎　越人於市物之索值昂者曰"攎"。按:論貨物曰"估"。《唐書·陸長源傳》:"高鹽價,賤帛估。"《通俗編》卷二十三引《五代史·周臣王章傳》[1]:"太祖用兵西方,王章供饋軍旅。百官俸廩皆取供軍之餘不堪者,命有司高估其價,估定又增,謂之攎估。"則此語五代時已然。

0633 不知輕重　《通俗編》卷十一、《越諺》上但引《晉書·愍懷太子傳》"實不知紙上語輕重"。按:《呂氏春秋卷一·孟春紀·本生》:"今世之人,惑者多以性養物,則不知輕重也。不知輕重,則重者爲輕,輕者爲重矣。"

0634 秋風一起,連根拔起　越中有此諺。按:《晏子春秋·襍上》:"譬之猶秋蓬也,孤其根而美枝葉。秋風一起,根且拔矣。"正諺語所本。

0635 小姐　《雨邨詩話》卷十一:"今人稱宦家女曰小姐。攷錢惟演《玉堂逢辰錄》'掌茶酒宮人韓小姐','小姐'二字,始見於此《陔餘叢話》《越諺》卷中皆同。然是人名,非稱謂也。故從來未入詩。明朱有燉《元宮詞》有句云:'簾前三寸弓鞵露,知是嬝嬝小姐來。'則是'小姐'二字,亦可入詩矣《通俗編》卷二十二、《桐陰清話》卷二皆同。"《曲園雜纂卷二十七·改吳》:"《說文·女部》:'姐,蜀謂母曰姐,淮南謂之社。'是'姐'之本義,蜀謂母也。"亦本晴江。至魏時,樂人稱姐,又別一義,宋時尚沿此稱。《夷堅志己集》上所載有"散樂林小姐、建康倡女楊小姐",皆是也。今俗以爲仕宦家女之稱,又一變矣。按:《嬾眞子》卷五:"文潞公所居私第地名東田,有小姬四人,謂之'東田小籍'。"《小繁露》以爲"'小姐'即'小籍'之聲轉",然按《巖下放言》:"文潞公洛陽居第,袁象先舊基。屋雖不甚宏大,晚得其旁羨地數畝爲

① 周,當作"漢",見《新五代史·漢臣傳·王章》。

園，號東田。日挾家童數輩肩輿，與賓客姻戚共遊無虛時。既罷，遣聲伎，取營籍十餘人，月賦以金，每行，必命之執事。”則所謂“東田小籍”者，乃當時官妓隸籍營中，非家畜歌姬，有簿籍記錄，年稚者名“小籍”之謂，似不得以“姐”爲“籍”之聲轉，俞氏說未可從。湘侍曰：“或作小姊，何義？”曰：“作姊者尤誤。《改吳》云：‘女兄之稱。’是姊非姐，形聲俱別，何得混而一之？”按：《蜀志·龐統傳》注引《襄陽記》：“德公子山公亦有令名，娶諸葛孔明小姊。”小姊者，姊之小者耳，蓋孔明最幼之姊，與小姐不同。今滬上勾闌率呼妓曰“小姐”，屧雲戲謂：“當據曲園說，呼爲小籍，不得稱小姐，庶貴賤有別。”《五經要義·籍田》：“籍，蹈也。言親自蹈履于田而耕之也。”則叚借而兼會意矣。據“月賦以金”句，即今所謂“包月”。潞公致仕老臣，於此興復不淺。然宋時官妓，法所不禁，固可爲之。若今之居官而事冶遊，已干法令。至有丁憂人員，不杜門讀禮，竄名賑捐，設局婪錢，亦以百金月包一妓，則更下流無恥，爲王鈇、天地所不容者矣。

0636 股　越人呼事之分者曰一股一股，下至絲辮，亦有此名。今滬上無賴，設局騙錢，以開礦爲名，曰股分票。按：《漢書·溝洫志》：“諸渠皆往往股引取之。”注：“如淳曰：‘股，支別也。’”則俗語非無自。

0637 碪板　《西雲札記》卷四：“切魚肉之板亦曰砧，或作枮、椹，又作鍖，皆下儓之物。其義與坫相因。”按：《史記·項羽本紀》樊噲曰：“如今人方爲刀俎，我爲魚肉。”注：“俎，碪板也。”則字當作“碪”。

0638 不大不小　今人呼物之中者，輒曰“不大不小”。按：《爾雅·釋器》：“卣，器也。”注：“盛酒尊。”疏：“卣，中尊也。孫炎云：‘尊：彝爲上，罍爲下，卣居中。’郭云：‘不大不小，在罍彝之閒。’”

0639 疙疸　《通俗編》卷十六引《淮南子·齊俗訓》：“親母爲其子治疙秃，血流至耳。見者以爲愛之至也。”《正字通》：“疙，頭上瘡突起也。俗呼疙疸。”按：《說文》：“疸，黃病也。”與俗解異。《薑露庵雜記》卷二：“《明史》‘王疙疸’，已從俗書。”越俗於事之難爲者，輒曰“疙疙瘩瘩”，蓋有音無字,不知是此四字否。《小繁露》引《雲谿友議》崔浩嘲妓詩"絞梯絞榻出門前"[1],謂"今俗亦有此語,但未知卽此四字否"。則湖、杭與越語略不同,越作"疙哩疙答",亦有音無字,任人書之,無可引證也。

0640 姊夫　妹夫　《越諺》卷中引《晉書卷六十一·郗鑒附子愔傳》:"與姊夫王羲之、高士許詢,並有邁世之風。"又引《漢書·王子侯表》:"隆元侯延壽嗣[2],五鳳三年,坐知妹夫凶命,笞二百,首匿免。"師古曰:"妹夫凶命,又有笞罪二百,而藏匿,坐免也。"《潛邱劄記》卷二引《北史·劉逖傳》"黃門侍郎王松年妹夫盧士游",《說叩》但引《談藪》王詢祖云"唯覺妹夫疏於弟婦",皆在其後。按:《漢書·霍光傳》:"延年姊夫昌邑關內侯。"《三國志·來敏傳》:"隨姊夫奔荆州。姊夫黃琬,是劉璋祖母之姪。"《呂蒙傳》:"少依姊夫鄧當。"《釋名卷二·釋親屬第十一》:"兩壻相謂曰亞。言一人取姊,一人取妹,相亞次也。又並來至女氏門,姊夫在前,妹夫在後,亦相亞而相倚,共成其禮也。"則姊夫、妹夫,兩漢時已有此稱。《晉書·石勒載記》亦有"姊夫張越",《世說》"秦子羽雖有姊夫之尊",《晉書·賈后傳》"取妹夫韓壽子",《李特載記》"與妹夫李含等",《北史·崔昂傳》"婦兄妹夫",皆見《通俗編》卷四,未引《釋名》。《直語補證》:"柳宗元有《祭姊夫崔使君簡文》,李商隱亦有《祭徐姊夫文》。"下引《郗愔傳》,又引《閔王承傳》"湘東太守鄭澹,王敦姊夫也",《裴憲傳》"東海王越,盾妹夫也",《魏書·宋繇傳》"少有志尚,謂妹夫張彥曰:'門戶傾覆,負荷在繇。不銜膽自勵,何以繼承先業?'"

0641 花轎　越俗娶婦,以五色紬絹飾轎四周,旁懸流蘇彩球并鐙,呼曰"花轎"。《越諺》卷中本《通俗編》卷二十六,但引《夢粱錄》作"花藤轎"。庸按:《南部新書》庚:"吉頊之父哲爲冀州長史,與頊娶南宮縣丞崔敬女。崔不許,因有故脅之。花車卒至,崔妻鄭氏抱女大哭曰:'我家門戶底,不曾

---

[1] 浩,《雲谿友議》卷中《辭雍氏》作"涯"。

[2] 隆,當作"陸",見《漢書·王子侯表》。

有吉郎。'女堅臥不起。小女自當，登車而去。頃後入相。"則唐初正名"花
車"。《太平廣記》卷二百七十一引《朝野僉載》同。《茶香室三鈔》卷七引之
云："今人迎新婦以綵輿，名之曰'花轎'。豈卽唐人花車之謂乎？"

0642 教書　今人以設館授徒謂"教書"。攷《漢書·宣帝紀》"以私
錢供給教書"，二字出此。《法苑珠林》："岑之象爲邯鄲令，子文本，年未
弱冠，之象請眭仁倩於家，教文本書。"則今延師訓迪正同。《太平廣記》卷
二百九十七引《冥報錄》，"本"下脱"書"字。

0643 絞絲旁　俗語以字之偏傍從糸者呼爲"絞絲旁"。按：糸，《廣
韻》音覓。《說文》："細絲也。"俗語似誤。《石林詩話》："元厚之知荆南，夢
至仙府，三人者聯名書旁，有告之曰：'君三人蓋兄弟也。'覺而思之，莫知所
謂。未幾，入爲學士，韓持國維、楊元素繪先已在院。一日書名，三人名皆從
絞絲，始悟夢兄弟之意。已而持國、元素外補，厚之京尹。後三年，復與元素
還職，而鄧文約縉相繼爲直院，則三人之名，又皆從絞絲。許大夫逸作《四翰
林詩》記其事。厚之和云：'聯名適似三珠樹，傳玩驚看五朵雲。'亦一時之
異也《中吳紀聞》卷一同。"則此語宋時已有之。不得詆爲俚俗也。

0644 認本家　越人以同姓不宗通譜者爲"認本家"。認讀作寧音，蓋
俗音也。按：《金石萃編》卷四十一："貞元十七年，《晉太原王公碑》云：'左
丞相張公說，越認范陽；左丞緒，越認瑯琊。'""越認"二字，詳玩文義，殆是
越次而認他族乎？則"認本家"，唐已有之，"認"字且入金石。

0645 斗桶　越人呼挈水之器，有曰"斗桶"者，以其可容一斗也。小
之則曰"五升挈、三升挈"，省去桶字。黎雲引《呂氏春秋卷二·仲春紀》："日
夜分則同度量，鈞衡石，角斗桶，正權概。"高誘注："角，平；斗桶，量器也。"
謂二字出此，非俗。據畢氏按："《月令》'角斗甬'，'桶'與'甬'通用。《史
記·商君傳》'平斗桶'，鄭康成音勇，小司馬音統。《淮南》作'稱'，亦'桶'
之譌。《文選注》陸佐《新刻漏銘》引作'角升桶'，升字誤。"按：《月令》《呂
覽》《史記》《淮南》雖有作"甬"、作"桶"、作"稱"之別，然皆二字平列，

與度量、衡石、權槩皆二器，非一物也。與今所呼挈水之器不同。《選注》“升”乃“斗”之譌。古“斗”作“斗”，與升字最易混。

0646　言午　今人以許爲言午，輒以市語笑之。按：《魏志·文帝紀》注：“許芝條讖緯表曰：‘言居其東有午[1]，言午許字。’”《太平廣記》卷二百四引《甘澤謠》：“語及日中，是言午。言午是許也。”《吹笛記》“許雲封”同，則非俗矣。

0647　不便　大便　小便　《莊子·山木》：“處勢不便。”《左·昭四年傳》：“不亦左乎？”注：“左不便。”《荀子卷十·議兵篇》：“女所謂便者，不便之便也。吾所謂仁義者，大便之便也。”《求闕齋讀書録》卷二：“小便，見《張湛傳》及《絕交書》”。

0648　禁　架　《越言釋》卷二：“《記》曰：‘天子之尊廢禁。’禁者，所以禁之，使不動也。著地爲廢。廢禁，卑禁也。禮有以卑爲貴者，由諸侯而大夫而士，其位漸卑，則其禁漸高。鑪亦有鑪禁，今乃謂之架。架是‘禁’音之轉。自謂之‘架’，而‘禁’凶矣。惟拳足之相撲者，猶有‘禁’‘架’之名。架得住，則曰禁得；架不住，則曰禁不得。”按：今越人擔負重物，又有“禁得起、禁弗起”之語。

0649　搨浪　越中舟人以破絮襖等物，抹㘝船板桌几，呼曰“搨浪”，有音無字。不知古已有之。《周易集解》“繻有衣袽”引虞翻曰：“袽，敗衣也。”又引盧氏曰：“繻者，布帛端末之識也。袽者，殘幣帛可拂拭器物也。”按：王弼注：“繻宜曰濡，衣袽所以塞舟漏也。”三說互證，以其敗衣，故可濡以塞漏，或用以拂拭器物，皆舟中所宜有。今之搨浪，即其物也。

0650　出盪　越人呼婦女之大方不避客者謂之“出盪”。按：二字見《南史·東昏侯紀》。《西雲札記》卷三謂今猶有此語，似即指此。

0651　起病　今人引疾去官再出曰“起病”。按：《晏子春秋·内篇·諫

---

[1]　言居其東有午，《三國志·魏書·文帝紀》注作“言居東，西有午”。

上》："晏子起病而見公。"蓋卽今之所謂"銷假"。與起病補官不同,而字實出此。

0652 圓光古名軌革,亦名卦影 紀文達公《如是我聞》卷三云："世有圓光術,猶卦影也。但卦影隱示其象,此則明著其形。"按:《澠水燕談錄》卷七有"術士李某亦傳管輅軌革法畫影"一條,則知此術昉於公明,自漢末已有。《搜神記》卷七"李楚賓"條:"永明中朱邯乃作卦看之。"《宋史·藝文志》子類、五行類有《軌革祕寶》一卷、《軌革指迷照膽訣》一卷、《軌革照膽訣》一卷;蓍龜類有《易通子周易蓂莢璇璣軌革》一卷、《軌革金庭玉詔》七卷、《軌革傳道錄》一卷,不言撰人姓名,其書今皆不傳。《東坡集卷六十九·志林卷十》云:"至和二年,成都人有費孝先者,始來眉山。云:近游青城山,訪老人邨,壞其一竹牀。孝先謝不敏,且欲償其直。老人笑曰:'子視其上字。字云:此牀以某年月日造,至某年月日爲費孝先所壞。成壞自有數,子何以償爲?'孝先知其異,乃囏師之。老人授以軌革卦影之術,前此未有知此學者。後五六年,孝先以致富。今死矣,然四方治其學者,所在而有,皆自託於孝先,眞僞不可知也。聊復記之,使後人知卦影之所自也。"《老學庵筆記》卷八云:"西蜀費先生外甥寇保義卦影[1]。"費先生卽孝先也。《東軒筆錄》卷十一有"唐坰知諫院,成都人費孝先爲作卦影"一條、"李璋常令費孝先作卦影"一條、"至和嘉祐以來,費孝先以術名天下,士大夫無不作卦影"一條《老學庵筆記》卷十有"蔡元長當國時,士大夫問軌革"一條。《墨莊漫錄》卷一有"王鞏定國爲太常博士,常從術士作軌革"一條。《癸辛雜識續集》卷上有"施州李醉畫卦影"一條。據諸書所言,是今之圓光,古名"軌革",宋名"卦影",公明後已久失傳。孝先得之青城山老人,而其傳始廣。《麗濩薈錄》卷十二引《夢谿筆談》卷二十一:"嘉祐中,伯兄爲衛尉丞。吳僧持一寶鑒來,云:'齋戒照之,當見前途吉凶云云。'"按:此卽佛圖澄麻油臙脂研掌中照見劉曜法,

---

① 影,《老學庵筆記》卷八作"肆"。

非鏡有神異也。《越縵堂日記》丙集下云:"近傳僧道懸光之術,始見於《晉書·佛圖澄傳》以油脂塗掌事。《中吳紀聞》卷二載兩事云'林希買卜於京師,孟診爲作卦影'云云,又'韓中孚將游上庠,聞市肆有精軌革術者'云云。"軌革卦影,與圖澄微不同。蔣、李但引沈、龔二家說,未詳攷也。《茶香室三鈔》卷二十一引《太平廣記》道術門"原化記"條"亦後世圓光之術",又《仙傳拾遺》張定事"術又稍異","蓼花洲閒錄"一條亦引《宋史》"《無軌革照膽訣》一卷"[1],俞謂"軌革之術,卽《易緯稽見圖》推軌推析之遺"[2]。

　　0653 長隨　《升庵全集》卷四十八:"宋代役夫之名,有衙前、散從。衙前,今之內班門子也。散從,今之外班皂隸也見韓魏公奏。"《韻鶴軒筆談》:"古之伍伯,今之皂役。古之衙前,今之長隨。俗呼鼻頭,不知何昉。或云古稱平頭,聲轉而譌。"《廿二史劄記》卷三十六云:"長隨本中官之次等,受役於大璫者。見《明史·宦官何鼎傳》。今俗所謂長隨,則官場雇用之僕人,前明謂之參隨。亦見《宦官傳》:高淮監稅遼東,有參隨楊永恩婪賄事發,幾激軍變。"

　　0654 門斗　相傳康熙中開鴻博科,學官遣門斗持文與薦者。門斗問曰:"公等博學,亦知我'門斗'二字於何時昉?取何義?"皆瞠莫對。按:門斗似卽古之"斗級",又似卽《戰國策》之"自斗食以上"之"斗食"。趙岐《孟子注》"庶人在官者,若今之斗食、佐史、除吏也",《墨子·雜守篇》"斗食,終歲三十六石。參食,終歲二十四石。四食,終歲十八石。五食,終歲十四石斗[3]。六食,終歲十二石。斗食,食五升。參食,食參升[4]。四食,食二升半。五食,食二升。六食,食一升大半,日再食",與《漢書·外戚傳·序》"視有秩斗食云"注"斗食,謂佐使也。謂之斗食者,言一歲不滿百石,日食一斗二

---

①　"無"字衍,見《宋史》卷二〇六、《茶香室三鈔》卷二一。

②　見,《茶香室三鈔》卷二一《宋時軌革之術》作"覽"。

③　十四石斗,《墨子·雜守篇》作"十四石四斗"。

④　參升,《墨子·雜守篇》作"參升小半"。

升"、《百官公卿表》"百石以下，有斗食佐史之秩"注同。《薛宣傳》："後以
大司農斗食屬。"注："斗食者禄少，一歲不滿百石。曰以斗爲數也①。"據此，
則漢之斗食，如今制未入流京官，俸米三十斛。今之斛大於古之石，所得差
小，似非門斗也。至昉於何時，俟攷。

0655 閲後付丙　《桯史》卷十："姚仲慕屬宋綎抵王參預之望書②，末
有'或以爲可教，則一覽付火'。"按：今人於岔札要事，末一行書"閲後付
丙"，知宋時已然。《涌幢小品》則云："路巖親吏邊咸用事，富與巖敵。有郭
籌者相善，其議事以書相示，則焚之。今寫書'乞火之'，蓋祖此。"則唐人已
有之。

0656 遠水不救近火　《韓非子卷七·喻世第二十一》③："失火而取水於
海，海水雖多，火必不滅矣。遠水不救近火故也。"按：《焦氏筆乘》卷六"諺
有自來"條、《堅瓠廣集》卷二、《子史精華·常語上》④、《掌錄》、《越諺》中皆
引之。《通俗編》作《說林》，又引《北史·赫連達傳》，亦有此語。又陳師道
詩："不應遠水救近渴，空倉四壁雀不鳴。"《七修類稾》但引梁杜翔周之言，
《麗濮薈錄》卷四但引達語，俱未覈。

0657 頂馬　坐馬　《西雲札記》卷一：《隨園隨筆》以《越語》"越王親
爲夫差前馬"爲"頂馬"："按：《夏官·齊應作戎右》：'凡有牲事則前馬。'謂
居馬前卻行，備驚奔也。《昏禮》：'執燭前馬。'亦謂徒役持炬火，居前照道
而已，非前導也。惟《夏官·太僕》'王出入，則自左馭而前驅'注：'前驅，如
今道引也。'《徐無鬼》'張若、謵朋前馬'注：'二人先馬導也。'此爲引馬之
始。《東京夢華錄》：'先一人空手而出馬，謂之引馬。'白居易詩：'坐獄推囚
案，行嫌引馬塵。'此'引馬'二字所出。隨園疏於攷核，且以'引馬'誤爲'頂

---

① 曰，《漢書·薛宣傳》注作"日"。
② 慕，《桯史》卷十《大散論賞書》作"幕"。
③ 喻世第二十一，當作"說林第二十二"。
④ 常語，當作"常談"，見《子史精華·常談上》。

馬’，不典之甚。”《會典》：“四品無前引，後從二人。五品以下，後從一人。”《宋書·江夏王義恭傳》：“平乘誕馬不過二。”《演繁露》：“誕馬猶徒馬。”今外官儀從有散馬前行，名坐馬，亦曰引馬，卽但馬也。《遼史》作“輐馬”。今部火牌勘合，奉使者亦有坐馬一匹。

0658 省省　越人呼儉約爲“省”，并有呼“省省”者，本《左傳·僖二十一年》“貶食省用”、《昭元年》“省穡而用之”，又“四姬有省猶可”，又《三十年》“舊有豐有省”。《鄉飲酒義》：“及介省矣。”注：“小減曰省。”《喪服小記》：“陳器之道，多陳之而省納之，可也。省陳之而盡納之，可也。”《太玄經》：“減曰省也。”《荀子·仲尼篇》：“省求多功。”《管子·九守》[①]：“可省作者半事之。”《釋名》：“省，瘦也，臞瘦約少之言也。”《史記·李將軍列傳》：“莫府省約文書。”注：“少也。”《韻會》同。《集韻》：“簡也。”俞氏《爾雅平議》[②]：“省，善也。云省字從少得聲，不徑訓減，而必曰少減者，兼以聲訓也。”《說文·眉部》：“省，視也，從眉省，從中。臣鉉等曰：‘中，通識也。’所景切。”《水部》：“渻，少減也。一曰水門。又水出丘前，謂之渻丘。從水，省聲。息井切[③]。”《女部》：“媘，減也。從女，省聲。所景切。”則今當從女爲是。若《方言》卷十：“迹迹、屬屬，不安也。江、沅之閒謂之迹迹，秦、晉謂之屑屑，或謂之塞塞，或謂之省省，不安之語也。”則二字亦有本。然作省事解，而非儉約之謂矣。

0659 斷送　葬送　《求闕齋讀書錄》卷四：“《漢書·王尊傳》：‘一郡之錢，盡入輔家，然適足以葬矣。’宋、元人詞往往用‘斷送’字。今世俚語有‘葬送’字，此云‘適足以葬’，謂彼之多錢，適足以斷送其身命乎？”

0660 進舍女壻　《越諺》中：“舍沙去聲。”《小繁露》：“今人稱贅壻曰‘入舍女壻’，亦有所本。《夷堅志》‘隗伯山’條云：‘饒州市隗千三名伯者，

---

①　九守，當作“度地”。

②　議，原訛作“義”。

③　《說文解字·水部》作“息并切”。

涫熙初年蟶州門裏王小三家作入舍女壻。'"案：越以入舍爲進舍，稍不同，
卽《公羊傳》注所謂"就壻"也。就壻卽贅壻。竹汀分而二之，似可不必。以
先生之才之大，爲王氏贅壻，尚受小人之侮。然則贅壻豈可爲者？卽謂贅壻
非就壻，亦何解於殘杯冷炙之辱乎？《演繁露續篇》："元豐六年，提擧河北保甲
司言：乞義子孫、舍居壻、隨母子孫、接腳夫等見爲保甲者，俟分居日，比有分親屬給
半，詔著爲令。"按：舍居壻卽贅壻。隨母子孫，越俗呼"拖油瓶"。接腳夫，《越諺》
所謂"抱牀老"也。

0661 一僭情兩僭例　越有此諺。按：《管子》："故一爲賞，再爲常，三
爲固然。"注："謂一時行其賜，則人欣賴以爲賞。頻再爲之，則人以爲常，
謂此時必當有賞。頻三爲之，則以爲理固當然，無懷愧之心。"卽諺所本。

0662 大僆、小僆　越俗呼雞，有大僆頭、小僆頭之分。按：《爾雅·釋
畜》："未成雞，僆。"注："今江東呼雞少者曰僆。"則此字甚古。《越諺》卷
中同。

0663 內應　今人以事之通內得綫索者，謂"有內應"。按：《史記·齊世
家》："管仲別將兵遮莒道，射中小白帶鉤。小白佯死，魯送糾者行益遲。桓
公載溫車馳行，亦有高、國內應，故得先入。高傒立之。"《漢書·匈奴傳》：
"於是惠后與翟后、子帶爲內應。"

0664 義學　《事物原會》："《後漢書·楊仁傳》：'仁拜什邡令，勸課掾
吏，悉令就學。其有通明經術者，顯之右署，或貢之朝。由是義學大興。'"
《西雲札記》卷四引《魏書·釋老志》"集義學八百人，重譯經本"，謂二字所
出，是未攷范書也。《持雅堂集卷四·許氏義學總記》引"唐王潮觀察福建，作
四門義學，義學之名始於此"更誤。

0665 數說　《越諺》下："數，呼若許。"舉責人也，如言某背後數爾。
《左·昭二年》"子產使吏數之"，《史記》"高帝數項羽""范雎數須賈"，本
《通俗編》卷十七。按：北人謂數責爲數說。《禮記·曲禮下》"數畜以對、數

馬以對”①，《儒行篇》“遽數之不能終其物”，正義曰：“數，說也。”凡稱說，必一一數之。《左傳·隱五年》“以數軍實”，《桓十二年》“三巡數之”，《莊二十八年》“數之以王命”，《僖十五年》“及可數乎”，又《二十八年》“數之，以其不用僖負羈，而乘軒者三百人也”，《文十八年》“故《虞書》數舜之功”，《襄十四年》“范宣子數吳之不德也”，又“范宣子親數諸朝”，又《十八年》“以枚數闔”，又《二十五年》“數俘而出”，又“數甲兵”，又“數疆潦”，《昭元年》“乃執子南而數之”，又《二年》“使吏數之”，又《七年》“昔武王數紂之辜”，又《十三年》“數其貴寵”，又《十四年》“三數叔魚之惡”，又“數其賄也”，又《十五年》“數典而忘其祖”，又《十七年》“數之，以其貳於楚也”，又《二十年》“其蓋失數美”，又《二十一年》“數惡無禮”②，《定十年》“子止而與之數”，《哀十七年》“數之以三罪而殺之”是也，故卽謂之數。《詩》：“心焉數之。”北無入音，故又譌爲數蘇數落落^{平聲}。

0666 大作樂　趙岐《孟子》“般樂怠敖”注：“般，大也。孟子傷今時之君，國家適有閒暇，且以大作樂，怠惰敖游。”又“般樂飲酒”注：“般，大也。大作樂而飲酒。”

0667 看桌　越人呼滿漢酒席爲“喫桌、看桌”。攷唐人謂之看食。《南部新書》壬：“御厨進饌，凡器用有少府監進者九飣食，以牙盤九枚，裝食味其閒，置上前，亦謂之看食。”按：今時恭遇萬壽節，先期內務府呈進九九盒，卽唐人飣食之遺，惟益九九爲八十一。內務府卽古之少府監也。

0668 斗籃　《柳亭詩話》卷三十：“皮日休《釣侶詩》：‘一斗霜鱗換濁醪。’注曰：‘吳中賣魚論斗，酒乃論升。’蔣平階曰：‘蓋以柳斗盛魚。’世俗有斗籃，卽此。”

0669 鐵鉆　字應作“椹”。《群書札記》卷一：“《趙策》：‘吾所苦夫鐵鉆

---

① 《禮記·曲禮下》無“數馬以對”，有“數地以對、數車以對”。

② 二，當作“三”，見《左傳·昭公三十一年》。

然，自入而出夫人者。’按：‘鈷’與‘椹’同。《玉篇》：‘鐵椹，斫木櫍也。’亦作‘枯’。胡文英《吳下方言攷》：‘吳人凡物入穴不得出者，以物擊追令出曰鈷。’此足以證自入出人之意。”

0670 看棚　《摭言》：“咸通中，新進士集月鐙閣，爲蹙踘會。四面看棚櫛比，同年肆覽。”按：《太平廣記》卷四百九十七引《本事詩》：“長慶中，李渤除桂管觀察使，表名儒吳武陵爲副使。故事，副車上任，具橐鞬通謝。又數日，於毬場致宴。酒酣，吳乃聞婦女於看棚聚觀，意甚恥之。”則已在其前。

0671 當家　《研秋齋筆記》卷下：“《韓非子卷十八·六反第四十六》‘夫當家之愛子’。按：《史記·秦始皇本紀》已有‘百姓當家則力農’之語。”[①]《讀書雜釋》卷十四：“北人稱同姓曰‘當家’，二字見《酉陽雜俎》：魏貞謂周皓曰：‘汴州周簡老，義士也，復與郎君當家，今可依之。’”又別一義。《桐陰清話》卷二引王建詩“不是當家頻向說”與范成大詩“邨莊兒女各當家”，則如今諺所云。今北人又以之呼車夫，亦奇。

0672 姪孫　行文宜作“從孫”。《國語》“靈王二十二年，穀洛鬥”篇：“共之從孫四岳佐之。”韋昭注：“言共工從孫爲四岳之官，助禹治水。”

0673 鋪陳　越人以嫁女衾枕等物謂“鋪陳”。二字出《禮記》鄭注，然非此之謂。《南部新書》壬：“《禮記·儒行》云：‘儒有席上之珍以待聘，夙夜強學以待問。’注云：‘席猶鋪陳也，鋪陳往古堯舜之善道，以待見問也。大問曰聘。’今人使‘席上之珍’皆誤也，皆以爲樽俎之閒珍羞耳。潘曰：‘筆下摛藻，席上敷珍。’亦誤也。”

0674 嫁雞隨雞　《麗澤薈錄》卷四：“‘嫁狗逐狗，嫁雞逐雞。’係宋趙汝燧詩。”按：《埤雅》引語曰：“嫁雞與之飛，嫁狗與之走。”則此語自昔相傳，趙詩正用此。

0675 一株　《攷古質疑》引《談藪》：“王泠然上裴耀卿書曰：‘拾遺補

---

① 《研秋齋筆記》無此條，未詳所出。

闕，寧有種乎？僕不佞，亦相公一株桃李也。'"按：《荀子卷六·富國篇》："然後瓜果棗李，一本數以盆皷。"注："一本，一株也。"

0676 小厮 今人呼小子，古曰小厮。《癸巳類稾卷□·厶字異義攷》[①]："唐郭湜《高力士傳》云：'李輔國趨驅末品小厶纖人。'卽小厮。或作小厶，亦非。"按：厶，古私字，俞偶忘耳。

0677 東西 《通俗編》卷二十六："《兔園冊》：'明思陵謂詞臣曰："今市肆交易，止言買東西，而不及南北，何也？"輔臣周延儒曰："南方火，北方水。昏暮叩人之門戶求水火，無弗與者。此不待交易，故惟言東西。"思陵善之。'此特一時捷給之對，未見確鑿。古有玉東西，乃酒器名。《齊書·豫章王嶷傳》："'願武帝壽百年。'帝曰："百年亦何可得？但得東西一百，於事亦濟。"'已謂物曰'東西'。物產四方，而約言'東西'，正猶史紀四時，而約言'春秋'云耳。"按：《越言釋》卷下："今人以物件爲東西，攷之於古，無可證。惟束皙《貧家賦》'債家至而相敦，乃取東而償西'稍爲近之。"據《公羊·襄十六年傳》："君若贅旒然。"注："以旐旒喻者，爲下所執持東西。""就壻"爲"贅壻"，亦是妻所持挈，故名之云爾。是"東西"二字，明見經注，似較廣微賦爲先。且束賦乃取彼與此，與今言物件語亦不近。三樵所引，未爲當也。

0678 冬筍 越人呼冬筍爲"壿筍"。《越諺釋》卷二謂字當作"窨"，鐔、壜、潭，皆不可用。按：《吳都賦》："苞竹抽節[②]。"注："苞筍，冬筍也，出合浦。其味美於春夏時筍也。見《馬援傳》。"而范書援傳無之。《太平御覽·竹部》引《東觀漢記》："馬援至荔浦，見冬筍名苞筍。上言：《禹貢》'厥包橘柚'疑謂是也。"字作"苞"。《札樸》卷五作"苞"。馥案："苞筍，謂其筍叢生。《釋言》：'苞，稹。'孫炎云：'物叢生曰苞。'《釋木》：'如竹箭曰苞。'郭云：'筱

---

① 缺文當作"七"，見《癸巳類稿》卷七。
② 竹，《文選》卷五《吳都賦》作"筍"。

竹性叢生。’”似東漢時，僅交阯等處有之。今則越中諸山皆有。渭川千畝，填溢眢中，不數篔簹谷裏矣。老杜《發秦州》五古：“岀竹復冬笋，清池可方舟。”

0679　下岜　《越諺釋》卷二：“《左氏傳》：‘穀也豐下。’直稱之爲下，最簡妙。今越語爲‘下岜’。《說文》：‘短人立岜岜也。’或曰巴也，象頤骨之形。亦謂之觜巴。掌擊之曰巴掌也。”按：《齊東野語》作“下頦”茹云：文不見經。《通俗編》卷三十六引：“《玉篇》：‘頦，頤下也。’韓退之《記夢》：‘我手承頦肘拄座。’音‘孩’，而俗譌轉若‘把’。”

0680　胜　䤄　《螺江日記續編》卷四：“《類篇》：‘吳人謂飽曰䤄。’越人稱雞鴨之胃謂‘胜’，似亦取飽食之義。《廣韻》：‘䤄，都鄧切。音嶝。’《玉篇》云：‘祭食也。’今南稱多食不化曰‘䤄’。”按：《越言釋》卷二：“諸羽族亦有胃，謂之胜胜。今減‘胜’單稱‘胜’，以胜之入也，轉其聲爲‘肫’。俗亦謂之‘䤄’。小兒往往剝雞胜胜之皮，冒之爲小鼓，曰‘雞䤄鼓’。葬家好象形，亦有所謂‘雁䤄穴’者。”

0681　司供　《儀禮·少牢饋食禮》：“司宮概豆[①]、籩、勺、爵、觚、觶、几、洗、篚于東堂下。”注：“大夫攝官，司宮兼掌祭器也。”《隨園隨筆》卷十七謂今之稱廚役本此，殊誤。按：《左·昭五年傳》：“以羊舌肸爲司宮。”杜注謂“加宮刑”，與《儀禮》不同。《夢粱錄》作“師公”，翟氏《通俗編》卷二十謂不典，當爲“司供”。晴江似取“杜簣，宰夫也，非刀匕是供”意。

0682　毗仇花可作皮裘　《文章游戲初編》卷一繆艮《閨中竹枝詞》自注：“毗仇花造自毗陵仇姓，或云裘姓。始以皮爲之，亦名皮裘。今人多書作皮球。”蓮仙說不知何本。

0683　賓東　今人呼西席曰賓，主人曰東。按：《儀禮·鄉飲酒禮》：“席於賓東。公三重，大夫再重。”注：“席此二者於賓東，尊之不與鄉人齒也。”

---

① 概，原作“概”，據《儀禮·少牢饋食禮》改。

蓋言賓之東耳，非今人之謂。

　　0684 地皮　《麗滇薈錄》卷八：“俗語‘捲地皮’，玉川子詩用之，有云：‘揚州百姓惡，疑我卷地皮。’”若韓愈詩“榆莢車前蓋地皮，薔薇醮水筍穿籬”，則二字以之入詩，不始於盧。《越諺》卷上但引《山堂肆考》徐知訓故事，非。

　　0685 合同　今人署券，二紙疊并，大書“合同”二字，各執一紙。按：《禮記·樂記》：“流而不息，合同而化，而樂興焉。”二字甚古。《周禮·司市》：“以質劑結信而止訟。”注：“質劑，謂兩書一札而別之也。若今下手書，言保物要還矣。”《士師》：“凡以財獄訟者，正之以傅別、約劑。”注：“傅別，中別手書也。約劑，各所持券也。若今時市買，爲券書以別之，各得其一，訟則悉以券正之。”《小宰》：“聽買賣以質劑。”注：“謂兩書一札，同而別之。”《朝士》：“凡有責者，有判書以治，則聽。”注：“判，半分而合者。”疏：“即質劑傅別，分支合同，兩家各得其一者也。”《譚書錄》引永年李芳莎《方言攷》則云：“判，契也。《宋史·郭延濬傳》：‘乃置合同，憑申應命。’”《金石萃編》卷四十一：“貞祐二年，券有‘京兆府合同’‘平涼府合同’。今人與人交易，券約寫合同，昉此。”《通俗編》卷二十三但引《小宰》《朝士》二條。

　　0686 夫家　越婦目男家爲夫家。二字出《周禮·小司徒》：“以稽國中及四郊、都鄙之夫家。”注：“夫家，猶言男女也。”按：經言夫家者，皆言男女。《鄉大夫》：“以歲時登其夫家之衆寡。”《族師》：“以時屬民，而校登其族之夫家衆寡。”《載師》：“凡民無職事者，出夫家之征。”《縣師》：“辨其夫家、人民、田萊之數。”《媒氏》：“司男女之無夫家者而會之。”《遂人》：“以歲時登其夫家之衆寡。”《遂師》：“以時登其夫家之衆寡。”《遂大夫》：“以歲時稽其夫家之衆寡。”《鄭長》：“以時校登其夫家。”皆非此之謂。越人所稱，蓋本之《儀禮》注。《士昏禮》：“請期用雁，主人辭。”注：“主人辭者，陽倡陰和。期日宜由夫家來也。夫家必先卜之，得吉日，乃使使者往。”又“婦車亦如之”注：“士妻之車，夫家共之。大夫以上嫁女，則自以車送之。”

0687 裁縫　《麗澽薈錄》卷二：“世呼成衣匠爲裁縫，六朝已然。鮑照《代陳思王贈白馬篇》：‘僑裝多闊絕[1]，旅服少裁縫。’”《右台仙館筆記》卷二則云：“《唐六典》有裁縫之名，蓋裁之縫之，而後成衣。較《周官·縫人》，其義爲備。”《越諺》卷中本《通俗編》卷二十一，云見《周禮·內司服》《縫人》兩注，蓋未見蔣、俞二家書也。按：《士相見禮》：“下大夫相見以雁，飾之以布，纏之以索。”注：“飾之以布，謂裁縫衣其身也。”則康成注《禮》，已有此二字。

0688 姑夫　越俗，呼姑之夫爲姑夫。婦人於女公、女妹之夫，亦曰姑夫，蓋從其子稱也。《潛邱劄記》卷二：“《南史·袁淑傳》：‘十餘歲，爲姑夫王弘所賞。’”《通俗編》卷四引之云：“‘姑夫’見《禮記》。《蜀志·李恢傳》：‘姑夫爨習爲犍爲令[2]。’《范雲傳》：‘六歲就其姑夫袁叔明讀《毛詩》。’”《續釋常談》：“《五代史·王淑妃傳》：‘石敬瑭兵犯京師。妃謂太后曰：事急矣，宜少避以俟姑夫。’”晴江亦引之。又引《呂氏童蒙訓》：“故家晁氏，凡諸姑、尊姑之夫，必曰某姓姑夫、某姓尊姑夫，未嘗敢呼字也。”按：《因話錄》卷三：“新婦有哀迫之事，須面見姑夫。”此正舅媵稱姑夫之詞，唐人已然，不特五代、宋時也。

0689 同窗　《東萊先生文集卷三·與朱侍講第二十二書》：“令嗣氣質甚涸，已令就潘叔度舍旁書室[3]，寢處不在其家。同窗者乃叔度之弟景愈（叔昌）[4]，年三十餘，甚有志趣，有意務實，相處當有益。”與今同。

0690 分支　分書　韓愈《寄崔立之》詩：“異日期對舉，當如合分支。”王伯大注：“元魏熙平元年立法：在軍有功者，行臺給券，當中豎裂，一支給勳人，一支送門下，以防僞巧。今人亦謂析產符券爲分支。公以雙觭之一贈崔，故末句如此。”按：今人以族人同出異派者爲分支。熙平之法，正今日

---

① 闊，當作“闕”，見《麗澽薈錄》卷二。

② 犍爲，《三國志·蜀書·李恢傳》作“建伶”。

③ “舍”前原衍“就”，據《呂東萊文集》卷三刪。

④ “愈”後原衍“與”，據《呂東萊文集》卷三刪。

捐局實收部照，一與捐生，一囤局咨部，中縫大書“幾千幾百幾十幾號”而裂之。若析產符券，則名分書。

0691 同胞兄弟姊妹　《說文》：“胞，兒生裏也[①]。”今人所謂“同胞兄弟”，古曰“母弟”，異母者曰“同父弟”。姊妹則不別白言之也。《松厓筆記》卷一：“《真誥》曰：‘王子喬父周靈王，靈王第三女名觀香，是宋姬子，於子喬爲別生妹。’又曰：‘子喬弟兄七人得道，其眉壽是觀香之同生兄，亦得道。’”按：陶所謂“別生妹”即古同父妹也，所謂“同生兄”即古母兄也。此二稱不見它書，亦從來未有用者。

0692 腳後跟　《釋名卷二·釋形體》：“足後曰跟。在下方著地，一體任之，象木根也。又謂之踵。踵，鍾也，鍾聚也。體之所鍾聚也。”按：《說文》：“跟，足踵也。或从止，作𨂾。”又云：“踵，跟也。”與劉釋正同。“阽焦原而跟止”，張平子賦已用之，非俗字也。《山海經》卷八：“跂踵國在拘纓東。其爲人大，兩足亦大。”郭注：“其人行，腳跟不著地。”

0693 三腳香鑪　越中諺有之。按：《史記·貨殖傳》：“夫三河在天下之中，若鼎足，王者所更居也。”《蜀志·邵正傳》《釋譏》亦有“今三方鼎峙”語。

0694 老公　《越諺》卷中云：“夫之通稱。”按：《唐荆川集·紀廣右戰功》有“若勿向老公語也”，則已見之文字矣。然後人不必學之。

0695 某守　今上官語及屬員輒曰某道、某守、某牧、某丞、某倅、某令，不知始何時。據《中說·事君篇》：“陳叔達爲絳郡守，下捕賊之令曰：‘無急也，請自新者原之，以觀其後。’子聞之曰：‘陳守可與言政矣。’”又《禮樂篇》：“子在絳，出於野，遇陳守。曰：‘夫子何之乎？’子曰：‘將之夏。’陳守令勸吏息役。”則以姓冠官上呼人，始於六朝。雖《中說》出阮逸僞託，然不得謂無本也。

---

① 裏，原訛“裡”，據《說文解字》改。

0696 存公　《穀梁·昭三十年傳》:"中國不存公,存公故也。"注:"中國猶國中。謂魯也。昭以二十五年出奔,二十六年居鄆,是魯地不存公。至此寄在乾侯,爲晉地。明公去魯境而入於晉界,不復望還,遂卒於外。傳以'有故'釋之,所以閔公也。"[①]按:存謂恤問,公謂昭公。與今人以財物庋置公所謂之"存公"者異。然二字出此,故引之。

0697 老郎菩薩　黎園演劇,後場必供奉"老郎菩薩"。按:《寄蝸殘贅》卷十三:"吳中老郎廟,黎園子弟祀之。相傳爲唐明皇,或云後唐莊宗。《山海經》:'顓頊之子名老郎,居騩山,其聲如鐘磬。'爲音樂所自始。殆其人歟? 又吳中讓皇廟亦司音樂,稱爲虞仲,有'句吳至聖'額。考南唐徐知誥遷吳主於丹陽,尊爲讓皇。其太子璉性喜音樂。讓皇廟或祀吳主,亦未可知按:吳主爲楊溥。"若汪鵬《袖海編》云:"習黎園者,共搆相公廟,自閩人始。舊說爲雷海青而祀,去雨存田,稱田相公。"《茶香室叢鈔》卷十五云:"伶人祖之亦未謬,老郎爲明皇,實爲輕褻。"似不若葵愚引《山海經》之爲的也。

0698 雨衣衣片　《左·哀二十七年傳》:"衣製杖戈。"注:"製,雨衣也。"讀與"革"相近。徐鍇《說文繫傳》以爲"蓑"。《說文》:"蓑[②],草雨衣,秦謂之革。"洪氏亮吉《左傳詁》則引《楚辭章句》云:"'製,裁也。'蓋衣之未有裏者,今人所云'衣片'是也。"

0699 打圍　骨牌之戲,有曰"打圍"者,不知何昉。按:北人以田獵爲"打圍",又以狹邪游爲"打茶圍"。《南部新書》辛:"駙馬韋保衡之爲相,以厚承恩澤,大張權勢。及敗,長安市兒忽競彩戲,謂之'打圍'。不旬餘,韋禍及。"今骨牌戲殆沿之。

0700 當差　北人以當官值事及兵衛番上,皆曰"當差"。詠霓引《康熙字典·人部》"價"下引《後漢·張讓傳》"當差之官者,皆於西園諧價",

---

① "謂魯也"以下爲楊士勳疏。
② 蓑,當作"衰",見《說文解字·衣部》。

以爲二字出此。復卿曰："范書讓傳：'刺史、二千石及茂才、孝廉遷除，皆責助軍修宫錢。大郡至二三千萬，各有差。當之官者，皆於西園諧價。'差，等也。他本誤倒其文，又割裂屬下讀，遂作'當差之官'者，四字平列，因有此誤耳。"

0701 出鑪銀　《柳亭詩話》卷二十九："王貞白《倡樓行》：'龍腦香調水，教人染退紅。'王建《牡丹》詩：'粉光深紫膩，肉色退紅嬌。'又《宫詞》云：'綺羅不著索輕褙，對面教人染退紅。'薛能《吴姬》詩：'退紅香汗溼輕紗，高捲蚊厨獨臥斜。'退紅卽今之粉紅色，所謂出鑪銀也。"按：李斗《揚州畫舫錄》卷七則以"肉紅"爲"退紅"，與"粉紅"不同，又云："淺紅白色曰'出鑪銀'。"

0702 白身　越俗以布衣無仕籍者爲"白身人"。攷之古人，不然。《南部新書》壬："貞元中，仕進道塞，奏請難行。東省數月閉門，南臺惟一御史。令狐楚爲桂府白身判官七八年，奏官不下。"按：唐時節度幕職多自辟署，歷久乃奏官於朝。白身者，所謂版授，未通朝籍，與越人所呼不同。《通俗編》卷三引[①]："《魏書·食貨志》：'莊帝頒入粟之制，白民輸五百石，聽依第出身。'白民猶云白身也。《唐書·選舉志》：'白身視有出身，一經三傳皆通者獎擢之。'《元典章》選格有'白身人員'：'中書省奏：近來各路行保白身之人申部，中閒不無冒濫。'"晴江所引三條，則今《越諺》所本。

0703 家君　《事物原會》引《列女傳》馬融女曰："家君獲此，故其宜爾。"按：《墨子·尚同下》云："胡不賞使家君試用。"《西京雜記》卷三："家君以爲《外戚傳》稱'史佚教其子以《爾雅》'。"亦葛洪引劉歆語，皆在融女前。

0704 少君　《左·定十四年傳》："從我而朝少君。"《兩般秋雨菴隨筆》卷六引汪繩祖曰："少君卽小君，猶小卿爲少卿、小寢爲少寢之類。"今人以稱人之子，不知何始。

----

① 三，當爲"五"。

0705　撫軍　《左・閔二年傳》：“從曰撫軍，守曰監國。”按：《晉書・宣帝紀》帝曰：“吾東，撫軍當總西事；吾西，撫軍當總東事。”豈是專職？《隨園隨筆》卷□云[1]：“今以之稱巡撫，誤。”李枝青《西雲札記》則以二字見《晉書・職官志》，皆將軍之稱。今巡撫統轄兵權，稱撫軍亦無不可。

0706　大鞍、小鞍　《事物原會》卷二十九：“《長編》：‘初馬軍用大鞍，不使野戰。熙寧六年，始用邊樣皮韉小鞍。’”按：今京師車有大鞍子、小鞍子之別。《玉篇》：“鞍韉。”《集韻》：“音讒，馬韉也。”

0707　請聖安　京官奉使過省會及外府，督撫、將軍、提鎮例於公所齊集，望闕行禮，恭請聖安。歸時，則寄請聖安。雖中途相遇，有停輿行之者。按：《大唐新語》卷一云：“靖等出外，官吏倣闕廷法式朝覲陛下，問民間疾苦。靖等自有與官吏相見，官吏亦不可不謁也。”則此禮唐時已行之。

0708　大官、小官　《左・襄三十一年傳》：“大官大邑，所以庇身也。”《齊策》：“大官未可得，小官公又未欲。”《呂氏春秋卷一・孟春紀・貴公》：“夫相，大官也。處大官者，不欲小察，不欲小智。”

0709　門關　北人以門牡爲“門拴”。《字書》：“音銓，揀也。”無牡義。越人則呼爲門閂見《桂海虞衡志》。《字彙補》[2]：“音櫳，門橫關也。”《韻會小補》：“櫳同拴。”焦竑《俗用雜字》：“通作扊。”《越言釋》卷二：“古樂府《百里奚妻歌》曰：‘烹伏雌，炊扊扅。’而蔡邕《月令章句》曰：‘鍵，關也。所以止扉。或謂之剡移。’按：扊、剡與今音同，但今音作平。雖然，止扉之木，古第謂之關，‘臧孫紇斬鹿門之關’是也。從‘關’轉，乃謂之‘扊’。”據茹氏說，則作“櫳”者非，作“拴”更誤，毋論“閂”矣。

0710　苦船　《西谿叢語》卷□[3]：“今人病不善乘船，謂之苦船。北人謂之苦車。苦音庫。”《甕牖閒評》《研北雜志》《言鯖》引之，謂卽俗云“注船”

---

①　缺文當作“十七”，見《隨園隨筆》卷十七“巡撫稱撫軍之訛”條。

②　字彙補，當作“字觸補”，見《字觸補》卷六“《桂海虞衡志》記俗字”。

③　缺文當作“上”，見《西溪叢語》卷上。

也。《通俗編》卷二十六：“按：即今所謂暈船。《集韻》作‘瘃’。”郭麐《樗園消夏錄》卷中亦引姚說，謂注皆苦之譌，謂患苦之也。

0711 公館　《金石萃編》卷四十一：“《魯公殷夫人顏君碑後》云：‘開元廿五年，卒於□尉之公館。’公館二字亦邲見。”按：《求闕齋讀書錄》卷二：“公館，見《禮·曾子問》。”本《通俗編》卷二十四。按：鄭注“公館復，私館不復”云：“公館，若今縣官舍。公所爲，君命使舍己者。”疏謂：“公家所建之館。及公之所使爲命停舍之處。”則似今之官廨，爲奉使設者，與俗稱需次官所賃居者微不同。

0712 張王李趙　《陔餘叢攷》引《曲洧舊聞》：“俚俗有張王李趙之語，猶言是何等人，無足挂齒牙之意也。宣和間，張子能邦昌、王履道安中、李士美邦彥、趙聖從野俱在政府。張王李趙之語，誼於朝野。”《通俗編》卷十八引：“按：此正依《梁書》‘張甲、王乙、李丙、趙丁’之次，非俚俗所信口杜撰者。”若《開卷偶得》卷九引《路史·國名紀》曰：“張王李趙，《易是類謀》謂皆黃帝之所賜姓。《姓書》則謂王出靈王，李因老子，張、趙始周之中世。而不知商有李徵，夏有趙隱，王倪在唐堯之代，而張若者黃帝之臣。又黃帝子揮亦封於張。西廣洞酋迄今惟此四姓爲雄。《易傳》之言，未爲無本。而《姓書》之不足證，類蓋如斯矣。”則又今人以張、王、李、趙爲姓最多之始也。《茶香室三鈔》卷六云：“檢《是類謀》，無張王李趙語，恐未足據。”

0713 聖筊　按：筊，竹索也。又簫名。肴、巧韻兩收。此字應作“珓”，入十九效。《廣韻》：“珓，杯珓也。巫占吉凶者。”[1]故昌黎《謁衡嶽》詩：“手持盃珓導我擲。”又名“瓦子”。《南部新書》戊：“西京壽安縣有墨石山神祠最靈。神龍中，神前有兩瓦子，過客投之以卜休吉。仰爲吉，而覆爲凶。”《石林燕語》卷一：“太祖皇帝微時，嘗被酒入南京高帝廟。香案有竹杯筊，因取以占己之名位。以一俯一仰爲聖筊。”今越語猶然，以俯爲陰筊，仰爲

_____

[1]　“巫以占吉凶器者”出《集韻》效韻。

陽笑。

0714 大寫、小寫　《愚一錄》卷八："今俗稱數目等字,多筆曰大某字,省筆曰小某字,亦有所本。《坊記》:'惟卜之日稱二君。'注:'二當爲貳。'疏云:'二當爲貳者,小二是一二之二,大貳是副貳之貳。此取副貳之貳,不取一二之二,故轉二爲貳也。'"《小繁露》:"今人以壹、貳、叁、肆等字爲大寫;一、二、三、四等字爲小寫。此本乎古語也。《禮記》:'節以壹惠。'鄭注:'壹讀爲一。'正義云:'經文爲大壹之字,鄭恐是均同之理,故讀爲小一。'"按:今越人則曰小寫某字、大寫某字,不僅數目一、二字也。

0715 媽媽　《康熙字典·女部》:"媽,《博雅》:'母也。一曰牝馬。'又俗讀若馬平聲。稱母曰媽。"《通俗編》卷二十二同。《小繁露》引《夷堅志》"霍秀才歸土"條云"見去歲凶過所生媽媽在旁",又"趙氏馨奴"條"須媽媽起來則可":"是'媽媽'之稱,亦沿宋時俗稱也。"《席上腐談》謂婦人俗稱媽媽,乃取坤卦"利牝馬之貞"意。《四庫全書提要》謂其附會鑿空,不足據。今越人又以之稱女傭,姓張曰張媽平媽上,姓李曰李媽媽。北人則止曰張媽、李媽,不知所始。《眉公群碎錄》云云,亦强作解事也。

0716 開口　《史記·魏公子列傳》:"公子誠一開口請如姬。"《管子·問》:"冗國所開口而食者幾何人?"注:"言其不農作,直開口仰食。"《後漢書卷三十六·范升傳》:"誦而不行,知而不言,不可開口舌爲人師。"又卷八十《南匈奴傳》:"開口仰食。"卽尹知章注所本。

0717 强酒　越俗以不能飲而豪飲者曰"强酒",讀如木强之"强",去聲。按:《孟子》:"是猶惡醉而强酒。"《集注》:"上聲。"趙注:"强酒則必醉也。"則當作勉强之"强",上聲。越讀去聲,非。

0718 質地　越人呼人之姿性曰"質地"。有曰質地忠厚,或曰質地老實。按:《廣雅卷五·釋言》:"質,軀也,質地也。"《群經平議》卷二十"於其質也”條引《廣雅》，又引《鄉射禮記》鄭注：“白質、素質①，皆謂采其地。”是古謂地爲質。

0719 得意　不得意　失意　越人以試雋爲“得意”，被落爲“不得意”，或曰“失意”，皆有所本。《墨子·尚賢篇》：“得意，賢士不可不舉；不得意，賢士不可不舉。”《詩·菁菁者莪》箋：“古者貨貝，五貝爲朋，錫我百朋，得祿多，言得意也。”曹大家《女誡·女憲》曰：“得意一人，是謂永畢。失意一人，是謂永訖。”則皆周、漢時語也。《越諺·賸語》卷上“不得意”但引《田蚡傳》，似非。

0720 錢字　《通俗編》卷二十三：“孫宗鑑《東皋雜錄》：‘今人擲錢爲博者戲，以錢文面背爲勝負，曰字曰幕。’幕讀如漫。見《西域傳》如淳注。”按：《閒窗括異志》：“張湘以乙卯魁亞薦。揭曉兩夕前，夢人持巨槃撲賣。湘一撲五錢皆黑，一錢旋轉不已，竟作字。一人曰：‘幾乎渾純。’及榜出，乃爲小薦第一。”知此戲古時已有，即《梁冀傳》之“意錢”也。《避暑漫鈔》作“撚錢”。

0721 把字　《金石萃編》卷四十一：“韓昶自爲墓誌文云：‘至五六歲，未解把筆書字。’”把筆猶言握筆。今小兒初就塾，蒙師把筆。二字昉此。按：今越人呼“把”字。《說文》：“把，握也。”《廣韻》：“持也。”《國策》：“左手把其袖。”《史記·殷本紀》：“湯自把鉞。”《漢書·王溫舒傳》：“皆把其陰重罪。”

0722 凶器　《國語·越》：“夫勇者，逆德也；兵者，凶器也。”《莊子·人閒世》：“二者凶器，非所以盡行也。”《呂氏春秋卷八·仲秋紀·論感》②：“凡兵，天下之凶器也。”皆指兵言，不作棺解。《太平廣記》卷一百七十二引《玉堂閒話》：“一豪家舉事，共言殺卻一奶子，於牆上昇過，凶器中甚似無物。”

---

① 素，《儀禮·鄉射禮》鄭注作“赤”。
② 感，當作“感”，見《呂氏春秋·仲秋紀》。

《小繁露》引《折獄龜鑑》“從事疑壻自誣”一條同，云“今人以棺爲凶器，亦有所本”。

0723 立饋　《越諺》卷中：“以櫥爲匱音懼。”按：《補筆談》卷一：“大夫七十而有閣。天子之閣，左達五，右達五。閣者板格，以庋膳羞者，正是今之立饋。今吳人謂立饋爲厨者，原起於此，以其貯物故也，故謂之厨。”據《夢谿》此條，則“櫥”應作“厨”，“匱”應作“饋”。今韻四實有“匱”，亦作“櫃”，皆俗字也；七虞有“厨”無“櫥”。

0724 開素　《靈芬館詩話》卷三：“近人以開齋日爲開葷，唐人謂之開素。樂天詩：‘解素盤筵後日開。’”按：解素亦開素之義。《通俗編》卷二十七又引白詩有“月終齋滿誰開素，須泥奇章置一筵”，頻伽何不引之？

0725 諨憎可惡　越語作“眞眞可惡”。按：《方言》卷七：“諨憎，所疾也。宋、魯凡相惡謂之‘諨憎’。若秦、晉言‘可惡’矣。”越語似合而言之，然以之語人，必不謂然。

0726 鼓薑呷醋　周遵道《豹隱紀談》載俚語對偶，以“呷醋鼓陳薑”對“麻油拌生菜”。按：《通俗編》卷二十引《老學庵筆記》卷六：“兵職駕庫，鼓薑呷醋。”知宋時有此諺語。

0727 無萬數　萬萬　《賓退錄》引《漢書·成帝紀》：“建始元年六月，有青蠅無萬數，集未央宮殿中朝者坐。”《子史精華·常談》上、《越諺》上皆本之。陳氏《掌錄》又引《史記·秦本紀》二世刻石文“自太古於世無萬數”，已有此三字。《通俗編》卷三十二本之。又越人凡語物之多者曰“萬萬”，出《文子·微明篇》：“患禍之所由來，萬萬無方。”

0728 鬮會　《越言釋》卷二：“勼者，所以聚也。卽箍桶之箍。‘桓公九合諸侯’卽‘勼合’，‘敢使魯無鳩乎’卽‘無勼’。今人釀錢爲會曰‘糾會’。而《左氏傳》之‘九合’亦作‘糾合’也。今勼音乃如丘。”按：今越人曰“鬮”，又“糾”音之轉。“會”卽“檜”之省。《通俗編》卷二十三：“《周禮·大宗伯》：‘以檜禮哀國敗。’注：‘同盟者會合財貨，以更其所喪。’疏：‘國被禍，喪失財物,則同盟之國會合財貨歸之。《春秋》澶淵之役,謀歸宋財[1]。'"

0729 員外、朝奉　《事物原會》:"《通典》:'開皇六年,置尚書二十四司,各置員外郎。'謂本員之外,復置郎也。"《益聞散錄》引《唐書》:"李嶠爲吏部,欲市私惠,員外置官數十人。"《言鯖》:"徽俗稱富翁爲員外,亦有出。漢有奉朝請,無定員。請音靜。"按:《唐書·職官志》:"員外置同正員。"俗稱似始於此。徽俗以筦質庫者爲朝奉,或沿"奉朝請"之稱,而誤倒之。

0730 閒介　越俗以事之難爲者曰"閒介"。《養新錄》卷十九謂間、介雙聲字,出《孟子》"爲徑之蹊閒介然用之而成路"。《困學紀聞》卷十九云:"出《長笛賦》。"李善注引《孟子》語之"閒介無蹊",《朱子集注》始以"介"字屬下讀,分爲二句。

0731 煙朒　今人以嗜鴉片者爲"有煙癮"。癮字與癮同,云皮外小起也。《衣讔山房詩集卷六·江南吟之七》自注引《說文》作"朒,病瘯也"。按:《廣韻》云:"杖痕腫處。"與今煙癮微不合。茶宨之說,未可據也。

0732 四六分　《晉書卷四十七·傅玄傳》:"又舊兵持官牛者,官得六分,士得四分。自持私牛者,與官中分。"按:今俗語有"四六分"之說,似本此。中分,即俗所謂對分也。

0733 審問　《事物原會》引《書·呂刑》"其審克之"、《詩·魯頌》"淑問如皋陶",謂此二字之始。《通俗編》卷六同。按:二字連文,實始於《禮記·中庸》,特不作讞獄解。

0734 貴府　《事物原會》:"《三國志·張裔傳》孫權問:'貴郡土風俗何以乃爾?'《晉書·潘京傳》趙偉問:'貴郡何以名武陵?'"按:今稱貴省、貴府、貴縣之等,昉此。越人又初見詢人居,曰"貴府",則別一義。

0735 使勁　小說俗語每有"使勁"字。《越諺》卷上"下勁頭"引《左·宣十二年傳》:"中權後勁。"卷下"起勴頭、勴頭簸"則云"出《集韻》音

---

[1]　"春秋……宋財"乃注文。

喋,用力也。”《越言釋》卷二:“今人以用力爲使靳。按:《左·定九年傳》曰:‘吾從子如驂之靳。’駕車之馬,以服爲主。服馬速,則驂馬不得獨遲,故必靳而從之。有力謂之有靳,無力謂之無靳,忽然用力謂之靳頭。”按:《說文》:“靳,當膺也。”徐鍇《繫傳》:“靳,固也,靳制其行也。”《左傳》注:“靳,車中馬也。”疏:“靳是當胷之皮也。驂馬之首,當服馬之胷,胷上有靳。”合許、杜、孔、徐說,則“靳”止是馬上皮條之名。三樵說似依音託義,不若“勁”之從俗爲是。《釋名·釋形體》:“筋,靳也,肉中之力,氣之元也,靳固於身也。”茹說似本之。

0736 尋偸畔畔　《言鯖》:“陳後主興齊雲觀。謠曰:‘齊雲觀,寇來無處畔。’”吳語本此。《青浦縣志·方言》同。《越諺》卷中作“尋偸扶扶”,云:“捉迷藏不裹目者。裹目相捉爲戲曰‘揢青盲’,卽《琅環記》‘捉迷藏’。”按:畔,《說文》:“田界也。”《博雅》:“離也。”扶,《集韻》:“並行也。”呂說似肊斷,《越諺》亦無據,作“伴”爲長。

0737 趁夜航船　林春溥《開卷偶得》卷十引《四時對雪樓雜錄·皮日休答陸龜蒙詩》:“明朝有物充君信,櫧酒三瓶寄夜航。”夜航船惟浙西有之,古樂府有《夜航船》之曲,見《中吳紀聞》。《通俗編》卷二十六云:“樂府云夜行不落航。”[1]按:《唐語林》:“大曆、貞元閒,有俞大娘航船最大。”孟浩然有《夜泊牛渚趁薛八船不及》五律。則“趁”字,唐人已以之入詩題。《說文》:“趁,趨也。”徐鍇《繫傳》:“自後及之也。”《文賦》:“舞者趁節以投袂。”俗作趂,非。《閩中今古錄》:“海虞吳先生訥戒學者曰:‘記得《韻府群玉》,秀才猶如趁夜航船聽人說話者。’謂不必聽也。”晴江又引韋莊《和李秀才詩》“酒市多通客,漁家足夜航”,方回有《聽航船歌》十首。

0738 十千　《柳亭詩話》卷十八:“徐子能《書清平調後》云:‘開元天子最風流,秉燭春宮夜夜遊。遙聽花神呼萬歲,次呼妃子十千秋。’金聖歎、杜

---

[1]　夜行不落航,《通俗編》卷二六《夜航船》作“夜行船,不云‘航’也”。

湘草極稱賞之。而或謂‘十千’無典，子能以《大藏》‘十千天子’是已。梁簡文《與蕭臨川書》曰：‘黑水初旋，未申十千之飲。’用曹子建語。”按：《詩》“十千維耦、歲取十千”皆言萬也，何必遠引梵夾？子能名增，有《而菴詩說》行世，今已佚。

0739 八刀　《越諺》以分爲八刀。按：《說文》：“分，別也。从八、刀。刀以分別物也。”則二字本於汶長，不得以市井額語查談非之。

0740 阿大格孃　《青箱雜記》卷三：“嶺南風俗，相呼不以行第，惟以各人所生男女小名呼其父母。元豐中，余任大理丞，斷賓州奏案。有民韋超，男名首，卽呼韋超作‘父首’；韋邀男名滿，卽呼韋邀作‘父滿’；韋全男女名插娘^①，卽呼韋全作‘父插’；韋庶女名睡娘，卽呼庶作‘父睡’，妻作‘孃睡’。”按：今越中村俗相呼“阿大格爹、阿二格孃”，及呼母爲孃，皆似沿宋嶺南之俗稱。然《左傳》“聲伯之母”，則以子名呼父母，古已有之。

0741 比方　《越諺》卷上“比方”條：“韋注《齊語》，朱注《論語》‘方人’章。”按：《莊子·田子方》已有“日出於東方，而入於西極。萬物莫不比方”語。又《論語集解》：“孔曰：‘方，比方人也。不暇，謂不暇比方人也。’”正朱子《集注》所本。

0742 稽山大王　《越言釋》卷二：“越城有禹蹟寺，中楹祀禹，左楹祀稽山大王，蓋伯益也。俗傳稽山大王管百蟲，而《日知錄》亦言‘世稱益爲百蟲將軍’。蓋益作虞官，若上下草木鳥獸，而後世遂祀之於蜡。蜡祀昆蟲矣。或曰：‘稽山當作箕山。禹會於會稽^②，益不嘗避於箕山之陰乎？’但寺近稽山門，其坊卽謂之稽山坊。此自是越人所奉之名，而非其本也。西河毛氏作《九懷詞》，謂越既破吳，其壯士錦衣而歸，皆化爲沙蟲，因號句踐爲‘沙蟲王’。此尤誕而無理，所謂求其說而不得者。”按：今水偏門外，去木柵里餘，

---

① “男”字衍，見《青箱雜記》卷三。
② 稽山，《越言釋》作“嵇山”。會於會稽，《越言釋》卷上“嵇山大王”作“崩於會稽”。

有邨名“夏僚臣”,山麓有稽山大王廟,亦祀伯益。

　　0743 皮場司　越城大雲橋之北,眞君廟祀宋劉忠顯輅。而江橋下東嶽廟左楹亦祀之,呼爲眞君司,與右楹皮場_{俗譌作張司}配食。《小繁露》引《夷堅志》“張小孃子”條:“秀州外科張生,其妻遇神人稱‘皮場大王’,授以《癰疽異方》一冊。”俞氏按:“皮場大王^①,今蘇杭皆有之。其神姓張名森,事蹟詳《西湖游覽志》。”

　　0744 五牲　《左·昭二十五年傳》:“爲六畜、五牲、三犧,以奉五味。”杜注:“五牲:麋、鹿、麏_{服作熊}、狼、兔_{服作野豕}。”本《庖人》“六獸”鄭注,而去其野豕。今越俗祀神輒用五牲,則豬、羊、雞、魚、鵝,與古異。羊、雞、豕,古與馬、牛、犬爲六畜。《茶香室經說》謂去馬卽五牲,五牲中去雞、犬,卽三犧。

　　0745 浜　李翊《俗呼小錄》:“絶潢斷港謂之浜。”《集韻》:“音垽。安船溝也。”《越言釋》_{卷一}:“王獻之保母甎,宋時有樵者得之於越之黃閟嶺,書家寶之。竹垞朱氏曰:‘閟者,祊也,廟門謂之祊。所云祝祭於祊者是已。’此眞讀書人之言。吳淞閒水鄉多曰‘浜’。浜字與閟音同,而義不可解。意其濱也。若黃閟以嶺名,何濱乎?吾越尚有梁閟、賞閟、秦閟。雖水鄉亦當爲閟,不當爲浜。”《越諺》中尚沿“浜”誤,又有韓浜。

　　0746 㠊頭　《四庫全書總目·經部禮類二·〈禮經本義〉提要》云:“國朝蔡德音撰。攷辨頗悉,亦閒出新義。如《士冠禮》文:‘白屨,以魁柎之^②。’鄭注:‘魁,蜃蛤。柎,注也。’蓋以蛤灰柎注於屨,取其潔素。《說文》所云‘魁蛤’,是其確證。乃引萬斯大之說,謂‘魁以木爲之,明時巾帽以木爲範,名曰魁頭,蓋本於此’,殊不免杜撰無稽。”按:帽魁字應作“㠊”,見《考工記》:“鮑人之事,卷而摶之,欲其無迆也。”注:“無迆,謂革不㠊。”充宗作“魁”,蓋沿俗字。

---

① “王”後《小繁露》有“廟”字。
② 柎,原訛“樹”,據《四庫全書總目》卷二十改,後兩處“柎”字同。

0747 厶　《越言釋》卷二“厶”條：“鬼字从厶。按：《說文》：‘厶，息夷切。’音如西。今以人之好詭者，謂之‘鬼厶厶’按：《養新錄》：“吳中方言鬼讀如舉。”茹同。蓋‘厶’本古‘私’字，詭則未有不私者，故以爲誚。其作‘些些’者，非。此字又爲誰某之‘某’者。按：《穀梁·桓二年》：‘蔡侯、鄭伯會於鄧。’范注：‘鄧，厶地。’陸德明曰：‘不知其國，故曰厶地。’蓋其初欲注而未能，其後遂闕之而不補，未可遂以爲‘某’之本字也。至今人直謂之‘某頭’。”按：今人起草，凡其字搆思未得、空文待補者，皆以“厶厶”書之，年月、姓名亦然。三樵之說允矣。

0748 遺腹子　《堅瓠廣集》卷三引《漢書·昭帝紀》：“元鳳元年，泗水戴王前薨，吕毋嗣，國除。後宫有遺腹子煖，相、內史不奏言。上聞而憐之，立煖爲泗水王。相、內史皆下獄。”《越諺》卷中引《淮南子·說林訓》：“遺腹子不思其父，無貌於心也。”蓋本《通俗編》卷四。晴江又引《史記·趙世家》《李廣傳》。按：《漢書·高惠高后文功臣表》“閼氏節侯馮解散”下：“共侯它薨，厶後。孝文二年，文侯遺以它遺腹子嗣。”《淮南子·修務訓》：“譬如遺腹子之上隴。”近《薑露菴雜記》卷一引：“《鄭玄別傳》：‘玄有子爲孔融吏，舉孝廉，爲賊所害。有遺腹子，以丁卯日生。’其稱蓋本此。”亦本晴江。翟直引范書本傳，施引別傳，且忘引《淮南》《史》《漢》，何耶？

0749 黶　黶子　《漢書·高帝紀》：“左股有七十二黑子。”師古曰：“今中國通呼爲黶子。吳、楚俗謂之誌。誌者，記也。”按：今越人呼爲痣，《集韻》：“黑子也。”呼瘡痂爲“黶”，似本顏注，而義異。若呼愚昧受人欺紿者，亦曰黶子，不知何解。《越諺》卷上作“僁子”，云：“見《集韻》音雁，偶物也。”則其字與“贋”通，故卷中作“大贗子”。據《韓非子·說林篇》，則字當作“鴈”。

0750 麻餈　《越言釋》卷二：“康成《周禮注》：‘以餈爲稻餅。’此注之最精者。今南人有餈，而不謂之稻餅。凡複而餡者多爲之名[①]，是餅之厶也。”

---

① 餡，《越言釋》卷上“餅子”條作“飴”。

按：今越中冬日有麻餈，以秔稻粉爲之，餡以餹，而外傅麻子，故名。

0751 年紀　《困學紀聞》卷十九云：“出《後書・光武紀》建武十五年，戶口年紀。”《隻塵談》《通俗編》本之。晴江又引《三國志・魏武紀》注、《張溫傳》、《晉書・魯裒傳》。《柳南隨筆》卷二則云：“孔子《猗蘭操》見《琴操》：‘年紀逝邁，一身將老。’年紀二字始此。”

0752 對牛彈琴　《厄林》卷三：“《弘明集・牟子理惑論》曰：‘公明儀爲牛彈清角之操，伏食如故。非牛不聞，不合其耳矣。轉爲蚉虻之聲、孤犢之鳴，卽掉尾奮耳蹀躞而聽。’”《通俗編》卷二十八。《韻鶴軒筆談》云：“今俗語本此。”《越諺・賸語》卷下引《五燈會元》：“惟簡答僧問云：‘對牛彈琴。’”蓋卽本《弘明集》。《北江詩話》卷三：“郭象《莊子・齊物論》‘非所明而明之’注：‘是猶對牛鼓簧耳。’今人云‘對牛彈琴’，或本於此。”《四庫全書總目・子部雜家類存目・明陳懋仁〈析酲漫錄〉提要》云：“如謂對牛彈琴爲俗諺，引李石‘面牛鼓簧’爲證按：李石《續博物志》卷九“牛聾瞶，面牛鼓簧”是也，不知此漢牟融《解惑論》中所載公儀休事，今在《弘明集》中，非諺語也。”《群書札記》卷六：“《易林》：‘牛耳聾瞶，不知聲味。’先儒以爲‘面牛鼓簧’爲聾故也，則牛之以鼻聽，信矣。”所云“先儒”似卽指石。

0753 文理　《子史精華・常談上》：“《漢書・高帝紀》：‘南海尉它居南方長，治之甚有文理。’”《越諺・賸語》卷下引之。按：《禮記・中庸》已有“文理密察”語。

0754 信士　“《荀子・王霸篇》：“人無百歲之壽，而有千歲之信士。”“信士”二字，莫先於此按：上文“安與夫千歲之信士爲之也”，翟忘引。《通俗編》卷二十引之。顧氏《金石文字記》：“處士，德行可尊之人。義士，則但出財之人而已。今人出財布施，皆曰‘信士’。宋避太宗諱，改義爲信，今之‘信士’卽漢‘義士’。”按：高齊時已有“清信士”之目，似非因宋諱改。

0755 底裏　《子史精華・常談下》引《後漢書・竇融傳》：“自以底裏上露，長無纖芥。”《通俗編》卷二十六同。惠氏棟《補注》引揚雄《與劉歆書》：

“謹歸誠底裏，不敢違信。”按：王幼學《綱目集覽》曰：“底裏，猶底蘊也。露，批露也。”

0756 水土　《越諺·賸語》卷上：“《蜀志·先主傳》注引《蜀本紀》：‘不服水土。’”按：《禮記·中庸》已有“下襲水土”，《晏子·雜下》亦有“水土異也”句。

0757 祀后土　《養新錄》卷二“禮地神”條：“《檀弓》：‘有司以几筵舍奠於墓左。’注：‘舍奠墓左，爲父母形體在此，禮其神也。’正義：‘置於墓左，禮地神也。言以父母形體在此，故禮其地神以安之。’今世營葬，必於其側立石，題‘后土之神’。臨葬，設酒脯祀之。蓋古禮也。”《西雲札記》卷一：“墓上有后土之祭。見《春官·小宗伯》‘成葬而祭墓爲位’疏。”

0758 財禮　過禮　二字見《禮記·曲禮》：“貧者不以貨財爲禮。”《北夢瑣言》卷一：“唐大中年，兗州奏：先差赴慶州行營押官鄭神佐陳歿，其室女年二十四，先囚父未行營以前，許嫁右驍雄軍健李玄慶，未受財禮。”據此，字女索財，其風已古。《越諺》卷中但引《夢粱錄》云：“行聘謂之下財禮。”越中又呼“納幣”爲“過禮”。按：孟浩然有《送桓子之郢城過禮》五律，云：“聞君馳綵騎，躞蹀指南荆。爲結潘楊好，言過鄢郢城。摽梅詩已贈，羔雁禮將行。今夜高唐女，應來感夢情。”詩雖未必如今人所指，要爲納幣就親而作，則二字未爲無本也。

0759 席面　《嬾眞子》卷三：“今之同席者皆謂之客，非也。古席面謂之客，列座謂之旅。”按：《儀禮·鄉飲酒禮》：“乃席賓、主人、介。衆賓之席，皆不屬焉。”注：“席，敷席也。不屬者，不相續也。皆獨坐，明其德各特。”《隨園隨筆》卷十七“旁坐者非客”條：“《左氏》：‘季孫飲大夫酒，臧孫紇爲客。’《國語》：‘南容敬叔飲酒，路堵父爲客。’注云：‘席之正面者爲客。’然則今之飲酒而旁坐者非客矣。”按：《襄二十七年傳》：“趙孟爲客。”杜注：“客，一坐所尊。”《昭元年傳》：“鄭伯兼享之，趙孟爲客。”今之屬員燕上司，以一席獨坐爲敬。越俗於新親初娶，亦有行之者，陪客及主人亦如之。後以奢費，久廢此禮，見者且詫爲異事。然則今世蓋有旅而無客久矣。

0760 一閒、兩閒　越俗呼裙之多幅者曰“細襉裙”。《通俗編》卷二十五：“《類篇》：‘襉，裙幅相襵也。’梁簡文帝詩：‘羅裙宜細簡。’《集韻》作‘襇’。”按：簡文又有句云：“熨斗成裙襵。”蓋謂襞積成之，入今韻十六諫，不知此字止應作“閒”。《釋名卷二·釋綵帛第十四》：“笭䉤，經絲貫杼中，一閒并，一閒疏。疏者笭笭然，并者歷解而密也。”[1]“閒”卽今之“襉”，文媠耳。越人又呼橘橙之類一片曰一閒，兩片曰兩閒，義亦同。

0761 竟做△△一樣　越俗於物之相似者，輒呼曰“竟做△△一樣”。此俚語也，然亦有本。《詩經札記卷下·倪天之妹》：“毛傳：‘倪，磬也。’《韓詩》作‘磬’。《說文》：‘倪，譬喻也。《詩》曰倪天之妹。’孔疏：‘蓋如今俗語譬喻物云磬作然也。’按：‘作’讀佐，上聲。今俗語所云‘竟做某某一樣’者，卽古‘磬作’二字也。《郡齋讀書志》：‘徐鉉《篆書千字文》一卷，改“藉甚無竟”爲“籍甚無磬”。’則‘磬’與‘竟’同也。《左》‘室如懸磬’《釋文》亦作‘罄’，則‘磬’與‘罄’同。”據朱碧山說，則此語唐初已有。

0762 水大　越人以水漲爲“水大”，亦有所本。《呂氏春秋卷十五·愼大覽》：“江河之大也高注：大，長，不過三日高注：三日則消也。”以長爲大，知先秦已然。

0763 行貨　越俗以貨之次者爲“行貨”，其上者曰“門貨”。《二初齋讀書記》卷十引：“《周禮·司市》‘害者使亾’注：‘謂物行沽者[2]。’《唐書·韓琬傳》‘器不行窳’《音義》：‘不牢曰行，苦惡曰窳。’”《潛夫論·浮侈篇》：“以完爲破，以牢爲行。”《堅瓠丙集》卷三：“王介甫詩：‘傳語進賢饒八舅，如今行貨正當時。’”宋人且以之入詩矣。《群經平議》卷十“往來行言”條引《九章算術·盈不足章》曰[3]：“醇酒一斗直錢五十，行酒一斗直錢一十。”則今

---

① 兩“解”字《釋名》作“㡪”。

② 沽，《二初齋讀書記》《周禮·地官·司市》均作“沽”。

③ 議，原訛作“義”。

之行貨止較門貨略減，無此懸殊矣。

0764 阿侑　《曉讀書齋四錄》卷下：“服虔注《左傳·昭公三年》‘燠休’云：‘燠休，痛其痛而念之。若今時小兒痛，其父母以口就之曰燠休，代其痛也。’‘阿侑’即‘燠休’之轉聲。”按：今小說、彈詞皆書作“阿唷”。《玉篇》：“唷，出聲也。”《集韻》同“噎”。《說文》：“噎，音聲噎噎然。”皆與今俗呼痛聲不合。《顏氏家訓》：“《倉頡篇》‘侑’字，《訓詁》云：‘痛而呼也，音羽罪反。’今北人痛則呼之。《聲類》音于來反，今南人痛或呼之。此二音隨其鄉俗，並可行也。”則“侑”當作“侑”，奕協撥刻誤，非北江原本矣。

0765 三一　越俗，兒女小名率以父母之年呼之，或有以祖父母之年者。《四庫全書總目·小學類·〈重修玉篇〉提要》引《研北雜志》：“稱顧野王《玉篇》惟越本最善，末題‘會稽吳氏三一孃寫’，楷法殊精。”《越中金石記》卷一：“龍泉寺造像題名大和九年有‘陳廿二娘’。江寺陀羅經幢咸通二年有‘陳廿七娘’‘舒廿六娘’‘章廿三娘’。”知唐人已有此，不始於元。若蘇文忠行九二，文定行九三，故文忠呼曰九三郎，與此不同。

0766 一出　《字彙補》：“傳奇中一迴為一齣，俗讀作‘尺’，或云本是‘齝’字，譌作‘齣’也，音飴，乃食之已久，復出嚼之。今傳奇進而復出，故有取於齝云。”按：吳任臣說，本無所出。《通俗編》卷三十一引青藤山人《路史》云：“高則誠《琵琶》有第一齣、第二齣。韻書無此字，必‘齣’之誤。”按：徐亦肊說。越俗則以演劇一折為一出。按：《世說新語》載林公答人云：“今日與謝孝劇談一出來。”《冷廬雜識》卷一云：“一出，猶言一次也。”則二字亦不為俗，視齣為勝，無論齝、齣矣。

0767 藥殺　二字甚古，非俗語也。《史記·鄭世家》：“子駟怒，使廚人藥殺僖公。”徐廣曰：“《年表》云：‘子駟使賊藥殺僖公。’”《漢書·五行志》：“其後，膠西于王、趙敬肅王、常山憲王皆數犯法，或至夷滅人家，藥殺二千石。”

0768 摱拔　越人以人之有算計者曰“摱拔”。按：《孟子》：“宋人有閔其苗之不長而揠之者。"趙岐注："揠，挺拔之，欲亟長也。"二字連文，出《方言》："揠，拔也。東齊海岱之閒曰揠。"郭璞注："今呼拔草心曰揠。"

0769 賊腳　越人以賊之先事偵探者爲"看賊腳"。按:《南部新書》戊:"開元末，功臣王逸客爲閑廏使，莊在泥溝西岸，數爲刦盜，捕訪不獲。嚴安之爲河南尉，以狀白中丞宋遙。遙入奏，始擒之，并獲賊腳崔訆。訆在安定公主錦坊，俱就執伏。搜得骸骨兩井，逸老以鐵券免死，流嶺表。從此洛陽北路清矣。"是唐時已有此稱。

0770 雞子碰鵝卵石　《研秋齋筆記》卷下:"俚語:雞蛋同石頭捶。《易林》云:'卵與石鬭，糜碎無處。'"按:《九水山房文存·說䚡蛋本字》引《太玄》"以䚡投石"，已在焦前。《晉書·溫嶠傳》與陶侃書:"今之進討，若以石投卵耳。"《通俗編》卷二引《墨子·貴義篇》"以其言非吾言者，是猶以卵投石也"，《荀子·議兵篇》"以桀詐堯，若以卵投石"，《淮南子·主術訓》"猶以卵投石"，又引《易林》，特未引《太玄》，則不見"蛋"字出處。

0771 齊眉　包帽　昭君套　《西雲札記》卷一:"今俗婦女首飾有抹額。此二字亦見《唐書·婁師德傳》，又《南蠻傳》，又韓愈《送鄭尚書序》。《續漢書·輿服志》注:'胡廣曰:"北方寒涼，以貂皮煖額，附施於冠，因遂變成首飾。"'此即抹額之濫觴。"按:以貂皮煖額，即昭君套抹額，又即包帽，又即齊眉。伶人則曰額子。

0772 狼藉　《越諺》下:"狼狼藉藉，即狼藉之謂。"按:趙岐《孟子》"樂歲粒米狼戾"注:"樂歲，豐年。粒米，粟米之粒也。饒多狼藉，棄捐於地。"又"狼疾人"句注:"狼疾，謂醫人疾，治其一指，而不知其肩背之有疾，以至於害之。此爲狼疾亂[1]，不知治疾之人也。"《直語補證》:"《史記·滑稽傳》:'杯盤狼藉。'又《周禮》'條狼氏'疏:'狼扈道上者，謂不蠲之物在道，猶今言狼藉也。'"《通俗編》卷二十八但引蘇鶚《演義》:"狼藉草而臥，去則

---

[1]　疾，《孟子注疏·告子章句上》作"藉"。

滅亂。故凡物之縱橫散亂者，謂之狼藉。"

0773 雞濛 今酒筵有所謂"雞濛魚翅"者，古語作"雞纖"。《釋名卷四·釋飲食》："雞纖，細擗其腊令纖，然後漬以酢也。兔纖亦如之。"

語　寶

上海胡式鈺青坳

操我土音，雖俚而質，汲古注兹，淘其髴髯。

0774 鮮潔　《荀子》："以出以入，以就鮮潔孔子言水也，萬物出入於水，則必鮮潔。"

0775 新鮮　《太玄》："新鮮自求珍。"

0776 標致　《因話錄》："李約、于叔錡坐，讚招隱寺標致。錡曰：'何如州中？'對曰：'所賞疎野耳。'"《文獻通考》載："《花翁集》一卷。陳氏曰：'孫惟信撰。在江湖中頗有標致，善雅談，尤工長短句。'"

0777 嫵 子庶切　嬌也。俗呼如"趣"。嵇叔夜《琴賦》："或怨嫵而躊躇。"

0778 斬新　《傳燈錄》："洛浦禪師在夾山做典座三年，喫師百棒後，大悟云：'斬新日月，特地乾坤。'"①杜子美詩："斬新花蕊未應飛。"

0779 鏃新　鏃鏃新　《世說》謝尚道王脩："文學鏃鏃，無能不新。"

0780 蛙角頭　白樂天詩："擣練蛾眉婢，鳴榔蛙角奴。""蛙角"指童子言，《詩·齊風》所云"總角丱兮"者也。吾鄉唯小娃然，呼若"凹閣頭"或作"丫角"，《衛風》所云"總角之宴"是也。

0781 結椎頭　呼若"鴿椒頭"。《陸賈傳》："尉佗魋結箕踞。"注云："魋音椎，今兵士椎頭髻也。"予按：世俗好般武者，每繞髻一撮似椎，則"結椎"訛爲"鴿椒"耳。

① 引文見《杜詩詳注》卷十一《三絕句》注引《傳燈錄》。

0782 上頭　花蕊夫人《宮詞》:"年初十五最風流,新賜雲鬟使上頭。"陶南村云:"不特今世女子之笄,而倡家處女初得薦寢於人,亦曰'上頭'。"男子之冠亦謂之"上頭",見《南史》。

0783 繫臂　娶婦家,凡親族婦女與新娘相見,必有贈物爲禮,名"繫臂"。向昧其義,偶閱《侯鯖錄》云:"杜牧詩'絳縷猶封繫臂紗',後學不解。嘗見段成式《高古錄》①:'晉武帝選士庶女子有姿色者,以緋綵繫其臂。'"今定親之家,亦有云"繫臂"者,據《侯鯖錄》引是"繫臂",今更借言之。"繫"讀"計",約束也,維也。至如《易·繫辭》、《周禮》"以九兩繫邦國",綱系、聯綴之義,俱讀"系"。

0784 清白　見《謚法》。方朔有云:"服清白以逍遙兮,偏與乎玄英異色。"楊震云:"使後世稱爲清白吏子孫。"桓帝時童謠云:"寒素清白濁如泥。"《謚法》:"清白守節。"

0785 明白　了然也。《老子》:"明白四達。"《墨子》:"召其人,明白爲之解之。"《史記·秦二世紀》:"臣請具刻詔書刻石,因明白矣。"東方朔《七諫》:"行明白而日黑矣②。"《風俗通》:"功實明白。"《鶡冠子》:"無道之君,任用幺麽,動則煩濁;有道之君,任用俊雄,動則明白。"譚子《化書》:"禮,明白之謂也。"蘇味道云:"處事不宜明白,模稜持兩端可矣。"并見《周易本義》、《尚書敘》、《詩·小宛》傳、《駉》傳、《孟子》"孔子在陳"章。

0786 歪斜　白樂天詩:"錢塘蘇小小,人道最夭斜。"自注:"'夭'音'歪',收九佳。"按:此則"夭"卽"歪"。然"歪"俗寫當從"䵣",注亦沿訛。

0787 壓捺　白樂天刺杭時《荅元微之》詩云:"嵌空石面標羅刹,壓捺潮頭敵子胥。"

0788 佢彊　《史記·陸賈傳》:"乃欲以新造未集之越,屈彊於此。"《路

---

① 高古錄,《侯鯖錄》卷一作"服飾變古錄"。

② 矣,當作"兮",見《楚辭·七諫》。

史》：“帝嚳之世，涼風至而陳麾，太白高而轉戰，然後屈彊惠命。”

　　0789 虩呼　《卓茂列傳》論：“雄豪方擾，虩呼者連響。”

　　0790 咆哮　《大雅·蕩》作“炰烋”。或云是“狍鴞”，亦通，蓋兇暴之物。《山海經》：“鉤吾之山，有獸羊身人面，目在腋下，虎齒人爪，曰‘狍鴞’，是食人。”郭注：“卽‘饕餮’。食人未盡，還害其身。”袁質甫云：“還自噬其軀。”《呂氏春秋》云：“有首無身。”

　　0791 軟弱　《世紀》：“帝虞音致軟弱，唐侯德盛，諸侯歸之。乃致禪。”漢王尊之子伯爲京兆尹，軟弱。

　　0792 寒酸　《正字通》：“野人曰‘寒畯’。唐鄭光祿熏舉引寒畯[①]，士類多之。俗作‘寒酸’，誤。”

　　0793 朘削　《董仲舒傳》：“民日削月朘音鐫，縮也。”今云“朘削”，剝削也。“削”呼若“消”，《正韻》亦音“笑”，而無平聲。

　　0794 縮朒　謂畏葸不前也。《漢·五行志》：“王侯縮朒不任事。”

　　0795 厭禱　唐德宗時，郜國大長宮主素不謹，或告主淫亂，且爲厭禱上。

　　0796 爛粕　不振精神，廢務也。《莊子》：“古人之糟魄已夫。”《音義》：“司馬云：‘爛食曰魄。’一云‘糟爛爲魄’，又作‘粕’。”

　　0797 糊塗　《朝野僉載》：“郭務靜滄州南皮丞糊塗。”《通鑑續編》：“端糊塗或人言呂端也。”

　　0798 上天　《史記》孔子曰：“至於龍，吾不知其乘風雲而上天。”枚叔上書吳王云：“必若所欲爲，危於累卵，難於上天。”

　　0799 天　婦人哭夫曰“天”。《左傳》注：“女在家則父天，出則夫天。”[②]《喪服傳》：“夫者，妻之天。”蔡伯喈《女賦》：“當三春之嘉月，將言歸於

所天。"柳子厚《祭六伯母文》:"二十移所天。"①注云:"夫死故曰移。"

0800 **天年**　《莊子·人間世》:"故不終其天年,而中道夭。"

0801 **歸去**　謝人死曰"歸去"。《通鑑前編》:"禹濟江南,黃龍負舟,喑然曰:'我竭力以勞萬民,生,寄也;死,歸也。爾何爲者?'"《列子》:"精神離形,各歸其眞,故謂之'鬼'。鬼,歸也,歸其眞宅。"又云:"古者謂死人爲'歸人'。"《莊子》老聃曰:"魂魄將往,乃身從之,乃大歸乎?"《尸子》老萊子曰:"人生天地間,寄也寄者,同歸也②。"《史記·鼂錯傳》:"錯父謂錯曰:'劉氏安矣,而鼂氏危矣,吾去公歸矣。'遂飲藥死。"

0802 **不順**　謂少壯之死爲"不順",老者爲"順"。《莊子·養生主》云:"適來,夫子時也;適去,夫子順也。"注云:"理當死也。"

0803 **椓喪**　斲削而傷之曰"椓喪"。見《詩·正月》傳當本《左傳》"斲喪公室"。

0804 **刻薄**　《商君傳》:"商君,其天資刻薄人也。"《世說》:"衛江州名展在尋陽,有知舊人投之,都不料理,唯餉'王不畱行'一斤。此人便命駕。李弘範聞之曰:'家舅刻薄,乃復驅使草木。'"

0805 **消索**　《論衡·死僞篇》:"死者精神消索。"

0806 **咽切**　杜牧之詩:"戍遼雖咽切,游蜀亦遲迴。"

0807 **粗疏**　嵇叔夜《與山巨源絕交書》:"足下舊知吾潦倒麤疎,不切事情。"

0808 **輕猾**　范蔚宗《後漢·二十八將傳》論:"武人屈起,亦有鬻繒、屠狗輕猾之徒。"屈同倔。

0809 **輕趫**綺驕切　張平子《西京賦》:"非都盧之輕趫都盧國在合浦南,其人善緣高趫,善緣木之士也。"

---

① 二十移所天,當作"移天凤喪",前者出自李白《去婦詞》。

② 同,《尸子》卷下作"固"。

0810 **託付**　諸葛孔明《出師表》：“恐託付不效。”

0811 **煩勞**　陸士龍《與平原書》：“但作之不工，煩勞而棄力，故久絕意耳。”

0812 **不敢當**　《莊子·讓王》：“屠羊說說，屠羊者名曰：‘說不敢當。’”《史記·衛世家》：“子郢曰：‘亡人太子蒯瞶之子輒在也，不敢當。’”

0813 **不相干**　《淮南子》：“人臣各守其職，不得相干。”《論衡》：“男女不相干。”

0814 **不入調**　謂語默舉止不合時宜也。按：《南史》：“劉悛强濟有世調，善於流俗。”此可以爲“不入調”之調一證。

0815 **不值一錢**　《史記》：“灌將軍夫罵臨汝侯曰：‘生平毁程不識不值一錢。’”宋盧多遜屢譖譖李昉，或以告昉，昉曰：“盧與我厚。”太宗嘗語及多遜事，昉爲解釋，帝曰：“多遜居常毁卿不值一錢。”昉始悟，帝益重昉。

0816 **不分皀白**　漢李膺謂鍾瑾曰：“弟何太無皀白耶？”

0817 **一竅不通**　《呂氏春秋》孔子曰：“此子若一竅通，則不死矣。”[①]

0818 **塞竅**　塞竅者，窺人於微，不招嫌忌也。《鬼谷子·摩篇》：“故微而去之，是謂‘塞窌同竅’。”注云：“臣事君，貴於無成有終。故微而去之，若己不同於此計，令功歸於君，如此可謂塞窌。”

0819 **擅場**　張平子《東京賦》：“秦政利觜長距，終得擅場。”

0820 **憚悇**　**心癢**　中有所貪，事在此，實意注彼，曰“貪圖”，非也，“憚悇”也。中有所欲，躍然欲試，曰“心癢”，即“癢心”也。《淮南·脩務訓》：“冶由笑，目流眺，口曾撓，奇牙出，靨輔搖，則雖王公大人有嚴志頡頏之行者，無不憚悇癢心，而悅其色矣。”注：憚音貪，欲也。《楚辭》及馮衍賦作“憚”。由，《正字通》音妖，冶由，女子笑貌。

0821 **醉心**　《莊子·應帝王》：“列子見之而心醉謂迷惑於神巫季咸

---

① 《呂氏春秋·貴直論》原作：孔子聞之曰：“其竅通，則比干不死矣。”

之道。”

0822 氣蓋　言氣象可蓋一切也。項王《垓下歌》：“力拔山兮氣蓋世。”《季布列傳》：“布弟季心，氣蓋關中。遇人恭謹，爲任俠。”《大司馬寮屬名》曰：“鄧遐，字應玄，平南將軍之子，勇力絕人，氣蓋當世。”東坡《書孟德傳後》：“是人非有以勝虎，而氣已蓋之矣。”

0823 體面　殆本司馬溫公《請貢院逐路取人》，云：“朝廷所差試官，率皆兩制三館之人，其所好尚，卽成風俗。在京舉人追趨時好，易知體面。”

0824 魁梧　《畱侯世家》：“魁梧奇偉梧去聲，卽悟。”按：“梧”亦借讀平聲。陳子高詩：“府中賢尹計魁梧。”杜子美詩：“魁梧秉質尊[1]。”

0825 傍熱　凡事可乘機會曰“傍熱”。宋蕭道成結宋主左右弑帝，王敬則取白紗帽加道成首，令卽位，曰：“事須及熱。”

0826 吃虧　杜牧之《隋苑》詩：“卻笑吃虧隋煬帝，破家亡國爲誰人此詩又見《李義山集》，題做《定子》。”

0827 模擬　袁伯彥《三國名臣論》：“豈曰模擬，實在雅懷[2]。”

0828 安排　《莊子》：“仲尼謂顏淵曰：‘安排而去化。’”

0829 調度　酌量更易曰“調度”。《後漢·桓帝紀》：“仍獲咎徵，其令大司農絕今歲調度徵求。”按文義，“度”讀入聲，今人呼作去聲，猶之《唐書·百官志》：“度支掌天下租賦、物產豐約之宜，水陸道途之利，歲計所出而支調之。”“度”入聲，今人都作去聲，俱誤也。至如《離騷》“和調度以自娛”，注云：“調，格調；度，法度。”自當讀去聲東坡云：“吾儕漸衰，不可復作少年調度。”亦卽計畫、調度之義。

0830 調停　宋哲宗時，熙豐舊臣多起邪說，以搖撼在位。呂大防等欲稍引用其黨，以平夙怨，謂之“調停”。

---

[1]　質，《杜工部集》卷九《贈比部蕭郎中十兄》作“哲”。

[2]　懷，《文選》卷四七《三國名臣論》作“性”。

0831　**布置**　《攷工·輪人》注：“蚤之布置必正而不斜也。”《世說新語補》：“庾公道：‘王尼非惟事事勝人，布置鬚眉亦勝人。’”

0832　**帖妥**　卽“妥帖”之倒文。韓昌黎《元和聖德詩》：“獸盾騰挐，圓壇帖妥。”

0833　**作梗**　張平子《東京賦》：“度朔作梗梗，病也。謂度朔山之鬼爲人作梗病者。”

0834　**牽絲**　猶夤緣瓜葛也。謝靈運詩：“牽絲及元興，解龜在景平。”注云：“牽絲，初仕也。”蓋言進身之始，近夤緣義。

0835　**喜信**　《天寶遺事》：“進士新及第者，以泥金帖子附家書爲報，謂之‘喜信’。”

0836　**邊報**　言不祥兆也。古多邊患，邊塞告警，史皆稱“邊報”。

0837　**調戲**　後漢馮衍《與婦弟書》：“房中調戲，布散海外。”《十六國春秋·前秦錄》：“其調戲機捷，皆此類也。”《續搜神記》：“錢塘士人杜姓，雪中船行，一日暮，有女子素衣來岸上。杜曰：‘何不入船?’遂相調戲。杜合船載之。後成白鷺，飛去。杜惡之，便病死。”

0838　**引誘**　引誘謂之“鉤”。《鬼谷子·飛箝》云：“以飛箝之辭，鉤其所好。”

0839　**摩盠　潢　裝潢**　摩盠謂之“潢”，音光上聲。唐有裝潢匠，言裝成而以蠟潢其紙也，見《六典》。後人以裝潢爲裝池，誤。今吳中以手摩摸物類曰“潢”，呼去聲，卽此字。中州語又以閑遊爲“潢”，亦猶吳中鄙語以閑遊爲“盠”、爲“摸”也。中州亦呼若去聲。皆俗音。

0840　**偷**　私人婦女爲“偷”。前漢陳平美如冠玉，人謂其盜嫂。直不疑貌美，人亦毀其盜嫂。“盜”卽“偷”也。或云，平兄名伯，常耕田，縱平遊學。嫂嫉平不事生業，伯逐其婦而棄之。平事兄嫂如事父母，此嫂疑後娶者。予按：嫂以兄尊，後娶亦嫂。以是揣度古人，似諒之，實嫚之。又人毀不疑，不疑曰：“我乃無兄。”然終不自明也。此不疑之高也。予閱書至平與不疑,竊歎古人姿容佳麗往往招誣,而今世凡庸小生奇衣婦態,故爲姚冶,以取悅他家婦女,自謂美事。䤰者損其行,灾其身,不一而足,惑之甚矣。

0841 嗾　憵憃也,隱假他人洩其私忿也。如宋韓侂胄欲逐趙汝愚,嗾胡紘劾之。葉李上書詆賈似道,賈嗾林德夫告李泥金飾扁不法之類。然"嗾"實使犬。《左傳·宣二年》:"公使嗾夫獒焉。"則任嗾者亦猶犬已。

0842 挰則加切,音渣,又上聲,同擄,取也,搏撮也　《墨子》:"挰格人之子女。"《方言》:"南楚之間,凡取物溝泥中謂之挰。"張平子《西京賦》:"攄狒猲。"

0843 掐音苦洽切。《說文》:"爪刺也。"《玉篇》:"爪按也。"　《世說》:"顧雍以爪掐掌。"《魏·程昱傳》:"邊人掐之。"[1]《晉·郭舒傳》:"掐鼻灸眉頭。"《顏氏家訓》:"掐摘供厨。"

0844 捩音列　折也。《莊子·胠篋篇》:"捩工倕之指,而天下始人有其巧矣。"

0845 打　呼若"摘"。歐陽公《集古錄》:"'打'字,以音義言之,當爲丁歷切。"摘,音丁歷反,擿也,擊也。《史丹傳》:"天子自臨軒檻上,隤銅丸以摘鼓[2]。"

0846 撪　毆人言"撪",猶衝也。《左傳》:"魯敗翟于鹹,獲長狄僑如。富父終甥撪其喉以戈,殺之。"

0847 敦　投擲曰"敦",呼如"荅"。《詩》"王事敦我",音"堆",今呼入聲,誤。

0848 夠　物用充足曰"夠音遘,亦作夠"。左太沖《魏都賦》:"繁富夥夠,不可單究。"俗作"彀",非。

0849 嫗脩音遘肴　嫗,大呼用力也,見《集韻》。脩,痛而呼也,《顏氏

---

① 　引文見《文選》卷十八《長笛賦》注引《魏書·程昱傳》。
② 　摘,《漢書·史丹傳》作"擿"。

家訓》原注：下交切：“音羽罪反，北人痛呼之。于未反，南人痛呼之。”

0850 阿瘤瘤_{音威}　喊聲也。《輟耕錄》載：“淮人寇江南，齊聲大喊‘阿瘤瘤’，以助軍威。”又引《朝野僉載》：“武后時，滄州南皮縣丞郭勝靜每巡鄉，喚百姓婦，託以縫補而姦之。其夫至，縛勝靜，鞭數十。主簿李懋往救解之。勝靜云：‘忍痛不得，口唱阿瘤瘤。’”勝或作務。

0851 失色　《鶡子》曰：“武王率兵車以伐紂，紂虎旅百萬，三軍之士靡不失色。”《莊子》曰：“見夫子之失色。”[①]

0852 放出　《貢禹傳》：“放出園陵之女。”

0853 捃_{音搆}　以手搯物也。見《篇海》。

0854 盦　掩埋曰“盦音諳入聲”，亦作“盒”。《博古圖》：“周有交虬盦，蓋鼎之盉音闇也。”《瑣碎錄》：“海棠花欲鮮而盛，于冬至日早，或以盦過麻屑糞土壅培根下。”

0855 盍　凡物轉面上而面下伏者爲“盍”。《說文》云：“覆也。”

0856 遁人　斥人委靡、不光采爲“遁人”。楊朱曰：“生民之不得休息，爲四事故：一壽，二名，三位，四貨。有此四者，畏鬼，畏人，畏威，畏刑，此謂之‘遁人’。”

0857 窮囝　與人優謔呼“窮囝音蹇。閩人呼兒曰“囝”，音若“宰”。顧況云：“囝別郎罷，心摧血下。”今吳中呼若“暖”平聲，亦呼兒童也”。《三水小牘》：“湖南觀察李庚女奴名‘卻要’，美容止，巧媚才捷。李四子皆年少狂俠，欲烝不得。嘗於清明節夜，卻要遇長子，持之求偶。卻要曰：‘可於廳中東南隅竚立。’又逢二郎調之，紿令東北隅相待。遇三郎，令待西南隅。遇四郎，握手不可解，亦紿令待西北隅。少頃，卻要密然炬，疾向廳事，豁雙扉，照之，曰：‘阿堵貧兒，爭敢向這裏覓宿處？’四子皆掩面而走。”“貧兒”即“窮囝”，此亦調之也。古諺云：“春寒四十五，貧兒市上舞。貧兒且莫誇，且過桐子花。”又

---

① 此句《莊子·天地》作“夫子何故見之變容失色”。

諺云:"霜凇如霧凇,貧兒備飯甕。"《北史》:"齊後主於華林園立貧兒村。"

0858 蘭了　罵人遊手好閑曰"蘭了",非也。《列子·說符》:"宋有蘭子,以燕戲干宋元君。元君拘而擬戮之,經月乃放。"注云:"凡物不知生謂之'蘭'。"《史記》:"無符傳出入,謂之闌。"此"蘭子"謂以技妄遊,義與"闌"同。據此,則蘭子者,遊民無常業,國之所禁也。今稱"蘭了","子"誤爲"了"耳。

0859 客作　罵語也。然三國時,焦光飢則出爲人客作,飽食而已。是不過備工之謂。

0860 平者　平平　平者,美詞,乃謂之"平平",則無奇也。漢和帝時,西域都護班超年老乞歸,乃徵超還,以任尚代。尚請教,超曰:"水清無大魚,察政不得下和,宜蕩佚簡易。"尚私謂所親:"班君所言,平平耳。"尚後竟失邊和。陸士龍《與平原書》:"頃得張公封禪事,平平耳。"《世說》:"王右軍郗夫人謂二弟曰:'吾家見二謝,傾筐倒篋;見汝輩來,平平耳。'"①

0861 無墨水　言文理不通也。北齊選舉多沿後魏之制。課試之法:中書策秀才,集書策進士,考功郎中策賢良。天子出,坐於朝堂中楹,秀、孝各以班草對。字有脫誤者,呼起立席後;書有濫劣者,飲墨水一升;文理孟浪者,奪席脫容刀。

0862 老實　《輟耕錄》:"許魯齋欲雇一僕,能應對、嫻禮節者卻之,曰'特欲老實耳'。"

0863 正經　不趨邪挾詐爲"正經"。《詩》"君子陽陽"章,《譜》云:"路寢之常樂,風之正經。"宋馬端臨曰:"夫子所贊之《春秋》,世不多見。自漢以來,所編古經俱自三傳中取出,故名曰'正經'。"按:此則以目人,似不類,顧別無可證《孟子》"經正,則庶民興",豈取而倒言之。

0864 腐儒　《子華子》:"此腐儒之所守,而汙俗之所以相欺者也。"

---

① 郗夫人、吾家、篋,《世說新語·賢媛》分別作"郗夫人、王家、扉(庅)"。

《荀子》："鄙夫好其實，不恤其文。是以終身不免坤音婢汙傭俗。故《易》曰：
'括囊，无咎无譽。'腐儒之謂也。"《黥布列傳》："上折隨何之功，謂何爲腐儒。"

0865 方外人　僧謂之"方外人"。《莊子·大宗師》曰："孔子曰：'彼，
遊方之外者也；而某，遊方之內者也。'"黃潤云："方，矩也。出於矩之外，所謂
離方遁圓也。"

0866 做佛事　世俗延僧炷襄，鐘魚梵唄，琅琅終日，謂之"做佛事"。
三字，佛家恆言。如《維摩經》："維摩居士遣言衆香國，願得世尊所食之物，
于婆娑世界施作讀做佛事。于是香積如來以衆鉢盛飯與之。"《傳燈錄》[1]
："六祖大師慧能，母娠六年乃生。有僧來語曰：'此子可名慧能，以法慧濟衆
生，能做佛事也。'"《酉陽雜俎》"菩提樹"云："此日，國王人民大作佛事，收葉而
去，以爲瑞也。"東坡《十八大阿羅漢頌》第九尊云："我做佛事，淵乎妙哉。空山無
人，水流花開。"東坡且屢用此三字。

0867 事體　《難蜀父老文》："斯事體大。"《抱樸子·外篇》："明見事
體。"《通鑑續編》："宋神宗時，太后曰：'事體至大。'孝宗曰：'恐如東漢激
成黨錮之風，深害事體。'"[2]

0868 刀筆　古云"刀筆吏"，不過"刀以削簡，筆以書之"之義。《後
漢·王充傳》："戶牖牆壁各置刀筆。著《論衡》八十五篇。"又宋楊大年有《刀
筆》十卷，劉子儀有《刀筆》二卷，何聖從亦撰《刀筆》五卷。當時楊、劉以文
章齊名，何爲詩稱簡重淳厚。其命名刀筆，亦可思矣。迺者人有訟，屈於理，
爲出其詭算，揮空成有，轉白爲黑，奮毫書狀，娓娓入聽，長官蒙焉盆底，冤不
少人，遂目之曰"刀筆"。蓋鄧思賢之流也。是筆以爲刀，正以殺人，斯義兇
甚也。嗟乎！彼徒以賄賂故而甘於剝喪天良如是。

0869 關節　《輟耕錄》引《杜陽雜編》："元載龐姬薛瑤英，英父兄與英

---

① 引文見《指月錄》卷四。
② "事體至大"見《宋史·后妃傳》。深害事體，《續資治通鑑》卷一四四作"深害治體"。

母相遞出入，以搆賄賂，號爲'關節'。"又引李肇《國史補》總敘進士科："造請權要謂之'關節'。"

0870 關子 言緊要處也。《唐書》："李逢吉用事，所親厚者張又新、李仲言、李續之、李虞、劉栖楚、姜洽及拾遺張權輿、程昔範，又有從而附麗之者，時人目之爲'八關十六子'。"注云[1]："逢吉親厚者八人，而傅會者又八人，皆任要劇。有所求請，先賂關子，後達逢吉，無不得所欲也。"

0871 色目 《記纂淵海》："唐太宗以來，禮部放榜，歲取二三人姓名稀僻者爲'色目人'，亦曰'榜花'。"按：此非今所云蒙古色目人之爲官者，多不能執筆花押，見《輟耕錄》。猶《中朝故事》云"長安篜龍戶，觀水知龍色目"，乃今之謂"色目"也。

0872 錢財 《莊子·徐無鬼》："錢財不積，則貪者憂。"張儀有爭。

0873 封筒 書套曰"封筒"。《李太白集》有"桃竹書筒"，元微之以竹爲"詩筒"。故今用紙，猶謂之筒。

0874 若干 見《曲禮·投壺》及《管子·輕重》等篇干，箇也。若干，設數之言，又未定之言。

0875 念 二十爲"念"。以吳王女名"二十"，故諱之。見《兼明錄》。

0876 足錢 八十當一百 串底錢 曰"足錢"，曰"八十當一百"，曰"串底錢"。梁武帝時，錢陌減，因有"足陌"之目。唐末，八十爲"陌"。漢王章又減三錢，有"省陌"之目。"省陌"，今串底錢也。

0877 折錢 折頭錢 曰"折錢"，曰"折頭錢"。宋時請俸料錢，有見音現錢折支之例。折支，每貫或折錢四百或七百不一。

0878 籔音豁 大空也。《元包經》："豐晴之籔。"《路史·禪通紀》："太昊伏戲氏，山準日角，籔目珠衡。"

0879 緡 緡縫緡音泯，合也；縫，去聲之"緡"。《莊子》："雖死丘陵草木

---

[1] 引文非注，見《新唐書·李逢吉傳》。

之緝^①。"

0880　批　薄切曰"批"。批，削之義。《清異錄》："夜有急，苦作燈之緩。有知之者，批杉條，染硫黃，置之待用，呼引光奴今京師名取燈兒。"

0881　糟　事多乖舛不濟曰"糟"。京師又有"糟酵"之語。"糟"則空，"酵"則浮。金泰和四年，定糟酵錢。酵，苦孝切。京師訛呼平聲。

0882　亂說　朱子曰："字書、音韻是經中第一事。先儒多不理會，枉費了無限亂說牽補，而卒不得其本義。"

0883　盲話　班叔皮《王命論》："距逐鹿之瞽說。"

0884　打諢　宋袁質甫《甕牖閒評》云："內宴優伶打諢，惟御史大夫不預。蓋始於唐李棲筠也。"又作"打諢"。諢，去聲。《遼史·伶官傳》："打諢得不是黃幡綽^②。"

0885　塞責　《項羽紀》："陳餘遺章邯書曰：'趙高素諛日久，今事急，亦恐二世誅，故欲以法誅將軍以塞責。'"

0886　依樣葫蘆　宋時，翰林草制皆檢舊本，謂之"依樣畫葫蘆"。陶穀書壁云："堪笑翰林陶學士，年年依樣畫葫蘆。"

0887　自相矛盾　見《詩·常棣》傳。案：《尸子》："楚人有鬻矛與盾者，曰：'吾盾之堅，莫能陷也。'又曰：'吾矛之利，於物無不能陷也。'或曰：'以子之矛陷子之盾，何如？'其人弗能應也。"

0888　酒囊飯袋　《金樓子·立言篇》："禰衡云：'苟或强可與言，餘人皆酒甕飯囊。'"《荆湖近事》："馬氏奢僭，文武之道未嘗畱意，時謂之酒囊飯袋。"《論衡·別通篇》："腹爲飯坑，腸爲酒囊。"

0889　鼠竊狗偷　秦二世時，陳涉起兵。上問叔孫通，對曰："群盜鼠竊狗偷，不足憂也。"

---

① 死，《莊子·則陽》作"使"。
② 得，《遼史·伶官列傳》作"底"。

0890 捕風捉影　始谷永說，牟融本之。有云："聽之，則洋洋盈耳，求其效，猶握風而捕影。"漢成帝好鬼神，谷永說上曰："姦人左道，聽其言洋洋滿耳，若將可遇；求之，盪盪如繫風捕影，終不可得。"

0891 笑裏藏刀　《唐書》："李義府與人語，必嬉怡微笑，而狡險忌刻。人謂其'笑裏有刀'，又謂之'李貓柔而能害物也'。"

0892 老奸巨猾　李林甫城府深密，人莫窺其際。雖老奸巨猾，無能逃其術者。

0893 怒髮衝冠　藺相如奉璧上秦王，視王無意償趙城，乃曰："璧有瑕，請示王。"王授璧，相如持璧卻立，倚柱，怒髮上衝冠。《吳越春秋》："孫子大怒，兩目忽張，聲如駭虎，髮上衝冠，項旁絕纓。"

0894 衝口而出　語言發乎自然曰"衝口而出"。東坡《思堂記》云："言發于心，而衝于口。"

0895 驚天動地　昏天黑地　歡天喜地　哭天喊地　黑漆皮燈籠　宋至正間，江右儒人黃如徵邀駕上書，指數散散、王士宏等罪狀，云："間閭失望，田里寒心。歌曰：'九重丹詔頒恩至，萬兩黃金奉使回。'又曰：'奉使來時驚天動地，奉使去時烏天黑地。官吏都歡天喜地，百姓卻啼天哭地。'又曰：'官吏黑漆皮燈籠，奉使來時添一重。'"

0896 青天白日　宋袁質甫曰："余曾祖與蘇東坡賦祈雨詩，云：'白日青天沛然下，阜蓋青旗猶未還。'"元方國珍以溫、台、慶元三郡附於明太祖，以次子關爲質。太祖曰："今誠信來歸，當推誠相與。青天白日，何以質子爲哉？"

0897 改頭換面　變樣也。朱子云："少時讀禪學文字，見杲老與張侍郎書云：'左右既得此欛柄入手，便可改頭換面。'"

0898 掩耳偷鈴　卽《淮南子》"掩耳竊鐘"之謂。《唐書》："突厥相活寇等請立代王,改易旗幟以示之。帝曰:‘可謂掩耳偷鈴。’”①

　　0899 斯文掃地　　班固《漢書》贊曰:“秦滅六國,而上古遺烈掃地盡矣。”任彥昇《策秀才文》曰:“衣冠禮樂,埽地無餘。”唐中宗時,國子祭酒祝欽明自請作八風舞,搖頭轉目,備諸醜態。吏部侍郎盧藏用曰:“祝公五經掃地盡矣。”

　　0900 刮地皮　　或曰:“今閭閻號寒啼飢,目掊克之害爲‘括地皮’,是否‘括’字?”予曰:“手取之不能盡也,當從刀。”司馬長卿《子虛賦》:“軍驚師駭,刮野埽地。”②注云:“禽獸殺獲皆盡,野地似乎掃刮也。”《輟耕錄》金方所詩:“兩觀番成。”

　　0901 巢穴　　《後漢·逸民傳》:“襄陽龐公字辛民笑謂劉表曰:‘鴻鵠巢於高林之上,暮而得所棲;黿鼉穴於深淵之下,夕而得所宿。夫趣舍行止,亦人之巢穴也,且各得其棲而已。’”

　　0902 沈頓　　猶言滯疐也。吳季重《與魏太子牋》:“小□□□□□沈頓。”③“沈”俗呼若“人”。

　　0903 業產　　《管子·輕重丁篇》桓公曰:“寡人欲復業產,此何以治?”

　　0904 產業　　《鬼谷子·內揵篇》:“治名入產業。”

　　0905 傳子傳孫　　史孝山名岑《出師頌》:“傳子傳孫,顯顯令聞東漢。”

　　0906 兄弟　　事物相若曰“兄弟”。孔子曰:“魯衛之政,兄弟也。”《列子》:“楊布曰:‘有人於此,年,兄弟也;言,兄弟也;才,兄弟也;貌,兄弟也;而壽夭,父子也;貴賤,父子也;名譽,父子也;愛憎,父子也。吾惑之。’”

　　0907 平常　　《漢書》:“王渙爲洛陽令,喪經弘農,設祭者塞路,咸曰:‘平常持米過洛,半爲司卒所鈔。自王公下車,此輩歛跡。’”曹子建《送應氏》詩:“念我平常居。”

---

① 　引文見《唐會要》卷九四《北突厥》。
② 　“司馬長卿《子虛賦》”當作“揚雄《羽獵賦》”,見《文選》卷八。
③ 　缺字當作“器易盈,先取”,見《文選》卷四十《在元城與魏太子箋》。

0908 平素　《鬼谷·決篇》：“有以平素之者。”鄭康成注《儀禮·喪服章》“素食”：“平素所食。”①曹子建《任城王誄》：“心存平素。”

0909 揮霍　張平子《西京賦》：“跳丸劍之揮霍。”孫興公《天台賦》：“騁神變之揮霍。”

0910 輕詔音抄,亦讀去聲　《說文》：“詔擾也。”左太沖《吳都賦》：“其隣則有任俠之靡,輕詔之客。”

0911 一坺　一塊爲一坺音跋,又伐。坺,發土也,與“垡”同。《周語》：“王耕一坺。”韓退之詩：“予期拜恩後②,謝病老耕垡。”又同“墢”。《耒耜經》：“耕之土曰‘墢’。”

0912 薍音亂**子**　小蒜根也。見《集韻》。今世俗,凡物塊磊而小者曰“薍子”,卽此。

0913 像意　《淮南·覽冥訓》：“居君臣父子之間,競載驕主而像其意像,隨也。”

0914 適意　《抱樸子》：“接之適意。”《世說》：“張翰在洛,見秋風起,思吳中莼羹、鱸膾,曰：‘人生貴適意耳。’乃東歸。”

0915 目不識丁　《唐書·張弘靖傳》：“汝輩挽兩石弓,不如識一丁字。”

0916 眼界大　睥睨一切,謂之“眼界大”。卽京師云“眼眶大”也。唐玄宗爲安祿山治第,但窮壯麗,不限才力。戒曰：“胡眼大,勿令笑我。”《北里志》鄭老業詩③：“大開眼界莫言寃。”

0917 三角眼　兇視也。言三角其眼以視也。張平子《西京賦》：“隅目高眶。”注云：“隅目,角眼視也。”明袁珙相道衍“目三角影音栗,又飄白”。

0918 看　物之名“看”,所以飾觀,不適於用,所謂“看桌”也。唐少

---

①　鄭注原作：“素猶故也,謂復平生時食也。”
②　拜,《五百家注昌黎文集》卷二《送文暢師北遊》作“報”。
③　老,《北里志·楚兒》作“光”。

府監御饌，以牙盤九枚裝食，謂之"看食"，故今有"看桌"。而物之可看不可用者，因均目爲"看桌"看食，古人又謂之"釘座"。唐李遠貌美而無才用，人目爲"釘座棃"[1]。按：《困學紀聞》云："人而不學，命之曰'視皮'。""視"卽"看"也。

0919 充　今之强顏以飾美者，人每譏之曰"充"。攷自古隱之名不一：大隱、中隱、小隱、眞隱、吏隱、祿隱、天隱、地隱、人隱、名隱、通隱、仕隱、朝隱，而又有充隱之目。桓玄篡立，恥無隱士。給皇甫希之資用，使居山林，徵爲著作郎，又使固辭，然後詔旌高士。時謂之"充隱"。則今之云"充"卽斯義。

0920 局促　《史記》漢武怒鄭當時曰："今日之廷論，局促效轅下駒。"古詩："蟋蟀傷局促。"

0921 圈束　顏延年《赭白馬賦》："踠鑣彎之牽制，隘通都之圈束。"

0922 經紀　善營生也。唐太宗嘗賜諸王帛，勅曰："滕叔、蔣兄滕王、蔣王自能經紀，不須賜物。"

0923 窮忙　宋元豐時，京師語曰："戶度金倉，日夜窮忙。"

0924 唯獨　按：唯猶獨，獨卽唯也。《莊子·德充符》："受命於地，唯松栢獨也在；受命於天，唯舜獨也在[2]。"《呂覽》："唯聖人獨見其所由然。"《史記》："孝惠時，唯獨長沙全。"二字《史記》屢見之。《新序》："項王詐坑秦二十餘萬人，唯獨邯、欣、翳脫。"馬季長《長笛賦》序："唯笛獨無。"

0925 忒殺 讀所下切 **傻**　忒殺，大也，大字切腳，京都語亦有之，如好曰"殺好"，聰明曰"殺聰明"之類。洪氏《隨筆》序云："殺有好處。"白樂天詩："西日憑輕照，東風莫殺吹。"金方所詩："爾家忒殺欠扶持。"又俗傳人死有煞上聲，或作"傻"，不仁也，不慧也，輕慧也。故京都譏人不慧有"傻子"

---

[1] 《舊唐書·崔遠傳》："遠文才清麗，風神峻整，人皆慕其爲人，當時目爲釘座梨，言席上之珍也。"

[2] 在，《莊子·德充符》作"正"。

之目。吳中譏人舉動佻媚亦曰"傻"。《韻會》："傻俏不仁。"《顏氏家訓》："偏旁之事[1]，死有避煞。"《吹劍錄》李才伯歷言雌煞雄煞[2]。

0926 訂眞　《論衡》："就世俗之書，訂其眞僞，辨其實虛。"

0927 弗好　《離騷》："鵩告余以不好。"王鞏坐蘇軾黨，貶賓州。軾臨歸，別鞏，出侍兒柔奴進酒。軾問柔奴："嶺南應是不好?"柔奴曰："此心安處便是吾鄉。"軾作《定風波》一詞以贈。

0928 窮兇極惡　《王莽傳》贊："滔天虐民，窮兇極惡。"按："窮、極"猶"至、盡"也。今乃謂貧困者。

0929 窮奢極欲　《谷永傳》："窮奢極欲，湛湎荒淫。"

0930 窮形盡相　陸士衡《文賦》："期窮形而盡相。"

0931 蓬頭赤腳　《莊子·說劍篇》："趙太子曰：'吾王所見劍士，皆蓬頭突鬢。'"《群芳錄》[3]："鐵腳道人嘗赤腳走雪中。"晉陶侃曰："君子當正其威儀，何有蓬頭跣足，自謂宏達耶?"《神仙傳》有"閤蓬頭"。

0932 不耐煩　本嵇叔夜《絕交書》："性不耐煩。"又《宋·庾仲文傳》。

0933 沒奈何　《新唐書·承天皇帝傳》"沒奈"作"末耐"。

0934 三腳貓　張明善《北樂府·水仙子》云："五眼雞，岐山鳴鳳。兩頭蛇，南陽臥龍。三腳貓，渭水飛熊。"

0935 狗　鄉里"狗"以名子。《左傳》衛"歂犬、史狗"，鄭"宛射犬、堵狗"。《史記》司馬相如其親名之曰"犬子"。《後漢書》梁冀之子允一名"胡狗"。《三國志》曹操見孫權歎曰："生子當如孫仲謀，如劉景升兒子，豚犬耳。"《齊書》張敬兒脅力而性貪殘，在宋世本名"狗兒"[4]，宋明帝改爲"敬

---

① 事，《顏氏家訓·風操》作"書"。

② 李才伯，《吹劍錄外集》作"呂才"，所引"唐太常博士呂才百忌曆載喪煞損害法"，有"雄煞、雌煞"。

③ 引文見《廣群芳譜》卷二二"梅花"。

④ 狗，《南齊書·張敬兒傳》作"茍"。

兒”。《梁書》：“江陽人齊狗兒反[①]。”《十六國春秋·前秦錄》楊定叔父佛狗。《唐書》李勣年將八袠，遇疾，命置酒、奏伎，列子孫，謂弟弼曰：“我有如許狇犬將付汝。”安祿山子慶緒，遣閹豎子李狗兒執刀入帳中[②]，斫祿山腹。《元史》有“石抹狗狗、郭狗狗、寧豬狗”。又按：《世本》：“毋苟作磬[③]。”《世說》王脩，字敬仁，亦稱“苟子”。《前秦錄》有“梁苟奴”。攷“狗”之義言“苟”也，“狗”通作“猗”，故韓子有“蠅營狗苟，故從苟”之語[④]。案：敬，從苟從攴。苟音亟，敏也；攴音撲，小擊也。“敬”之爲言“警”也，與“苟”文之旨相反。沈存中云：“今姓敬者，或更苟、更文，此爲無義。”義蓋謂此。亟、敬，聲本去入互轉，彼嫌“苟”之義，輒演爲“敬”。作“敬”，不通文義、音義也。可知識字之難，自古而今。

0936　鴨　謿道士。《輟耕錄》載：“松江亢旱，聞方士沈雷伯道術高妙。府遣吏迎來，驕傲之甚，以爲雨可立致，結壇仙鶴觀，下鐵簡於湖泖潭井，日取蛇燕焚之。了無應驗，羞赧宵遁。僧栢子庭有詩云：‘誰呼蓬島青頭鴨，來殺松江赤練蛇。’”則是元時，於道士已鴨之。但“鴨”之謂未審。

0937　龜　俗以億度爲“龜”。如“龜鏡、龜來、龜伊”等語。《疏仡紀》云：“帝履癸讒貸音忒處蠡，幼色是與。妹喜蠱惑，人以龜其必亡。”“龜”云“卜”也，故又有“約龜”，而並爲“約灼”之說。或曰：“歸算法有歸除。”非。《唐·李泌傳》言皆爲國龜鏡金師。安石有《萬年龜鏡錄》。

0938　牛　罵人以牛。《論衡》：“楊子雲作《法言》，蜀富人齎錢千萬，願載於書。子雲不聽，夫富無仁義之行，圈中之鹿、欄中之牛也，安得妄載？”

0939　抽頭　設局邀賭，以取頭錢曰“抽頭”。《國史補》：“囊家什一而

①　狗，《南史·長沙宣武王懿傳》作“苟”。

②　狗，《舊唐書·安祿山傳》作“猪”。

③　苟，《世本·作篇》作“句”。

④　“蠅營狗苟”出自韓愈《送窮文》，“故從苟”見陸佃《增修埤雅廣要》卷十六“狗”：“蓋狗從苟，韓子曰‘蠅營狗苟’，狗苟，故從苟也。”

取,謂之‘乞頭’。”蘇長公記:“少年有博者,以千金得‘賭錢不輸方’,歸,發視其方,曰‘但止乞頭’。”是卽“抽頭”也。止乞頭,則不賭,故不輸。

0940 出頭　跳出　出頭者,得出頭地也。歐陽公所謂“放他出一頭地”也。又跳出者,不復受牽制,局儕輩亦得出頭也。晉魏時,寫章奏如今之“擡頭”,謂之“跳出”是也。

0941 發腳　《詩》:“履我發兮。”疏云:“行必發足而去。”《三國志》譙周曰:“今大敵在前,恐發足之日,變且不測。”

0942 縮腳音　語有謂之“縮腳音”者,卽古之“歇後語”,可笑。《語林》載[1]:“貞元末,妓阿軟產一女,求小名於白樂天。樂天曰:‘此兒白晳可愛,可名之曰皎皎。’有文士釋其義,始悟樂天之戲,蓋謿其種姓不明,取古詩‘皎皎河漢女’也。”“河”借作“何”,猶“何漢子之女”云。又史載,鄭綮好爲歇後詩謿譏時事,乾寧初,帝唐昭宗以爲有所蘊,命以爲相,綮曰:“歇後鄭五作宰相,時事可知矣。”按:顏延年《赭白馬賦》:“王于興言。”注云:“王于興師,興言出宿。”當卽歇後詩之濫觴。

0943 唉音哀　驚問聲。《管子·桓問篇》:“禹立建鼓于朝而備訊唉。”又歎聲。《史記·項羽紀》亞父曰:“唉!豎子不足與謀。”又譍聲。《莊子·知北游篇》狂屈曰:“唉。予知之。”又因飽抒氣作聲,見《廣韻》。按:“唉”“欸”同一字。

0944 欸乃　“欸”亦讀上聲。肩夫一聲“欸”,一聲“乃”,或自相應,或兩相應,卽此。本棹船歌。朱子辨“欸乃”云:“‘欸乃’,棹船相應聲。‘欸’音靄,‘乃’音襖。近日倒讀之,誤矣。”“欸”左旁從“矣”,不從“㠯”。“㠯”俗“款”字。

0945 嗑谷盍切,音閤　笑聲。《莊子·天地篇》:“折楊皇荂,則嗑然而笑。”

0946 **咄** 當没切,音敦入聲 《正字通》:“汾晉之間,尊者呼左右曰‘咄’,左右必諾。”司空圖《休沐記》用之,即《東方朔傳》註云:“咄,叱咄之聲也。”《珠林》:“岳山廟一竈甚靈,和尚以杖擊云:‘咄!只是泥土合成,聖從何來?’”

0947 **娑** 匍行曰“娑”,亦作“蹳”、作“蹣”,音“盤”,呼若勃蘭切。今京師呼盤亦如之。司馬長卿《子虛賦》:“娑姍勃窣俱匍匐也,上乎金隄。”

0948 **頓** 胃頓也,頓積也。沈約撰《宋書》,宋世祖孝武、太宗明帝諸鄙瀆事。齊主曰:“孝武事迹不容頓爾。我昔經事明帝,可思諱惡之義。”[1]

0949 **清閒** 《前漢·循吏傳》:“龔遂曰:‘願賜清閒竭愚。’”嵇叔夜《琴賦》:“密微其清閒[2]。”

0950 **寒溫** 謂酬應非要語 王獻之與操之詣謝安,兄多言俗事,獻之寒溫而已。

0951 **隆重** 晉桓謙曰:“楚王桓玄勳德隆重。”任彦昇《薦士表》:“臣位任隆重。”

0952 **周折** 言周到曲折也,即周旋、折旋意。作“嫠屋”亦通。山曲曰嫠,水曲曰屋。西安府有嫠屋縣。

0953 **望 夢** 呼若“茫”去聲。《釋名》:“望,茫也,遠視茫茫也。”《周禮》:“其澤曰‘望諸’。”疏云:“即宋之‘孟諸’。”古音“孟”,唐讀“芒”,今呼“望”,爲“茫”去聲者,“望”本平、去兩讀。又《呂氏春秋》“望諸”爲“夢諸”[3],“夢”亦叶“茫”去聲。見《道藏歌》。故今亦呼“夢”作“茫”去聲。

0954 **白** 白之爲言素也,空也。《管子》:“擊毆衆白徒。”謂空有徒卒名也《乘馬篇》。《漢書》:“非周公致白屋之意。”《蕭望之傳》。《新序》:“叔向曰:‘趙武舉士於白屋下。’”言以茅苫屋,無閥閱之壯麗也。《漢書》:“聞

---

① 引文見《南齊書·王志深傳》。

② 微,《嵇中散集》卷二《琴賦》作“微微”。

③ 夢,《呂氏春秋·誠廉》作“孟”。

之白衣，戒君勿言。”《兩龔傳》又“白衣尚書鄭均”。《南史》“白衣宰相陶弘景”。《唐書》：“衣黃者聖人肅宗，衣白者山人李泌。”言布衣而無青、綠、朱、紫之華也，可謂之“白身”，卽《北史·李敏傳》云“白丁”、《魏書·食貨志》云“白民”也。乃俗稱“破靴白頸”，謂白身而彊項者，不知何本。《路史》：“羿以善射，去下地之百難此帝嚳時之羿。”注云：“百難，兇頑之人。”豈易“百難”爲“白頸冢魚”之誤歟？抑“愎頸”而非“白頸”？猶“識別字”之言“識白字”，音近沿訛未可知。又語云“白腳皁”，詬所業無根柢者，不知何義。殆皁隸所服通體皆皁，彼託爲皁以威人者，實未皁歟？是卽今之“白役”。例固禁之，並非北齊及唐之“白”直比矣。

嘗閱《唐·劉晏傳》：“稅外橫取謂之‘白著’。”《春明退朝錄》：“世人謂酒酣爲‘白著’。言刻薄之後，人必顛倒酩酊，如飲者之著也。”予竊謂父母斯民者，橫征暴斂，觀此可以爲警也。又唐德宗時，以宦者爲宮市使，置白望數百人白望者，使人於市中左右望，而白取其物，不還本價也，抑買人物，人將物詣市，至有空手而歸者。每勑使出，雖沽漿賣餅之家，皆撤業閉戶。予復歎，後世官署中出市外物，往往限以官價，必折其本，猶“白望”之遺也。亦殊非善政矣。

漢景帝時，白頸烏與黑烏群鬭。楚國白頸墮水死者數千，時楚王戊謀反敗，爲越人斬。是白頸烏固倔彊者。

0955 偖　僞物曰“偖”，亦作“賮”，通“鴈”。《韓非子》：“齊伐魯，索讒鼎。魯以其鴈往，齊人曰：‘鴈也。’魯人曰：‘眞也。’”

0956 溲出　畫龍　兒童小遺於褲曰“溲音搜出”。“溲”呼如“尸”，卽尿音鳥去聲。□□宋將郭某自比諸葛。屏風便面皆書“三顧頻煩、兩朝開濟”二語。及敗於江上，倉皇涕泣而匿。時人謂之“尿汁諸葛”。兒童睡熟遺尿，謿之曰“畫龍”。明成、弘間，李文安公傑，字世賢，夫人某氏，少患遺溺，輒夢兩宮人捧溺器至兩旁，畫龍鳳。迨公晉禮部侍郎，贊皇太子婚禮，夫人入賀，適小遺甚急，作窘狀。皇后詰之，以直告，遂命兩宮人引至一處，以龍鳳溺器進,恍如夢中。後遺溺遂止。事載王應奎《柳南隨筆》。

0957 濾　音"慮",澄也。唐白行簡有《濾水羅賦》。羅,濾水具,澄之,使水在下,滓在上也。今呼入聲如"力",訛。

0958 矴　矴壩、矴岸之"矴音訂"即此字,錘舟石也,同"碇、磺"。唐孔戣爲嶺南節度使,蕃舶泊步有下磺稅,戣禁絕之。又即濁水矴清之"矴"矴清,或作"淀"。案:"淀"音"電",淺水也,音義俱別。

0959 惡　糞謂之"惡",讀去聲。《前漢·昌邑王傳》:"如是青蠅惡矣。"師古曰:"即矢也。越王句踐爲吳王嘗惡。"蓋古人於"惡"字多讀去聲,物之美惡、情之愛惡,義異音同,故間有叶入聲者,要不專以入聲屬"美惡"、去聲屬"愛惡"。觀《騷經》及漢劉歆《遂初賦》、魏丁儀《厲志賦》,可知其兩音各義。《顏氏家訓》謂"自葛洪《字苑》始",而顧寧人又謂"去入分別,不過分言輕重之間,其實無此疆爾界之別也",則俗以"糞"爲"惡",正此字。

或作"屙音阿"。《傳燈錄》:"屙溺山尿[1]。"金聖歎批《續西廂》有云:"人言屙臭極矣。此並非屙。"然吳語是去聲,當從"惡"字。

0960 欒　楊用脩云:"丸、卵、欒古通。《山海經》'鳳卵'作'鳳丸'。又建木'葉如羅,實如欒'。'欒'即'卵'也。丸形如卵,故梓人伐材謂之'欒削',謂欒削其木丸如卵也。"據此,則今人呼"陰莖"爲"欒"上聲者,即此字上聲,卵之轉耳,不必專指爲"卵"矣。然俱以陰囊言則可。若陰莖,當是"嫪音勞,又去聲"字。呂不韋求大陰嫪毐爲舍人,詐爲宦者以進,後以淫坐誅。故世罵淫曰"嫪毐"。今京師呼"陰莖"爲"嫪子",音若"寥",殆即罵嫪姓大陰無行,因指此物爲"嫪"耳。嫪、欒、卵,俱一音之轉。

0961 蘇　即鬚也。謂散而下垂也。胡三省《通鑑注》:"毛晃曰:'流蘇盤線繪繡之毬,五綵錯爲之,同心而下垂者是也。'"故世以緌頭鬚爲"蘇頭",亦呼鬚髯之"鬚"爲"蘇""盤線"云云,見《海錄碎事》。

---

[1]　尿,《景德傳燈錄》卷九作"屎"。

《丹鉛錄》："古者流蘇,蓋樂器之節。"《周禮》"金鐲節鼓"鄭玄注云："後世合宮懸用之,而有流蘇之飾。"楊氏援引尤詳。

0962 聰音閩　俗呼若紐振切。《禹貢》傳："山桑之絲,其靭中琴瑟之選①。"《詩·將仲子》傳："檀材彊韌,可爲車。"唐張茂昭爲節鎮,頻喫人肉。及除統軍,到京,班中有人問曰："聞尚書在鎮,好人肉,虛實?"笑曰："人肉腥而聰,爭堪喫?"東坡云："黃州定惠院東小山上多老枳木,性瘦韌,筋脈呈露如老人項頸。"

0963 骹　與人不睦曰"骹音鵲"。骹,皮皴起也,又木皮甲錯也。《爾雅》："大而骹楸,小而骹榎。"鄒浩《四栢賦》："木皴骹以龍驚。"亦作"欶"。

0964 皱音穿,入聲　皮破也。俗云"皱傷",即此。

0965 魝　魝　魝吉吊、丘召兩切,高也,不平也,不安也。韓昌黎詩："我亦平行踏魝音傲魝。"世以不肯從衆爲"魝",即此。又語云"魝起",即"魝"字。

0966 扤　物置平處,動不妥貼曰"扤"。揚子《方言》："扤,不安也。"《詩》："天之扤我。"亦作"杌"、作"兀"。"杌隉、臬兀",俱不安貌。司馬長卿《上林賦》"杌紫莖"注云："搖也。""兀"字兩足長短,刖足者爲"兀"。

0967 斀敕角、直角兩切　刺也,舂也。《宋書》："太祖不豫,召晉王屬以後事。左右皆不得聞,遙見帝引拄斧斀地,大聲曰:'好爲之!'"②

0968 贉音萏　《玉篇》："預入錢也。"米芾《書史》："隋唐藏書,金題錦贉。"注云："卷首帖綾。"又謂之"玉池"。楊氏《墐戶錄》："古裝裱卷軸,引首後帖綾曰'贉'。"則今所云"贉"在內者,即此。

0969 門望　門,門第;望,郡望。締婚者,動言門望。富不與貧耦,貴不與賤匹,當其姻婭既定,往來帖式,猶冠郡名以自表。相稱謂處,必加"大

---

① 選,蔡沈《書經集傳》卷二作"絃"。
② 引文見《宋史紀事本末》卷十、《續資治通鑑長編》卷一七。

德望”或“大英望”等語，以致欽崇。至於婦人，雖常時書柬，亦曰“歸某門某氏”，或不書門而書某郡。凡以重門望如是。楊用脩譏：“姓氏書以姓配郡望，甚爲無謂。”並云侯景求婚王、謝一事，江東散亂，職此之由。又引韓顯宗疏曰：“門望者，乃其祖父之餘烈，何益於皇家？苟有才，雖屠、釣可相，奴、虜可將；苟非其才，雖三后之允，墜於皂隸矣。”

鄭樵《氏族略》曰：“三代之前，姓氏分而爲二。男子稱氏，婦人稱姓。氏以別貴賤：貴者有氏，賤者有名。姓以別婚姻。三代之後，姓氏合而爲一，皆所以別婚姻，而以地望明貴賤。”

0970 家道　家貲曰“家道”。陸士衡《百年歌》：“子孫昌盛家道豐。”《顏氏家訓》云：“家道罄窮，何由辦此奉營資費？”與《易》“夫夫婦婦而家道正”不同。

0971 風素　《輟耕錄》載：“孫思邈爲陶隱居通明後身，貞觀元年，應命來見太宗，官之不受，辭歸太白山，風素極類隱居。”

0972 風聞　風採也。《漢書》：“佗尉曰：‘風聞老夫父母墓已壞削。’”

0973 和睦　《孝經》：“民用和睦。”《淮南子》：“角生應鐘，不比於正音，故爲和。應鐘生蕤賓，不比於正音，故爲繆。”《律呂新書》：“變宮變徵，宮不成宮，徵不成徵，古人謂之和繆。”繆卽穆，和也，同睦。趙岐《孟子注》：“君臣集穆。”

0974 務實　《魯論》注：“此不務實，而專務求名者。”《通書》：“實勝善也。□□恥也①。君子進德脩業，孳孳不息，務實勝也。德業有未著，則恐恐然畏人知，遠恥也。”

0975 勤謹　《前漢·食貨志》：“治田勤謹。”

0976 劃一　漢惠帝時，百姓歌曰：“蕭何爲相，較若劃一較一作顯。”

0977 不貳價　子產相鄭二年，市不貳價。陳相云：“從許子之道，則市

---

① 缺文當作“名勝”，引文見周敦頤《周元公集》卷一。

價不貳。"漢韓康賣藥長安市,口不貳價。

0978 便宜　呼入聲,誤。①

0979 簏簌　鹿鹿速速　簏簌,呼平聲,誤。一作"麗鷇"。"鷇"字字書無。又"鹿鹿速速",見石鼓文。

0980 到頭　庾子山詩:"詎不自驚長淚落,到頭啼烏恆夜啼。"賈島詩:"掘井須到流,結交須到頭。"

0981 獨步　曹子建書曰:"仲宣獨步於漢南。"《世説》:"江東獨步王文度。""酴醾"一名"獨步春",見《清異録》,即今之木香。

0982 奇貨可居　秦太子孝文王之子異人莊襄王質於趙,大賈呂不韋適邯鄲,見之曰:"奇貨可居不韋娶邯鄲絕美者,與居有娠,因異人請而獻之,期年而生子政,後爲始皇。"

0983 算無遺策　崔鴻《後趙録》:"張賓爲石勒謀主,機不虚發,算無遺策。"

0984 樂此不疲　漢光武每旦視朝,日昃罷,數引公卿將講論經理,夜分乃寐。太子永曰:"願陛下頤愛精神。"帝曰:"吾自樂此不疲。"

0985 老當益壯　馬援少時,以家用不足,之北地田牧。常謂賓客曰:"丈夫爲志,窮當益堅,老當益壯。"

0986 齩薑呷醋　宋時駕幸臨安後,諸曹口號云:"兵職駕部,齩薑呷醋。"猶言但咬文嚼字也。蓋其時諸曹,惟吏、戶、刑三曹吏胥多饒益耳。

0987 得隴望蜀　漢光武時,潁川盜賊群起,河東守兵亦叛。帝賜岑彭等書曰:"兩城若下,便可將兵南擊蜀虜公孫述。人若不知足,既平隴,復望蜀帝自謂也。"曹操嘗謂:"既得隴右,又欲得蜀。"

0988 阿堵　猶云這物也、若箇也。凡物皆可言之。今度議他人家貲,輒取此二字,蓋專指錢言。本《晉書》王衍事。

---

① "便宜"原與下"簏簌"爲一條。

0989 **家兄　孔方兄**　錢曰"家兄",亦曰"孔方兄",本魯褒《錢神論》。錢稱兄,譏得妙! 因憶焦延壽易占"與福爲兄",幻得妙! 秦宓《遠遊詩》:"虎則豹之兄,鷹則鷂之弟。"其寫兇徒,尤謔得妙!《莊子·天地篇》:"若然,豈兄堯舜之敎民,溟涬然弟之哉?"以兄弟代尊卑也。《淮南·俶眞訓》"槐榆與橘柚,合而爲兄弟",《抱樸子·尚博篇》"文章爲德行之弟",俱新。

0990 **臭錢**　漢崔烈因傅母宫中阿保入錢五百萬,得爲司徒。問其子以外議何如,子曰:"人嫌大人銅臭耳。"

0991 **守錢虜**　馬援少時之北地田牧,有畜數千頭,穀數萬斛,歎曰:"凡殖財產,貴其能賑施也。否則,守錢虜耳。"遂盡散於親舊。

0992 **輕欺**　杜詩:"最愛輕欺杏園客,也曾辜負酒家姬。"[1]

0993 **註誤**　《□□列傳》:"註誤人主,無若此者。"[2]漢文帝詔曰:"濟北王背德反上,註誤吏民。"

0994 **小康**　溫飽之家曰"小康康,昌盛也,安樂也"。《大雅》:"汔可小康。"《禮運》:"在埶者,去衆以爲殃,是謂小康。"《新書》:"五歲小康,十歲一凶。"

0995 **中落**　唐李襲譽謂諸子曰:"吾性不喜財,家故中落。"

0996 **鎪鏤　離灑**　曰"鎪鏤",曰"離灑所宜切"。王子淵《洞簫賦》:"鎪鏤離灑。"

0997 **拉颯**　晉孝武帝太元末童謠云:"黃雌雞莫作雄父啼,一旦去毛衣,衣被拉颯栖。"

0998 **釘鈴瑞琅**　形容音響曰"釘鈴瑞琅"。李長吉《沙路曲》:"珮馬釘鈴踏沙路。"鈴驛名"金琅瑞",其響"琅瑞"。"瑞琅"蓋倒言之。又闌珊錯落曰"琅瑞"。唐玄宗幸蜀,至上亭驛保寧府梓潼縣,聞鈴,左右云:"似言

---

[1]　引文爲元稹《贈崔元儒》,"姬"原作"胡"。
[2]　缺文當作"張儀"。若,《史記·張儀列傳》作"過"。

三郎琅璫。”故又名“琅璫驛”。亦作“郎當”。楊大年《傀儡》詩：“鮑老當筵笑郭郎，笑他舞袖太郎當。若教鮑老當筵舞，轉要郎當舞袖長。”

0999 獵音蠟**若** 王子淵《洞簫賦》：“獵若枚折。”注云：“折物聲也。”

1000 礔礰 張平子《西京賦》：“礔礰激而增響。”

1001 炭 燒言“炭”，蓋焦之也。楊用脩曰：“《舊唐書·吐蕃傳》：‘百里一驛，有急兵，驛人臆前加銀鶻。’今雲南邊夷有兵馬聲息，文書上插雞毛、火炭，亦古羽書之遺意。火炭，示火急也。”

1002 看 凡貯物之具，物將盡，必嗇稍許以看之，蓋看守而取不乏絕之義。《晉書》[1]：“阮孚持一皂囊游會稽，客問囊中何物，曰：‘但有一錢看囊，恐其羞澀耳。’”杜子美詩云：“囊空更羞澀[2]，嗇得一錢看。”

1003 無立錐地 《荀子·非十二子篇》：“無置錐之地，而王公不能與之爭。”《韓子》：“舜無置錐之地於天下而德結。”《留侯世家》：“秦滅六國之後，使無立錐之地。”

1004 四面受敵 《管子·國蓄篇》：“壤正方，四面受敵，謂之‘衢國’。”《張良傳》：“雒陽四面受敵。”

1005 家賊 《論衡》：“宋華臣使家賊六人以鈹殺華吳。”《通鑑正編》：“慶緒安祿山子遣閹豎李狗兒執刀入帳中[3]，斫祿山腹。祿山捫枕旁刀，不獲，撼帳竿曰：‘此家賊也！’腸已流出數斗，死。”

1006 做賊 《世說》：“王大將軍敦往石崇廁，脫故衣，著新衣，神色傲然。群婢相謂曰：‘此客必能作讀做賊。’”

1007 一概 《屈原傳》：“同糅玉石兮一概而相量。”《淮南·泰族訓》：“方指所言，而取一概焉。”

1008 剸木 吾鄉建屋，先擇吉日，鳩匠規木，鋸齊大段曰“剸木”。剸

---

① 引文見《韻府群玉》（卷六）七陽“一錢囊”。

② 更，杜甫《空囊》作“恐”。

③ 狗，《資治通鑑·肅宗至德二載》作“豬”。

音“團”。《韻會》：“裁也。《廣韻》：‘截木也。’”亦通“劗”。《說文》：“齊
也。”故又稱“齊木”。俗作“斷木”，非。《文王世子》：“其刑罪則纖剸。”《論
衡》：“求吉日出詣吏，劗罪。”宋楊時令餘杭，不爲煩苛，臨事剸裁，未嘗形之顔色。

　　1009 草鎮　小鎮稱“草鎮”，猶“草市”也。元微之序《白氏長慶集》
云：“予嘗於平水市中，見村校諸童競習詩。召而問之，皆對曰：‘先生教我
樂天、微之詩。’固亦不知予之爲微之也。”自注：“平水，鏡湖旁草市名。”見
張淏《會稽續志》。李嘉祐詩：“草市多樵客，漁家足水禽。”按：此亦微之一平
生大快事，旗亭畫壁何以過此？

　　1010 市井　《詩序》：“歌舞市井。”《孟子》：“市井之臣。”《劉寵傳》：
“有白首不入市井者。”《玉篇》：“穿地取水，伯益造之。因井爲市。”師古
曰：“市，交易之處；井，共汲之所。因井成市，故名。”張守節曰：“聚井汲水，
便將貨物於井邊貨賣，故言‘市井’。”據《風俗通》：“市者，恃也，養老少恃
以不匱也；井者，至市之人，先於井上洗濯其物，乃到市也。”此說似分市、井
兩處。按：《內經》：“譬猶渴而穿井。”則黃帝時已有井《世本》亦云“黃帝穿
井”。

　　1011 伴和　《本草》載：“降眞香出黔南，伴和諸雜香燒，烟直上天，召
鶴得盤於上。”“伴”俗誤作“拌”。“拌”音“潘”，捐棄也。亦音“盤”上聲。

　　1012 發覺　《前漢》：“反者公孫勇、胡倩發覺，皆伏辜。”

　　1013 購求　楚將季布屢窘辱帝漢高，羽滅，帝購求之。

　　1014 躲避　《珠林》：“昔一鴿被鷂所逐，卽往舍利佛肩躲避。”《六度佛
經》云“菩薩爲鴿王”。

　　1015 暗中摸索　唐許敬宗見人多忘之，或謂其不聰，曰：“卿自難記，若
遇何、劉、沈、謝，暗中摸索亦可識謂何遜、劉孝綽、沈約、謝朓。”

　　1016 狐假虎威　本《國策》江乙謂楚王語。沈休文《恩倖傳》：“鼠憑社
貴，狐藉虎威。”

　　1017 吹毛求疵　《韓子》曰：“古之人君大體者，不吹毛而求小疵。”漢

武帝議摧抑諸侯王,奏其過惡,吹毛求疵。

1018 以一警百　漢宣帝時,尹翁歸爲東海太守,吏民賢、不肖各有記籍。披籍取人,以一警百,吏民皆服。

1019 物故　《劉向傳》:“物故流離。”宋祁謂:“物音‘歿’,古人之借用也。”

1020 風化　几蓬氏之世,其死也槀骭風化,見《因提紀》。

1021 故事　《國語》魯侯曰:“君作故事。”[①]凡書所稱“故事”,皆前事之謂。

1022 大頭 頢頭　受人給弄,不惜所費曰“大頭”,亦曰“頢音吾頭”,不知義何所取。“頢”卽大頭也。羅長源曰:“長短頢頭,百疾皆起。”《呂覽》作“頢䩓”。

1023 甕鼻　王充《論衡》云:“鼻不知香臭爲‘甕’。”[②]崔鴻《後趙錄》:“王謨甕鼻。”言不清暢,又作“齆音甕”。《埤雅》語云:“蛇聾虎齆。”

1024 皶鼻　俗以赤鼻爲“皶莊加切,音渣,俗作皻、齄鼻”,酒皶鼻也。《黃帝·素問》:“勞汗當風,寒薄爲皶。”《宋書》南北朝:“子業廢帝入太廟,指世祖像曰:‘渠大皶鼻,如何不皶?’立召畫工皶之。”俗呼如“糟”,非。柳子厚詩:“饒醉鼻成皶。”

1025 鼻涕　《三寶記》:“齊文宣臨死患惡疾,不勝楚痛。命劉桃枝背負而行,鼻涕淋漓。”

1026 重聽　黃霸守潁川,長吏許丞老病聾。督郵欲罷之。霸曰:“許丞廉吏,尚能拜起送迎,重聽何妨?”

1027 瞎子　《晉書》:“苻洪子健嗣僭稱帝,據長安。子生一目,童時,洪戲之曰:‘吾聞瞎兒一淚,信乎?’侍者曰:‘然。’生怒,引佩刀自刺出血,

---

① 《文選》李善注《西京賦》引。
② 甕,《論衡·別通篇》作“癕”。

曰：‘此亦一淚也。’”

1028　一面之識　宋哲宗時，范純仁乞歸養。帝每見輔臣曰：“范純仁得一識面足矣。”

1029　一面之交　崔寔曰：“且觀世人之相論也，徒以一面之交，定臧否之決。”

1030　歆讀如蒿　呼，使出氣也。俗云“歆口氣”，即此。班孟堅《寶鼎詩》：“吐金景兮歆浮雲。”注云：“氣上出貌。”

1031　欷呼合切　俗云“欷氣味”，即此。班孟堅《東都賦》：“欷野歆山。”張平子《西京賦》：“欷豐吐鎬。”左太沖《吳都賦》注：“朱崖海中有渚無泉，有大木，斬其汁欷之。”故世俗往往“飲”亦稱“欷”。

1032　能　語助有曰“能”，如云“若箇能”，非也，“馨”之訛。晉人語助多有之。“寧馨兒、正自爾馨、冷如鬼手馨”之類是也。“寧馨、爾馨”俱猶云“那樣”。又劉尹云“如馨地、如馨”作“如此”解。

1033　若箇　似箇　少陵云：“長安若箇邊。”謫仙云：“愁來似箇長。”亦唐人詩中常見者。

1034　魄　物之墮地聲曰“魄音泊，又粕”。《史記·周本紀》：“有火至於王屋，流爲烏，其色赤，其聲魄。”注云：“魄然，安定意。”

1035　摽　攭　曰摽普參切，曰攭弼角切，又音百，擊聲也。張平子《西京賦》：“流鏑摽攭。”注云：“中聲也。”

1036　跋剌音辣　響著實也。李太白詩：“雙鰓呀音牙，張口貌呷呼甲切，吸而飲也鬐鬣張，跋剌銀盤欲飛去。”

1037　挺挏　上下不休聲。《淮南·俶眞訓》：“撣挍挺挏，世之風俗。”

1038　硑磅　司馬相如《上林賦》：“硑磅訇磕。”

1039　磅硠　張平子《思玄賦》：“伐何鼓之磅硠。”

1040　鴻瓏　聲貌。李長吉詩：“鴻瓏數鈴響，羈臣發涼思。”

1041　和囉　王子淵《洞簫賦》：“行鍖鉦以龢囉。”注云：“聲迭蕩相雜也。"

　　1042 轣轆　紛忙振動聲也。《博雅》："車軌道謂之轣轆。"楊子《方言》："繀車,趙魏之間謂之轣轆。"

　　1043 轂轆　與"轣轆"聲相似。唐譚用之詩："黃金轂轆釣魚車。"又云："轂轆魚車響釣船。"

　　1044 醉醺醺　張平子《東京賦》："君臣歡樂,具醉熏熏。"

　　1045 酩酊　事到極處曰"酩酊"。□□飲酒至于醉也。

　　1046 發酵　起酵　麵有曰"發酵古孝切",亦曰"起酵"。《南齊書》："永明九年正月,詔太廟四時祭,薦起麵餅。"注："起麵,今之發酵也。"按:發酵麵又謂之"輕高麵",見韋巨源《食單》。

　　1047 蒲萄　蒲呼若"勃"。白樂天詩："燕姬酌葡萄。"讀入聲。

　　1048 點心　《輟耕錄》引："唐鄭傪爲江淮留後,家人備夫人晨饌,夫人顧其弟曰:'治粧未畢,我未及餐,爾且可點心。'"

　　1049 畫餅充飢　魏明帝詔盧毓曰："選舉勿取有名,如畫地作餅,不可啖也。"

　　1050 望梅止渴　曹操行軍至含山,軍士皆渴,因指山上梅林,渴遂止。

　　1051 鞓音汀同鞮**帶**　皮帶也。李長吉詩："金魚公子夾衫長,密裝腰鞓割玉方。"《夢溪筆談》："海上有一船,桅折抵岸,三十餘人如唐衣冠,紅鞓角帶。"

　　1052 不脩邊幅　《漢書》[①]："馬援謂公孫述,脩飾邊幅,如偶人形。"《晉書》[②]："簡文爲撫軍時,所坐牀生塵,不命左右拂之,見鼠之行跡,反以爲佳。"其不脩邊幅如此。

　　1053 衣要新好,人要舊好　竇玄妻《古怨歌》："衣不如新,人不

---

① 引文見《後漢書·馬援傳》。
② 引文見《世說新語·德行》。

如故。”

1054 千里做官，只圖喫著　魏文帝詔群臣：“三世長者知被服；五世長者知飲食。”錢穆父云：“三世仕宦，纔曉得著衣喫飯。”

1055 豆芽弗好做柱，丫頭弗好做主　諺云：“豆芽弗好做柱，丫頭弗好做主。”《漢書》：“成帝欲立趙婕好爲后，劉輔上言：‘里謠曰：腐木不可以爲柱，卑人不可以爲主飛燕本陽阿公主家歌舞者，漢成帝悅之，召入宮。’”

1056 鄉戶夫妻，一步不相離　諺云：“鄉戶夫妻，一步不相離。”“相”呼如“失”。白樂天詩：“爲問長安月，如何不相離。”注云：“‘相’音思必切。”諺見明人書。

1057 笑罵從他笑罵，好官須我爲之　宋鄧綰以上書阿附新法進身，有是語。

1058 忠臣不事二君，烈女不更二夫　齊蓋邑人王歜語，見《說苑》。

1059 三寸舌害著七寸身　唐許敬宗嘗荅太宗曰：“諺云：‘人生七尺軀，畏此三寸舌。’”

1060 事無不可對人言　司馬溫公嘗自言：“吾無過人者，但平生所爲，未嘗有不可對人言者耳。”

1061 欲人勿知，莫若勿爲；欲人勿聞，莫若勿言　見《說苑》。

1062 比上不足，比下有餘　張茂先《鷦鷯賦》：“將以上方不足，而下比有餘。”

1063 名不虛傳　《魏志》：“太祖時禁酒，徐邈私飲沈醉，趙達問以曹事，曰：‘中聖人。’達以白太祖，怒甚，由是得罪。文帝踐阼，問曰：‘頗復中聖人否？’對曰：‘不能自懲，時復中之。然宿瘤以醜見傳，臣以醉見識。’帝大笑謂左右曰：‘名不虛立。’”宿瘤，齊東郭女也。閔王出獵，觀者如堵，女採桑不顧。王召之曰：“奇女也，惜哉宿瘤！”女曰：“婢妾之職，慎德勤事，苟稱任使，宿瘤何傷？”王聘爲妃，齊大治。

1064 談何容易　見東方曼倩《非有先生論》。

1065 老生常談　何晏謂管輅："試作一卦，至三公否？"輅曰："願君侯哀多益寡，非禮不履，然後三公可決也。"鄧颺曰："此老生之常談。"輅曰："老生者見不生，常談者見不談。"後司馬懿果殺何、鄧等。

1066 開卷有益　宋太宗勤讀書，詔史館脩《太平御覽》一千卷，日進三卷。宋琪以勞瘁諫[1]，帝曰："開卷有益，不爲勞也。"

1067 手不釋卷　《吳志》："步騭字子山，孫權稱尊號。代陸遜爲丞相，誨育門生，手不釋卷。"

1068 陪堂　伴讀　曰"陪堂"，曰"伴讀"。元武宗定國子生爲三百人，仍增陪堂生二十人，通一經者以次補伴讀。

1069 理領　《釋名》："令，領也。理領之，使不得相犯也。"

1070 代庖　《莊子》："庖人雖不治庖，尸祝不越樽俎而代之矣。"

1071 白面書生　崔鴻《後燕錄》高陽王隆曰："溫詳之徒，皆白面書生，烏合爲群。"《宋書》沈慶之曰："治國譬如治家，耕當問奴，織當訪婢。今欲伐國，而與白面書生輩謀之，事何由濟？"

1072 唾面自乾　唐史[2]："婁師德教弟耐事，弟曰：'人有唾面，潔之乎？'師德曰：'潔之是速其怒也，當使自乾耳。'"

1073 汗流浹背　漢文帝問右丞相周勃曰："天下一歲，決獄幾何？"勃謝不知。又問："一歲錢穀出入幾何？"又謝不知，惶愧汗出浹背。曹操以事入見殿中，獻帝不任其憤，操出，顧左右，汗流浹背。

1074 負荊請罪　自認過也。藺相如位在廉頗之右，頗曰："我見相如，必辱之。"相如每望見避匿，謂其舍人曰："以秦王之威而廷叱之，辱其群臣，獨畏廉將軍哉？顧強秦之不敢加兵者，以吾兩人在也。兩虎共鬭，其勢不俱生，吾所以爲此者，先國家也。"頗聞之，肉袒負荊，至門謝罪，遂爲刎頸之交。

---

① 琪，當作"琪"。

② 引文見《新唐書·婁師德傳》。

1075 各爲其主　《正編》:"張儀教靳尚謂楚幸姬鄭袖曰:'秦將以六縣及美女贖張儀,王重地尊秦,秦女貴而夫人斥矣。'於是袖泣于王曰:'臣各爲其主耳。今殺儀,秦必大怒。'"

1076 破釜沈舟　楚次將項羽引兵渡河,沈船破釜,持三日糧,以示士卒心必死。與秦軍九戰,大破之。

1077 膽大心細　本孫思邈云:"膽欲大,心欲小。"而孫又本於《文子》云:"心欲小,志欲大。"

1078 斬草除根　《唐書》:"張柬之、桓彥範誅張易之昌宗,而不殺三思。崔季昶曰:'去草不除根,終當復生。'"

1079 有志竟成　漢光武謂耿弇曰:"將軍前在南陽,建此大策,常以落落難合疏濶之言不相合,有志者事竟成也。"

1080 剩箇塔尖　事將成曰"剩箇塔尖"。五代唐史[①]:"李崧曰:'宜得一重臣鎮太原,非石敬瑭不可。'晉祖深德之,曰:'爲浮屠者,必合其尖。'"石敬瑭繼唐而有天下,國號晉,故曰"晉祖";德之者,欲崧始終成就己事也。

1081 成大事者不惜小費　劉晏云:"論大計者,不可惜小費。"

1082 識時務者俊傑　劉備訪世事於司馬徽,徽云:"識時務者,在俊傑。此間有伏龍、鳳雛。"備問誰,曰:"諸葛孔明、龐士元也名統。"

1083 天下無敵手　李全寇揚州,宋趙范、趙葵擊之,大敗,碎其屍,遂薄淮安。全妻楊氏曰:"二十年梨花鎗,天下無敵手。今事勢已去,撑住不行。"遂絕淮而去宋理宗時。

1084 英雄無用武地　曹操將順江東下,諸葛亮請救於孫權,曰:"操破荆州,劉豫州英雄無所用武。"

1085 武藝　《十六國春秋》:"燕公斌、彭城公遵,並有武藝文德。"

1086 兒戲　漢文帝勞軍至細柳營周亞夫,曰:"嗟乎! 此眞將軍矣。曩

---

① 引文見《新五代史・李崧傳》。

者霸上劉禮、棘門徐属,眞兒戲耳。"

1087 聚精會神　王子淵《聖主得賢臣頌》:"聚精會神,相得益彰。"

1088 福至心靈　史炤《通鑑》疏引諺語。

1089 不服藥爲中醫　《漢書》:"有病不治,常得中醫。"

1090 人生五十不爲夭　《諸葛亮集》載《先主遺詔勑後主》曰:"人五十不稱夭年。"

1091 人生七十古來稀　杜老句也。白公詩亦云:"年開第七秩,屈指幾多人。"蓋時年六十二元日作,故云"開"。十年爲一秩。

1092 一旬　十年爲一旬。樂天《呈夢得》詩:"且喜同年滿七旬。"自注:"予與夢得俱得七十。"

1093 出處不如聚處　《管子·輕重甲》:"道若祕云,物之所生,不若其所聚。"

1094 一遭人情兩遭例　卽《管子·侈靡篇》"一爲賞,再爲常,三爲固然"意。

1095 節足　形容人語之殷勤曰"節足",蓋鳳凰鳴也。《宋·符瑞志》:"雄鳴節節,雌鳴足足。"王仲任曰:"《禮記·瑞命篇》云:'雄鳴曰卽卽,雌鳴曰足足。'"

1096 謵詻　壁剝　謵詻,俗呼"謵"若"擠",蓋殷勤瑣語之謂。壁剝,敲竹木聲。唐盧延遜詩:"樹上謵詻批頰鳥,窗間壁剝叩頭蟲。"

是編初稿，隨手雜錄。自戊戌仲冬迄今辛丑孟夏，因積帙漸夥，子弟輩都欣覽之。遂區書、詩、事、語爲四卷，聽慫慂開雕。惟念徵引事實宜簡毋繁，而在溯其最先。予譾陋，但就所見擇書一二，偶有未能割愛者，稍廣之不幅，幸博雅君子指所未逮焉。後續有得，當次以卷幾之幾，聯爲一編云。琢如書。

常語尋源

涇縣鄭志鴻緝著

昔臧希讓强引古言，所聞多得自道途，發必差謬，士林笑之。此用古語而不探源之過也。鄭君遜齋作《常語尋源》十冊，一字一句，攷據確鑿，俾口頭習誦之語，悉知其來源所在。雖徵引無多，未嘗非益智饋貧之一助。且使學者知常語尚須尋源，讀古人書烏可茫然不求其解，致貽誤改金根之誚哉？

　　　　　　　　　　　丙子春月，穆堂氏鮑源深書

題　詞

人不經心獨運心，言言語語費推尋。

惜無李泌牙籤富君云先世書籍兵燹後無一存者，賴有邊韶腹笥深。

左右相逢眞自得，異同兼訂孰知音？

家風攷據承通德，津逮還期遍士林。

奉新余紹昶小欄

不作黃粱夢，知君抱古心君以屢薦不售，年未四旬卽絕意進取。

文章憎命達用杜句，稽攷見功深。

勝食回甘果，如聽別調琴。

茫茫歎學海，願授指南鍼丙子春，余延君授兒子讀。

清芬頌先德謂尊甫邵園先生，家學證淵源。

自笑風塵吏，相親道義藩。

謙懷若虛谷君初不欲出而問世，以同人慫慂，始付手民，儒業尚專門。

高紀陳編在宋高承撰《事物紀原》，國朝陳元龍撰《格致鏡原》，二書大指於一事一物，必攷索緣起，亦尋源之意也，名應鼎足尊。

善化賴昌期際雲

丹鉛點勘寸心殫，語要尋源意始安。

本爲閒居消歲月君云甲戌乙亥間賦閒無事，凡九閱月而成此，從教文海助波瀾。

徵求必確談何易？雅俗咸宜制頗難。

祕笈亟應壽棃棗，行行珠玉共人看。

陽城盧廷粲荀三

元元本本纂精詳，俚語方言並棄將。
何所聞之聞有自，雕龍炙輠不荒唐。

遮莫窮愁盡作詩，君於詩外有餘思。
餘思直自心源導，讀此心同飲水知。

今古茫茫幾作家，從知學海浩無涯。
看君探到發源處，不用張騫萬里槎。

無稽言本戒人聽，尋得源頭等註經。
從此人人都解道，問奇休向子雲亭。

桐城方家駒午橋

一日與客燕談，客隨口引古語，詢以出處，客茫然也，余亦未之知也。因念今人談說，罕譬指事引證，以至鄉井能道之言大率都有來歷者，言之而弗知之，可乎？余思歸不得，寓居無所營，不自知其不文，欲舉尋常語言，一一討其出處。窮搜冥索，而終苦無書，故所得僅千有奇而止。前客見而欣然曰：“昔人謂杜詩、韓文‘無一字無來歷’，子成是編，始知常語亦無一句無來歷者，洵藝林快事哉！將奚以名？”余曰：“昔漢武命張騫尋河源，騫得見源與否，無可攷證。余亦惟尋常語之源耳。或尋而得與弗得，或源之前仍有源，難殫詰矣。且余本下士無名者，又奚必名是編？”客曰：“然則卽以‘常語尋源’名之可矣。尋而得之者具在也，縱尋而弗得，姑徐徐尋之，或遲之，久而忽焉得之，未可知也。則茲編又爲尋源之先導也已。”余笑曰：“諾。”敝帚之享耶？抑覆瓿之需耶？第恐爲人取以覆瓿，似不如爲敝帚之享也。皆乙亥嘉平月既望，涇川鄭志鴻自敘於并門客舍。

例　言_{計十則}

一、是編都係常語。凡語涉于太文及泛而無專屬者，概不錄。

一、所徵引多出經、史、子、集及釋典、百家、雜出之書。近見有註釋引《西廂》《水滸》者，殊非大雅，未敢學步。

一、所引之語與常語或意合而語殊，或語同而義異者，恐別有出處，未便據以爲實，故先書“未詳”二字，而後引其語。

一、卷端大字俱從常語，下注小字必從原文。其太繁者，略爲節之。有原文三兩字而爲常語一句所本者，閱者自能會之。

一、四子書及《詩》《書》《易》《禮》等經，人人能讀能記。如四書之“從井救人、一毛不拔”，《易》之“夫妻反目、資斧”，《書》之“滿招損、牝雞司晨”，《詩》之“人言可畏、螟蛉子”，《禮》之“雷同、差之毫釐謬以千里”等語，常在口頭，若一一錄之，未免輕諒他人，則吾豈敢？故凡出以上各經者，概不贅列。

一、常語大率出自文人學士口中者居多，若婦孺及市井能言者，秖十之二三焉。至里諺、方言不見載籍，卽不能達。是編雖云常語，而頗愼於擇言。

一、自唐堯迄今四千年來，古人語言從何記起，而開口便有、搖筆卽來者，習見、習聞方爲常語。是編誠知掛漏不少，愚者一得，姑具於斯。

一、上下兩卷分爲十冊，惟四字者最多，故依詩韻次之。其三字、五字者，略用集古體以意編之，旣便查閱，亦易於默識。

一、故園書籍，悉化烽煙，僑寓他鄉，何來書本？借人閱肆，勢又不能。編內有不知出處若干條，有恍惚記憶而無書可檢者若干條，止列其語，註從闕文，俟博雅君子之補綴焉。

一、所徵引事實語言，有此書所載與某書小異者，亦有人名相歧者，莫知所從，惟求其是。至于淮雨別風，誠恐不免。倘蒙鑒別而更正之，則幸甚矣。

遜齋氏再識

總　目

---

①　癸冊實際一百零五條。

常語尋源卷上

涇縣鄭志鴻　緝著

甲　冊

1097 天賜　《左·僖公廿三年》:"晉文公出亡,過衛,乞食于野人。野人與之塊,公子怒,欲鞭之,子犯曰:'天賜也。'稽首,受而載之。"

1098 風聞　《漢書》:"南越王趙佗曰:'風聞老夫父母墓已壞削。'"《晉書》:"顧和語王導曰:'明公爲政,寧使網漏吞舟,何緣采聽風聞,以察察爲政耶?'導稱善。"

1099 土著　《漢·張騫傳》:"身毒國在大夏東南,其俗土著。"注:"土著,謂有城郭常居,不隨畜牧移徙。"又鼂錯曰:"不農則不地著,不地著則離鄉輕家,民如鳥獸。"著音酌。

1100 玉成　宋張載《西銘》云:"富貴福澤,將厚吾之生也;貧賤憂戚,庸玉汝於成也。"

1101 跨竈　《天祿識餘》:"《海客日談》曰:'馬前蹄之下有凹處,名竈門。馬之良者,後蹄印痕反過於前蹄。故子勝父曰跨竈。或曰:竈上有釜,釜字上從父,跨竈者,越父也。殆爲强說。'"

1102 添丁　《唐·盧仝傳》[1]:仝生子命之曰添丁,欲爲國執役也。迨甘露之變,仝髮禿,於腦後加釘焉,人以爲命名之兆。

1103 納粟　《漢書》鼂錯疏曰:"今募天下之人,入粟于邊,以受爵免罪。不過三歲,塞上之粟必多矣。'詔從之。"

1104 落成　《左·昭公七年》:"楚子成章華之臺,願與諸侯落之。"注:"宮室始成,祭之曰落。"

---

① 事見《唐才子傳·盧仝傳》。

1105 賞鑒 《法書苑》[①]：“唐太宗學虞世南書，每難于戈法。一日作‘戩’字，召世南補寫其戈，以示魏徵。徵曰：‘仰觀聖作內，戈法逼眞。’帝賞其精鑒。”由一人言曰“鑒賞”，由兩人言曰“賞鑒”。

1106 調停 《宋史》：哲宗元祐五年，元豐、熙寧間小人借京輩起邪說，以搖在位。呂大防、范純仁欲引用其黨，以平夙怨，謂之調停。蘇軾不可[②]。

1107 孤注 《宋史》：眞宗用寇準言，親征契丹。事定後，王欽若於上前譖準曰：“臣聞：博者輸錢欲盡，乃罄所有出之，謂之孤注。澶淵之役，準以陛下作孤注，亦甚危矣。”

1108 勞薪 晉史[③]：“武帝賜荀勗食，進飯，勗曰：‘此勞薪灼也。’問之，果用故車腳所爨。”師曠識勞薪，易牙辨淄澠。

1109 冷笑 《北齊·崔瞻傳》：“詔議三恪，瞻別立一議。魏收讀之，笑而不言。瞻曰：‘何容讀國士議文，直此冷笑？’”

1110 效顰 《襄陽記》：“劉季和謂張坦曰：‘我何如荀令君？’坦曰：‘古有西施，偶捧心顰眉，見者皆以爲美。其鄰醜婦有東家施者，效之，見者皆走。公欲下官遁走耶？’”

1111 落拓 揚雄《解嘲》：“意者玄得無尚白乎？何爲官之拓落也？”按：今俗言“落拓”，本揚文而倒其字耳。王鳳洲謂“酈生家貧落魄”，魄音拓。未知何據。

1112 斬新 杜甫詩：“斬新花蕊未應飛。”禪家有“斬新日月”之說。

1113 宅相 《晉書》：“魏舒少爲外家甯氏所養。甯起宅，有相宅者曰：‘當出貴甥。’舒自負曰：‘當爲外氏成此宅相。’後官至司徒。”

1114 冰人 《晉書》：“令狐策夢立冰上，與冰下人語。索紞占之曰：‘冰，陰象也，爲陽語陰，媒介事也。冰泮而昏成。’會太守田豹因策求張氏

---

① 引文見《宣和書譜》卷一《唐太宗》。

② 蘇軾，當作“蘇轍”，見《宋史·蘇轍傳》。

③ 引文見《晉書·荀勗傳》。

女,果仲春成昏。"

1115 方面　《光武紀》:"帝以四縣封竇融爲安豐侯,遣西還所鎮。融以久專方面,懼不自安,上書求代。"《馬融傳》:"方面重寄。"注:"謂四方之一面也。"①

1116 幕賓　《晉書·郗超傳》:"桓溫辟超爲府掾。謝安、王坦之詣溫,溫令臥帳中,聽客語。風動帳開,安笑曰:'郗生可謂入幕之賓矣。'"

1117 攝篆　漢許慎《〈說文解字〉敘》:"秦書有八體。及新莽居攝,使大司空甄豐等校文書之部。時有六書,三曰'篆書',卽小篆也。五曰'繆篆',所以摹印。""攝篆"謂設其印,卽所謂繆篆也。按:今謂署代之官爲"攝篆",是攝政之攝,非此義矣。

1118 卽眞　《漢書》:"韓信使使言漢王曰:'齊,反覆之國。南邊,楚請爲假王以鎮之。'漢王大怒。張良、陳平躡王足,附耳語云云。漢王佯罵曰:'大丈夫定諸侯,卽爲眞王,何以假爲?'"按:宋徽宗在五國城,因曹勛與高宗書,曰:"汝可卽眞,來救父母。"

1119 補缺　《史記》:"左師觸龍見趙太后曰:'老臣賤息舒祺最少,不肖,而臣衰,竊愛憐之,願得補黑衣之缺,以衛王宮。'"

1120 賦閒　晉潘岳作《閒居賦》,序云:"《閒居賦》者,蓋取于《禮篇》不知世事、閒淨居坐之意也。"②

1121 客氣　《左·定公八年》:"公侵齊師,奔。陽虎僞不見冉猛者。猛逐之,顧而無繼,僞顚。虎曰:'盡客氣也。'"注:"言皆客氣,非勇也。"

1122 官銜　《南部新書》:"官銜者,取相銜不斷之義。"一說,言凡人一入仕途,無不恪遵儀注,莫敢放蕩。如馬得銜轡,不能縱逸,故曰官銜。李義山詩:"官銜同畫餅,面貌乏凝脂。"

---

① 《馬融傳》中無此句,《後漢書·馮異傳》有"受任方面",李賢注:"謂西方一面專以委之。"
② 淨,《文選》卷十六《閒居賦》作"靜"。

1123 天漏　《寰宇記》：“戎州宜賓縣，三山四時霑霖，俗謂之‘小漏天、大漏天’。”杜詩：“安得驅雲師，誰能補天漏。”①

1124 海函　班固《答賓戲》：“炎之如日，威之如神，函之如海，養之如春。”

1125 弄筆　《晉書》：“赫連勃勃徵隱士，韋祖思旣至，恭懼過甚。勃勃怒曰：‘我以國士待汝，汝乃以非類遇我。我在，汝猶不以我爲帝王；我死，汝曹弄筆，當置我於何地耶？’”

1126 談天　《國策》②：“鄒衍大言天事，故號爲‘談天衍’。”劉向《別錄》稱“談天鄒”。

1127 割愛　班彪《王命論》：“高四皓之名，割肌膚之愛。”山谷詩：“濁酒未割愛。”

1128 續絃　《拾遺記》：“漢武時西海獻鸞膠。帝弦斷，以膠續之，兩頭遂相著，終日射之不斷，名‘續絃膠’。”宋陶穀《風光好》詞：“待得鸞膠續斷絃，是何年？”按：陶誤以“弦”爲“絃”，後人遂沿誤曰“續絃”。然據《詩》云“琴瑟在御”，應作“絃”字爲當。

1129 瓜代　《左·莊公八年》：“齊使連稱、管至父戍葵丘，瓜時而往，曰‘及瓜而代’。”

1130 株連　《漢書》：“令株送徒入財補郎。”③注④：“徵諸犯令者，相引數千人，名曰‘株送徒’。”按：《明史》：“成祖殺景清，凡其親族戚友，株連數千家，謂之‘瓜蔓抄’。”

1131 檀越　佛書⑤：“梵語‘陀那鉢底’，唐言‘施主’。稱檀那者，訛陀

---

① 驅雲師、誰，杜甫《九日寄岑參》作“誅雲師、疇”。

② 《淵鑒類函》卷一《天部》引《戰國策》。

③ 引文見《綱鑑易知錄·世宗孝武皇帝漢元鼎三年》。

④ 引文見《漢書·食貨志》。

⑤ 引文見《錦繡萬花谷》卷二九《檀那》。

爲檀,去鉢底二字。又稱檀越者,謂此人行檀施,能越貧窮之苦海。”坡詩:“笑指蜜蜂作檀越。”

1132 橋梓　《尚書大傳》:“伯禽、康叔見周公,三見而三笞。商子曰:‘南山之陽有木名橋,北山之陰有木名梓。’二子往觀,橋高而仰,梓卑而俯。商子曰:‘橋,父道也;梓,子道也。’”

1133 狂生　《楚漢春秋》酈食其曰:“人皆謂爲狂生,自謂我狂生。”杜詩:“自笑狂夫老更狂。”

1134 寒士　《南史》:“齊功曹劉祥見褚淵入朝以腰扇障目,祥曰:‘作如此舉止,羞面見人,扇障何益?’淵曰:‘寒士不遜。’祥曰:‘不能殺袁、劉,安得免寒士?’”

1135 掣肘　《家語》:“宓子賤爲單父宰,請君近吏二人俱至官。二吏辭歸,報曰:‘宓子使臣書而掣臣肘,書惡而又怒臣。此臣所以去之而來也。’”

1136 染指　《左·宣公四年》:“鄭靈公食大夫黿,召子公而弗與也。子公怒,染指於鼎,嘗之而出。”

1137 傑出　《後漢書》劉先主“雄姿傑出”[1],又徐稺“角立傑出”。

1138 通家　《後漢書》:“孔融十歲,隨父之洛。往見李膺,門下人不與通。融曰:‘我是李公通家子弟。’膺問:‘何謂?’融曰:‘先人仲尼與老君有師資之道,因此與君累世通家。’”

1139 談柄　《高僧傳》:“棲雲寺大朗法師善談,手嘗執松枝,每對客談論,麈松枝以爲談柄。”《天祿識餘》:“近人以口實爲談柄,或云笑柄,亦有話柄之名。”

1140 榜花　《南部新書》:“唐自大中以來,禮部放榜,見姓氏稀而僻者,謂之榜花。”

---

① “雄姿傑出”見《三國志》(《陳矯傳》《諸葛亮傳》)。

1141 破慳 《南史》:"宋孝武帝以劉秀之性吝嗇,呼之爲'老慳'。"坡詩:"願君發豪句,嘲詠破天慳。"按:凡人素慳吝,忽然大費者,謂之破慳。

1142 排衙 東坡詩:"珠幢玉節與排衙。"二字非始于此,坡亦有所本也。

1143 狼狽 晉李密《陳情表》:"臣之進退,實爲狼狽。"類書①:"狼、狽是兩物。狽前足絕短,每行駕兩狼,失狼則不能動,故世言事乖者曰狼狽。"

1144 塗鴉 唐盧仝《示子添丁》詩:"忽來案上翻墨汁,塗抹詩書如老鴉。"

1145 含胡 《唐書》:"安祿山斷顏杲卿舌,曰:'復能罵否?'杲卿含胡而絕。"按:胡,頷下肉也。斷舌,故憤氣含於胡。坡詩:"臧否兩含胡。"俗作"糊"非。

1146 不禮 《左·隱公六年》:"周桓公曰:'我周之東遷,晉鄭焉依。善鄭以勸來者,猶懼不蔇,況不禮焉? 鄭不來矣。'"

1147 把持 班固《白虎通》:"霸,猶迫也,把也。迫脅諸侯,把持其政也。"

1148 跋扈 《後漢書》:"質帝少而穎慧,嘗因朝會,目梁冀曰:'此跋扈將軍也。'""跋扈"猶言強梁。扈,取魚笱也,小魚入之,大魚跳跋而出,故曰"跋扈"。

1149 冷官 《唐書》:"玄宗愛鄭虔才,以其惟耽書畫吟咏,殊不事事,爲置廣文館處之。"官冷可知矣。杜詩:"諸公袞袞登華省,廣文先生官獨冷。"

1150 財主 《異苑》:"唐時,建安人見山下數錢流出,至山半有大石甕,錢滿而歆,遂推正其甕。探之,取錢五百歸。將再往盡取,而亡其甕。夜夢神人語之曰:'財有主者,向爲甕歆,以五百僱汝正之耳。餘

---

① 引文見《類說》卷四二引《酉陽雜俎》。

非可妄求也。’”

1151 藏拙 《南史》：“梁遣徐陵聘齊。魏收錄其文集遺之，令傳江左。陵還，過江，悉沈之，曰：‘吾爲魏公藏拙。’”

1152 擅場 《文選·東京賦》：“秦政利嘴長距，終得擅場。”注：“場，猶言鬥雞場也。《說文》：‘擅，專也。’”杜詩：“畫手看前輩，吳生遠擅場。”

1153 枉駕 《後漢書》[①]：“徐庶謂玄德曰：‘諸葛孔明，臥龍也。’玄德曰：‘君可與俱來。’庶曰：‘此人可就見，不可屈致，將軍宜枉駕顧之。’”

1154 闃堂 《因話錄》：“御史有臺院、殿院、察院，一人知雜事曰雜端。公堂會食，皆絕笑言，左右不可忍，雜端大笑，而三院皆笑，曰闃堂。”

1155 家具 《晉書》：“王述爲宛陵令，頗受饋遺，多修爲家之具。王導曰：‘甚不宜爾。’述曰：‘足，自當止。’”孟郊《移居》詩：“借車載家具，家具少于車。”俗作“傢”，非。

1156 促裝 《漢·曹參傳》：“參爲齊相，聞蕭何卒，參乃趣治行裝，曰：‘吾且入相。’三日，果召參代何爲相。”趣音促。

1157 奔波 韓文公《諫迎佛骨表》：“老少奔波，失其業次。”李翊《俗呼小錄》：“跑謂之波，立謂之站。”

1158 孟浪 《莊子·齊物篇》：“夫子以爲孟浪之言，而我以爲妙道之行也。”注：“孟浪，輕率也。”

1159 效尤 《左·莊公廿一年》原伯曰：“鄭伯效尤，其亦將有咎。”又“尤而效之，罪又甚焉”，介之推語。

1160 無恙 《風俗通》：“恙，毒蟲也，喜傷人。古人草居露宿，故早相見問勞，必曰：‘無恙?’”《史記·賈誼傳》[②]：“六七公者皆無恙。”

1161 糊塗 《宋史》：“太宗欲相呂端。或曰：‘呂端爲人糊塗。’上曰：

① 引文見《三國志·蜀書·諸葛亮傳》。

② 引文見《漢書·賈誼傳》。

'端小事糊塗,大事不糊塗。'決意相之。"端裔孫原明自註云:"'糊塗'讀爲
'鶻突'。"

　　1162 **鹵莽**　《莊子·則陽篇》:"耕而鹵莽之,則其實亦鹵莽而報予。"
注:"鹵莽,輕脫、苟且也。"又:"君爲政焉,勿鹵莽。"注:"輕率也。"

　　1163 **量移**　《唐書》:"開元二十年十一月,大赦天下,左降官量移近
處。"又:"憲宗欲用韓愈,皇甫鎛忌其直,曰:'愈終狂駴,且量移內地。'"今
謂升遷爲量移,語是而義非矣。

　　1164 **技痒**　《風俗通》:"《太史公記》:'高漸離變姓名爲人傭保,聞客
擊筑,技痒不能無言。'"潘岳賦:"徒心煩而技痒。"

　　1165 **乾沒**　《漢書》:"張湯初爲小吏,乾沒。"晉史[1]:"潘岳之母嘗責
岳:'汝當知足,而乾沒不已乎?'"乾音干。

　　1166 **偏枯**　《蜀志》:"延禧中大赦,孟光責費禕曰:'赦者,偏枯之物,
非明世所宜有。今有何旦夕之危,而惠奸宄?'禕謝之。"

　　1167 **行李**　《左·僖公卅年》燭之武曰:"行李之往來,共其乏困。"注:
"行李,使人也。"唐李涪曰:"峯字山下安人,人下安子,蓋古使字也。傳
《左氏》者誤書'峯'字爲'李'耳。"宋程大昌《演繁露》謂涪語未必可據,引
《左·昭公十三年》"鄭會晉於平丘,子產爭承,曰行理之命,無月不至"注
"行理,使人通聘問者":"古字多通用,李理同也。"推官稱司理,亦稱司李,
此其證矣。

　　1168 **枝梧**　《史記》:"項羽已破秦軍,諸將慴服,莫敢枝梧。"注:"小柱
爲枝,斜柱爲梧。"按:枝梧猶言抵拒,亦作支吾。

　　1169 **攤飯**　《談苑》[2]:"東坡以晨飲爲澆書,太白以午睡爲攤飯。"放翁
詩:"澆書滿飲浮蛆甕,攤飯橫眠夢蝶牀。"

---

① 引文見《晉書·潘岳傳》。
② 引文見《韻府群玉》卷十五"攤飯"。

1170 **向隅** 《說苑》:"聖人之於天下,譬猶一堂之上也。今有滿堂飲酒,有一人向隅而泣,則一堂之人皆爲之不樂。"

1171 **塞責** 《韓詩外傳》:"卞莊子好勇,母在時,三戰三北。及母沒,魯興師,往見將軍曰:'前以母故,是以三北。今母沒,請塞責。'遂走敵而鬥。三獲甲首而獻之,曰:'請以此塞一北,塞再北,塞三北云云。'"《史記》:"陳餘遺章邯書曰:'趙高知今事急,故欲以法誅將軍塞責。'"

1172 **斷屠** 《北齊書》河清元年詔:"斷屠殺以順春令。"《隋書》仁壽三年詔曰[1]:"六月十三日,朕生日,海內爲武皇帝、后斷屠。"北宋韓宗儒每得東坡帖,報以羊肉數斤。一日故作書索答甚急,坡笑曰:"寄語本官,今日斷屠。"謂其無羊肉報也。

1173 **計偕** 《漢・武帝紀》:"徵吏民明當世之務、習先聖之業者,縣次續食,令與計偕。"注:"計,上計簿使也。郡國每歲遣詣京師上之,所徵之人與上計使者偕來也。"

1174 **回避** 《漢書》:"趙廣漢見事風生,無所回避。"北齊史[2]:"司馬膺之舊與楊愔同爲黃門郎,後愔爲尚書令,路逢,威儀導引,膺之於樹側回避,曰:'自避赤棒,本不避卿。'"

1175 **刀筆** 《史記》:"蕭相國何於秦時爲刀筆吏,錄錄未有奇節。"又:"汲黯忿發,罵曰:'天下謂刀筆吏不可以爲公卿,果然。必湯也。'"湯,張湯。

1176 **兒戲** 《漢書》:"周亞夫軍細柳,文帝自往勞軍云云。曰:'嗟乎!此眞將軍矣。向者,灞上、棘門軍若兒戲耳。'"

1177 **鼎言** 《史記》平原君曰:"毛先生一至楚,而使趙重于九鼎大呂。毛先生以三寸之舌,強于百萬之師。"

1178 **啟事** 晉史[3]:"山濤爲吏部尚書,典選十餘年,甄拔人物,各爲題

---

① 人,《隋書・高祖紀下》作"仁"。

② 引文見《北史・司馬子如傳》。

③ 引文見《晉書・山濤傳》。

目而奏之，時稱山公啟事。”按：啟事，面奏也。

1179 口占　《後漢·陳遵傳》：“遵嘗召善書吏於前，治私書謝親故，馮几口占授之，書數十封，親疎各有意。”《魏志》：“高堂隆病篤，口占上疏。”按：唐岑文本與遵事同。

1180 面試　《魏志》：“曹植年十餘歲，所讀書已數十萬言，善屬文。太祖視其文，謂植曰：‘汝倩人耶？’植跪曰：‘言出爲論，下筆成章。顧當面試，柰何倩人？’”

1181 代庖　《莊子》：“庖人雖不治庖，尸祝不越樽俎而代之矣。”尸，祭祀爲尸者；祝，祝史也。

1182 招贅　《史記》：“淳于髡，齊之贅壻也。”注：“言不當在妻家，猶人身有贅疣，非所應有也。”

1183 屬託　《漢書》：“尹翁歸拜東海太守，廷尉于定國欲屬託邑子，不敢，曰：‘此賢將，不可干以私。’”《唐書》[①]：“李昂性剛峻，主俊秀科，集貢士與之約曰：‘如有請託，當首黜之。’”

1184 書記　《史記》：“項籍少時，學書不成，去；學劍，又不成。項梁怒之，籍曰：‘書足以記姓名而已；劍，一人敵，不足學，學萬人敵。’”

1185 遣紀　《左·僖公廿四年》：“晉文公反國，秦伯送衛于晉三千人，實紀綱之僕。”按：今稱人僕曰“尊紀”，有使事曰“遣紀”，本此。

1186 出奇　《漢書·陳平傳》：高祖定天下，平凡六出奇計，官左丞相，封曲逆侯。太史公曰：“兵善者，出奇無窮。”[②]

1187 餬口　《左·隱公十一年》鄭伯曰：“寡人有弟，勿能和協，而使餬其口於四方。”又“饘於是，粥於是，以餬余口”。

1188 解頤　《漢·匡衡傳》：“衡善說《詩》，諸儒皆莫及。時爲之語曰：

---

① 引文見《類說》卷三四《摭言》“進士歸禮部”。

② 太史公曰兵善者出奇無窮，見《文選·馬汧督誄》李善注引《史記》贊田單。

'毋說《詩》,匡鼎來;鼎說《詩》,解人頤。'"按:衡,一名鼎。

1189 起復　《宋史》:"故事,執政遭喪,皆起復。仁宗欲起復富弼同平章事,固辭不許。弼曰:'起復,金革之變禮,不可施于平世。'乃許之。"按:今以服闋爲起復,非此義矣。

1190 展限　《漢書·酷吏傳》:"王溫舒爲河內太守,論囚,至流血十餘里。會春,溫舒頓足曰:'嗟乎!令冬月益展一月,足吾事矣。'上以爲能。"

1191 唐突　《後漢書》:"曹操既嫌忌孔融,令丞相軍諮祭酒路粹枉狀奏融,云:'位爲九列,不遵朝儀,禿巾微行,唐突宮掖。'"唐突,猶言觸犯。

1192 杜撰　未詳。《資暇錄》:"世言姓名同者,必曰杜度。但杜操字伯度,因魏武同名,故以字爲名,而去伯字。"《湘山野錄》:"盛度撰張知白《神道碑》,石立中急問曰:'誰撰?'度卒對曰:'度撰。'滿堂大笑。"按:凡用事無來歷者,爲杜撰。此聞"度撰"大笑,或二字始于杜操歟?俟攷。

1193 庶出　《湘山野錄》:"宋神宗問呂惠卿曰:'草皆庶生,惟蔗字從庶,何義?'對曰:'凡草木俱正生,蔗獨橫生,蓋庶出也,故從庶。'"草木橫生者不惟蔗,呂一時口給耳。

1194 令坦　《晉書》:"郗鑒使門生求壻于王導,導令徧觀子弟,歸謂鑒曰:'王氏諸少並佳,然聞信至,咸自矜持。惟一人在東牀,坦腹食胡餅,獨若不聞。'鑒曰:'此正佳壻。'使人詢之,乃羲之也。以女妻之。"

1195 毒手　《晉書》:"石勒與李陽爭漚麻池,日相搏擊。及貴,勒引陽臂笑曰:'昔日厭卿老拳,卿亦飽孤毒手。'"厭平聲。

1196 鍊腿　《類說》唐僖宗在藩邸時,每日爲蹴毬之戲,謂左右曰:"吾雖好此,亦以鍊腿耳。"

1197 才子　《左·文公十八年》季孫行父使太史克對曰云云,"昔高陽氏有才子八人""帝鴻氏有不才子"。

1198 債帥　《唐書》:"裴度、韋處厚以高瑀領忠武節度。先是,擇帥悉出管軍中尉,所輸餽皆假貸富人,倍以酬息,往往負重累,人呼'債帥'。及瑀有命,士大夫曰:'裴、韋作相,天下無債帥矣。'"

1199 小妻　《漢書·枚乘傳》:"乘卒,詔問乘子,無能爲文者。後乃得其孽子皋,乘在梁時,娶皋母爲小妻。"

1200 好漢　《舊唐書·狄仁傑傳》:"武后曰:'朕要一好漢任使,有乎?'仁傑曰:'荆州長史張柬之,其人雖老,宰相才也。'"《言行錄》:"趙宋吳進勇于戰,上曰:'好漢。'"

1201 曳白　《唐書》:"苗晉卿知貢舉,以張奭爲第一,中丞倚之子也。玄宗覆試,奭持紙閣筆,不成一字,人謂之曳白。晉卿坐貶。"按:今謂跨頁寫者曰"曳白",不成一字曰"白卷"。

1202 畫一　《史記》:"曹參代蕭何爲相,一遵何約束。百姓歌曰:'蕭何爲法,講若畫一。曹參代之,守而勿失。載其清淨,民以寧壹。'"

1203 奪標　《詩話》[①]:"唐盧肇未第時,郡守輕之。旋中甲科,郡守宴肇,會觀競渡戲。肇作詩有句云:'人道是龍君不信,果然奪得錦標歸。'""標"當作"幖",龍舟上旗也。

1204 潤筆　《隋書》:"高祖復鄭譯官,内史李德林草制。高熲戲曰:'筆乾。'譯答曰:'出爲方岳,杖策言歸,不得一文,何以潤筆?'"《歐陽修集》:"蔡君謨爲余書,余以鼠鬚筆、大小龍茶等物爲潤筆。"

1205 絕望　《左·襄公十四年》:"師曠侍晉侯曰:'若困民之主,匱神乏祀,百姓絕望,社稷無主,將安用之?'"

1206 夤緣　《廣記》:"王維微時善琵琶,爲岐王所知,將應舉,告王爲地。王曰:'子舊詩可錄數篇,并作一琵琶曲。'王乃引維至一貴戚家,命自彈之,曲名'鬱輪袍'。貴戚大欣賞,王因出其詩曰:'此非伶人,乃文士也。'遂爲夤緣,是年爲舉首。"

1207 耳重　《漢書》:"黃霸爲太守長史,許丞老病聾。督郵白逐之。

---

① 　引文見《錦繡萬花谷》卷二二《錦標》引《古今詩話》。

霸曰：‘許丞是廉吏，雖老，尚能拜起送迎，重聽何妨？’”

1208 嘴尖　《夷堅志》^①：“詹堅老坐微累，下大理，李端初爲少卿，詬曰：‘子嘴尖如此，誠奸人也。’困辱之。後十年，李爲淮南運副，詹自郎官出代，李曰：‘郎中風采堂堂，非昔比也。’詹曰：‘不知比往時嘴不尖否？’”

1209 渾敦　《左・文公十八年》：“天下之民謂之渾敦。”注：“渾敦，不開通之貌。渾，戶本反；敦，徒本反。”敦讀上聲，故知罵人“渾蛋”者，“敦”“蛋”音訛，卽渾敦也。

1210 慳吝　《原化記》：“賀知章見賣藥老人，問黃白術。遺一大珠，老人以珠易餅，與賀，賀心念寶珠易餅可惜，老人曰：‘子慳吝未除，術何由成？’”

1211 望族　《宋書》秦觀作《王儉論》曰^②：“王、謝二氏最爲望族，江左以來，公卿將相出其門者十七八。”

1212 忍人　《左・文公元年》：“楚子將以商臣爲太子，令尹子上曰：‘是人也，蠭目而豺聲，忍人也，不可立也。’”

1213 飛語　《史記・灌夫傳》：“乃有飛語爲惡言聞上。”注：“飛揚謗訕之語也。”唐史^③：“李晟大安園多竹，忽有爲飛語者，云晟伏兵大安園，欲爲變。晟乃斫伐其竹。”

1214 爭端　《左・昭公六年》：“鄭人鑄刑書。叔向遺子產書云云：‘民知爭端矣。錐刀之末，將盡爭之。’”

1215 故態　嚴子陵《與侯霸書》曰：“懷仁輔義天下悅，阿意順旨要領絕。”霸奏之，帝笑曰：“此狂奴故態。”

1216 橫財　《酉陽雜俎》^④：“盧懷愼與張說同相，盧廉而張貪。盧忽暴

① 引文見《揮塵後錄餘話》卷二《詹堅老與李端初交代》。
② 引文見《淮海集》卷二二《王儉論》。
③ 引文見《資治通鑑・德宗貞元三年》。
④ 引文見《古今類事》卷三《張說橫財》引《續異志》。

亡,復甦曰:‘冥間十數處爲張說鼓鑄横財,我豈可同^①?’未幾卒。”

1217 銅臭　《後漢書》:“靈帝開西邸賣官,崔烈入錢五百萬爲司徒。問其子鈞曰:‘外間議者何如?’對曰:‘大人少有英稱,議者嫌其銅臭耳。’”

1218 書香　陸劍南詩草遊某園夜宿詩云:“窗月窮幽致^②,圖書發古香。”按:世多云“接續書香”,當别有出。

1219 自愛　《老子》:“聖人自愛。”魏文帝《與吳質書》:“今遣騎到鄴城,故使枉道相過。行矣,自愛!”《史記·平準書》:“故人人自愛而重犯法。”

1220 主張　《莊子·天運篇》:“天其運乎?地其處乎?日月其爭于所乎?孰主張是?孰綱維是?孰居無事,推而行是?”

1221 下榻　《後漢·陳蕃傳》:“蕃爲樂安太守,郡人周璆,高潔士也,蕃特置一榻待之。後爲豫章太守,特設一榻待徐穉,去則懸之。”王勃《滕王閣賦》:“徐孺下陳蕃之榻。”

1222 專房　《晉書·后妃傳》:“胡貴嬪名芳,最蒙愛幸,殆有專房之寵。”

1223 盥讀　《全唐詩話》^③:柳宗元詩名冠時,而獨傾倒于韓退之,每得韓詩,“必先以薔薇露盥手而後讀”。

1224 發狂　《莊子·知北遊篇》:“無所發予之狂言。”《摭言》^④:杜牧於李聰妓筵,爲紫雲之請,“自飲三爵,朗吟而起。末二句云:‘忽發狂言驚滿座,兩行紅粉一時回。’”

1225 狼藉　《爾雅翼》:“狼性貪,聚物不整,故曰狼藉。”《釋文》^⑤:“狼藉草而臥,去則穢亂,爲狼藉也。”《史記》:“淳于髡論飲酒,杯盤狼藉,堂上

---

① 同,原訛作“回”。
② 月,《劍南詩稿》卷七七《小室》作“几”。
③ 引文見《詳注昌黎先生文集》卷二三引《好事集》。
④ 引文見《本事詩·高逸》。
⑤ 引文見《正字通》卷六“狼”條引《釋文》。

燭滅,主人圉髮云云。"

1226 藍縷 《左・昭公十二年》楚右尹子革曰:"昔我先王熊繹,僻在荆山,蓽路藍縷,以處草莽。"

1227 甘心 《左・莊公九年》:"鮑叔帥師來言曰:'子糾,親也,請君討之。管、召,讎也,請受而甘心焉。'"注:"甘心,言欲快意戮殺之。"

1228 饒舌 《傳燈錄》:"豐干禪師居天台國清寺,閭丘公牧丹陽,乞師一言,示此去安危。師曰:'到任謁文殊、普賢,在寺執爨洗器者,寒山、拾得也。'公訪之,見二僧,卽虔拜。寒山執閭丘手笑曰:'豐干饒舌。'"

1229 眼花 杜少陵《飲中八仙歌》:"知章騎馬似乘船,眼花落井水底眠。"東坡《雪》詩:"光搖銀海眩生花。"注:"道家謂眼爲銀海。"

1230 齒冷 《南齊書》:"樂預以徐孝嗣豫明帝廢立事曰:'人笑褚公,至今齒冷。君毋效尤。'"褚公名淵。

1231 首肯 杜詩:"巢父掉頭不肯住。"《宋史》:"王珪奏請太后同聽政,神宗侍側,首肯之。"

1232 捧腹 《史記・日者傳》:"司馬季主者,楚人也。卜于長安東市,宋忠、賈誼謁之曰:'先生何居之卑、行之汙?'季主捧腹笑曰:'夫卜者云云。'"

1233 酬勞 韓文《毛穎傳》:"賞不酬勞,以老見疎。秦眞少恩哉!"

1234 告急 《左・僖公二十七年》:"楚子及諸侯圍宋,宋公孫固如晉告急。"《二十八年》:"宋人使門尹班如晉師告急。"

1235 行香 《西溪叢話》:"行香起于後魏,及江左齊梁間,每然香燻手,或以香末散行,謂之行香。唐初因之。文宗朝,崔蠡奏設齋行香,事無經據,乃罷。宣宗復釋教,行其儀。"

1236 聽卜 《左・哀公四年》:"楚單浮餘圍蠻氏。蠻氏潰,蠻子赤奔晉陰地。士蔑詐將裂田以與蠻子而城之,且將爲之卜。蠻子聽卜,遂執之以畀楚。"

1237 初度　《離騷》：“皇覽揆予于初度兮，肇錫余以嘉名。”注：“初度，初生年時也。”今慶人生日曰“初度”，本此。

1238 子細　《魏書·源懷傳》：“懷性寬容簡約，不好煩碎，恆語人曰：‘爲貴人，理世務，當舉綱維，何必太子細也？’”

乙　冊

1239 孔方兄　《晉書》：“魯褒作《錢神論》，有云‘親愛如兄，字曰孔方’，又曰‘見我家兄，莫不驚視。錢之所祐，吉無不利’。”《南部新書》：“王元寶富厚，人以錢文有元寶，因呼錢爲‘王老’。”

1240 作天公　《明皇雜錄》①：“春寒，上至苑中，花俱未開。上擊羯鼓催之，須臾繁花皆開，上笑謂侍臣曰：‘得不喚我作天公乎？’”作，去聲。古無“做”字，“作”讀如“做”。

1241 表表者　韓愈《祭柳宗元文》：“子之自著，表表愈偉。”明舒芬《與林泗州書》：“林見素、王陽明，皆一代之表表者。”

1242 富家翁　《史記》②：“沛公入關，見秦宮室壯麗，欲留居之。樊噲諫曰：‘沛公欲有天下耶？將欲爲富家翁耶？願急還灞上，毋留宮中。’”

1243 守錢虜　《後漢書》馬援曰：“凡多財，貴能賑施。否則守錢虜耳。”按：俗亦有“財奴”之語。

1244 不落空　《傳燈錄》圭堂禪師曰：“真能落空，則真不空。”坡詩：“子二方知不落空。”③

1245 受快樂　佛書④：“經言：西方大受快樂，無一切苦惱，故名極樂世界。”

---

① 引文見唐南卓《羯鼓錄》。
② 樊噲諫曰，引文見《史記·留侯世家》集解引“一本”。
③ 子二，《蘇軾詩集》卷二一《次韻答元素》作“了了”。
④ 引文見《淵鑒類函》卷三一七《釋教部》二。

1246 將無同　《晉書》：“王衍問阮瞻曰[1]：‘聖敎與老莊同異?’瞻曰：‘將無同。’衍大嗟賞,因舉爲掾。時人謂之‘三字掾’。”

1247 獨眼龍　《唐書》：“李克用破黄巢,復長安,功第一。時年二十八,一目微眇,人號曰‘獨眼龍’。”[2]

1248 破天荒　《談藪》：“宋時,荆州學人多不成名,號‘天荒’。至劉蜕以荆州解及第,時人改號曰‘破天荒’。”

1249 礙眼睛　《傳燈錄》：“香林澄遠禪師云：‘山河大地不礙眼睛,還看見拂子麽?’衆無語。”

1250 貌不揚　唐文：裴度自作贊云：“爾身不長,爾貌不揚,胡爲將?胡爲相?”

1251 錢樹子　《明皇雜錄》[3]：“許子和,吉州永新娼家女,入宮,因名‘永新’。度曲能變新聲,臨卒,謂其母曰：‘阿母錢樹子倒矣。’”

1252 安樂窩　《宋史》：“邵雍歲時耕稼,僅給衣食,名其居曰‘安樂窩’。好事者別作屋,如其所居,候其至,名曰‘行窩’。”其爲時愛敬如此。

1253 鬼門關　《輿地志》[4]：“交阯有鬼門關,地多瘴。諺云：‘若度鬼門關,十去九不還。’唐李德裕《貶崖州》詩：‘崖州在何處,生度鬼門關。’”按：俗云“鬼門關相會”,謂冥府也。

1254 沒奈何　《堅瓠集》：“南宋張循、王俊家多銀,每千兩鑄一毬,人呼爲‘沒奈何’。”按：山右巨富之家多沒奈何,語本此。“奈”字從木,俗作“大”,非。

1255 渴睡漢　《歸田錄》：“呂文穆未遇時,胡大監旦遇之甚薄。客有舉呂詩曰：‘挑盡寒燈不成夢。’胡曰：‘乃一渴睡漢耳。’明年呂中甲科,寄聲

---

① 王衍,《晉書·阮瞻傳》作“王戎”,《世說新語·文學》作“王衍”。

② 引文見《舊五代史·武皇紀上》。

③ 引文見《樂府雜錄》。

④ 引文見《事文類聚》卷三一詩話“鬼門關”。

曰：‘渴睡漢狀元及第矣。’”

1256　沒字碑　《五代史》任圜曰：“崔協不識文字，虛有表耳，號沒字碑。”又石晉安重誨，契丹呼爲“安沒字”。

1257　嬾讀書　《漢·邊韶傳》[1]：“字孝先，門人竊嘲之曰：‘邊孝先，腹便便。嬾讀書，但愛眠。’韶聞之，戲答曰：‘邊爲姓，孝爲字，腹便便。五經笥，但欲眠，思經義。寐與周公同夢，靜與孔子同意。師而可嘲，出何典記？’”

1258　歸去來　《晉書·陶潛傳》：“潛爲彭澤令，郡遣督郵至縣，吏自當束帶見之。公曰：‘我不能爲五斗米，折腰向鄉里小兒。’即日解組，作《歸去來辭》。”

1259　不二價　《漢·韓康傳》：“字伯休，賣藥長安市，口不二價，三十餘年。時有女子買藥，康守價不二，女子怒曰：‘公是韓伯休耶？乃不二價。’康歎曰：‘我本避名，今女子皆知，何用藥爲？’遂隱于華山。”按：《孟子》“市價不貳”，與此異義。

1260　賣癡獃　《南部新書》[2]：“吳俗分歲罷，使小兒繞街呼叫，云：‘賣汝癡！賣汝獃！’吳人多獃，故欲賣其餘。”范至能詩：“兒云翁買不須錢，奉賒癡獃三百年。”

1261　老癡頑　《五代史》：“契丹滅晉，馮道朝耶律德光于京師，德光責道事晉無狀，因誚之曰：‘汝是何等老子？’道曰：‘無才無德，癡頑老子。’德光喜，以爲太傅。”

1262　譽兒癖　《唐書》：“王福畤子勮、勔、勃皆著才名，稱‘三珠樹’。劼、助、勸亦俱有文。福畤嘗誇于韓思彥。韓戲曰：‘武子有馬癖，君有譽兒癖，王家何多癖耶？’”

1263　瞎巴接　元魏史[3]：“董紹爲洛川刺史，蕭寶寅反，紹言：‘臣當出

---

[1]　引文見《後漢書·邊韶傳》。

[2]　引文見《石湖詩集》卷三〇《臘月村田樂府十首序》。

[3]　引文見《北史·董紹傳》。

瞎巴三千，生噉蜀子。’明帝謂徐紇曰：‘此巴眞瞎也？’紇曰：‘此紹言巴人勁勇，見敵不畏，非眞瞎也。’帝大笑。”按：此是說使巴人噉蜀人，爲國效力。故世謂趨奉人爲“巴接”，乃誤“噉”爲“接”字，音之轉耳。

1264 好擡舉　《侯鯖錄》：“元微之貶江陵，過襄陽，夜召名妓飲酒，將別，贈詩云：‘寄語東風好擡舉，夜來曾有鳳凰棲。’”

1265 半箇人　《晉書》：“符堅陷襄陽，云：‘昔晉氏平吳，利在二陸。今破漢南，獲士只一人半耳。’”謂道安一人，習鑿齒半人也。《續世說》：“桑維翰身短，登第，陳保戲曰：‘今年三箇半人及第。’”

1266 附驥尾　《史記·伯夷列傳》：“顏淵雖篤學，附驥尾而行益顯。”光武帝《與隗囂書》：“蒼蠅之飛，不可數步，附於騏驥之尾，乃騰千里之路。”

1267 千里眼　北魏史[1]：“楊逸爲光州刺史，廣設耳目，民間善惡，無不周知。人咸訝曰：‘楊使君似有千里眼。’”

1268 莫須有　《宋史》：“岳飛被檜等所誣，韓世忠心不平，詰其實，檜曰：‘飛子雲與張憲書，雖不明，其事體莫須有。’世忠曰：‘莫須有三字，何以服天下也？’”

1269 爭先著　《西陽雜俎》：“僧一行本不解弈，因會宴公宅，觀王積薪棋一局，遂與之敵。笑曰：‘此但爭先耳。’”

1270 通身手　《法智語錄》：“到處相逢到處樂，通身是眼通身手。”

1271 探其情　《公羊·閔公元年傳》曰云云：“將而不免，遏惡也。既而不可及，因獄有所歸，不探其情而誅焉，親親之道也。”

1272 大不是　《隋書》：“煬帝子昭性謙沖，未嘗忿怒。遇人有極可責之事，但曰‘大不是’。”

1273 卯後酒　唐文《白樂天集》：“未知卯後酒，神速功力倍。”又云：“空腹三杯卯後酒。”樂天多言“卯酒”，意其嗜好也。今諺云：“莫喫卯後酒，

---

[1]　引文見《北史·楊逸傳》。

昏昏醉到酉。”

1274 心内喜　《漢書》：“景帝與梁孝王宴飲，從容言曰：‘千秋萬歲後，傳於王。’王辭謝，雖知非至言，然心内喜。太后亦然之。”

1275 眼中釘　《宋史》①：“寇準貶竄時，丁謂用事。謠曰：‘欲將天下平，須拔眼中丁。欲得天下好，無如召寇老。’”《五代史》：“趙在禮任宋州，人苦之。已而罷去，宋州人喜曰：‘眼中釘拔去，豈不樂哉？’”按：此語在宋前，宋人用以詒丁謂，更切。

1276 毛錐子　《五代史》：“史弘肇位方鎮，嘗言‘文人難耐’。一日會飲，肇屬聲曰：‘安朝廷，定禍亂，直須長鎗、大戟，若毛錐子，安足用哉？’王章曰：‘無毛錐子，軍賦何由集乎？’肇默然。”

1277 不食言　《左·哀公十六年》：“孟武伯惡郭重，曰：‘何肥也？’公曰：‘是食言多矣，能無肥乎？’”《公羊·僖公十年傳》曰：“何賢乎荀息？荀息可謂不食其言矣。”光武帝語朱鮪曰：“河水在此，吾不食言。”三字始于《書經》“朕不食言”。

1278 偶然耳　《後漢書》：“劉昆爲光禄勳，帝問昆曰：‘前在江陵，反風滅火，後守弘農，虎北渡河，何德政而致是事？’對曰：‘偶然耳。’左右皆笑。帝曰：‘此乃長者之言。’命書諸策。”

1279 虎而冠　《史記·齊悼惠王世家》：“周勃盡誅諸吕，大臣議欲立齊王。瑯琊王及大臣曰：‘齊王母家駟鈞惡戾，虎而冠者也。’”又②：“昌邑王見狗冠方山，龔遂曰：‘王之左右皆狗而冠。’”後漢韋固少時，見狗戴冠人立，人以爲不祥。叔堅曰：“犬馬比君子，效人何傷？”③後亦無他。

1280 剝百姓　北齊史④：“尉景爲冀州刺史，大納賄。神武令優者石董

---

①　引文見《續資治通鑑長編·眞宗乾興元年》。

②　引文見《後漢書·孝靈帝紀》李賢注。

③　引文見《韻府群玉》卷十二上聲“怪狗”引《風俗通》。

④　引文見《北齊書·尉景傳》。

桶戲之。董桶剝景衣曰：‘公剝百姓，我何爲不剝公衣？’”

1281 門如市　《漢書》：“哀帝責鄭崇曰：‘君門如市，又何以欲禁切主上？’崇對曰：‘臣門如市，臣心如水，願得考覆。’”

1282 意得甚　《漢書·周勃傳》①：“絳侯爲丞相，罷朝趨出，意得甚。帝目送之。”

1283 急性子　《群芳譜》：“鳳仙花卸，卽去其蒂，不使結子，則花益茂。所結子觸之卽裂，皮卷如拳，故有‘急性’之名。”

1284 倒用印　《唐書》：“段秀實會朱泚亂，竊取姚令言印，不獲，乃倒用司農印進兵。”

1285 事不諧　《後漢書》：“湖陽公主新寡，光武與共論朝臣，微觀其意。主曰：‘宋公威容德器，群臣莫及。’後弘見帝，帝令主坐屏後，因謂弘曰：‘諺言：貴易交，富易妻。人情乎？’弘曰：‘臣聞：貧賤之交不可忘，糟糠之妻不下堂。’帝顧謂主曰：‘事不諧矣。’”

1286 得處分　《唐書》②：“宣宗密令韋澳纂次州縣境土風物及諸利害爲一書，號曰《處分語》。他日，鄧州刺史薛弘宗入謝，出謂澳曰：‘上處分本州事驚人。’詢之，皆《處分語》中事也。”

1287 上行下　《公羊·哀公三年》：“齊國佐衛石曼姑帥師圍戚。”傳曰：“以王父命辭父命，是父之行乎子也；以王事辭家事，是上之行乎下也。”

1288 一筆勾　《宋史》③：“范仲淹視監司之不才者，輒一筆勾之。韓琦曰：‘一筆勾之甚易，奈一家哭矣。’公曰：‘一家哭，何如一路哭耶？’”

1289 圖什麼　《高僧傳》④：“南嶽懷讓禪師見一沙門日坐禪，問曰：‘大德坐禪圖什麼？’曰：‘圖作佛耳。’師取一甎於石上磨，沙門曰：‘作什麼？’師

① 周勃,當作“爰盎”,見《漢書》卷四九。

② 引文見《資治通鑑·宣宗大中九年》。

③ 《靳史》卷十七引《宋史》。

④ 引文見《景德傳燈錄》卷五。

曰：‘磨作鏡。’曰：‘磨甎豈得成鏡？’曰：‘坐禪豈便成佛耶？’”

1290 土饅頭　《詩話》[①]：“范石湖有句云：‘縱有千年鐵門限，終須一箇土饅頭。’謂墳也。”

1291 帬帶官　《朝野類要》：“宋時親王南班之壻號曰‘西官’，又謂之‘帬帶官’。”《清波雜志》：“蔡卞妻王氏知書能詩，卞每有國事，先謀于夫人。後拜右相，張宴，伶人揚言云：‘右丞今日，大拜都是夫人帬帶。’”按：凡由姻婭夤仕得官者，俱可呼帬帶官。

1292 猴兒相　《南史》：“宋何尚之、顏延之並短小，二人少相狎，嘗問途人：‘吾二人誰似猴？’人指尚之爲似。延之大喜，人曰：‘彼似猴耳，君乃眞猴。’”

1293 得內助　《宋史》：“哲宗年益壯，太后諭執政曰：‘孟氏女能執婦道，宜正位中宮，冊爲皇后。’因語帝曰：‘得賢內助，非細事也。’既而歎曰：‘斯人賢淑，惜福薄耳。’”

1294 無盡藏　東坡《前赤壁賦》：“惟江上之清風，與山間之明月云云，取之無禁，用之不竭，是造物者之無盡藏也。而吾與子之所共適。”

1295 如夫人　《左·僖公十六年》[②]：“齊侯好內，多內寵。內嬖如夫人者六人。”按：世謂買妾爲“納寵”，又稱人妾曰“令寵”，本此。

1296 胭脂虎　《潛確類書》[③]：“陸愼言妻沈氏狡妒慘刻，吏民號曰‘胭脂虎’。”

1297 不好弄　《左·僖公九年》晉郤芮對秦伯曰：“夷吾弱不好弄，能鬭不過，長亦不改。”注：“幼弱時不好戲弄。”按：世謂難處之事曰“不好弄”，直以“好”字作上声耳。

1298 且快意　曹子建《與吳質書》：“過屠門而大嚼，雖不得肉，實且快

---

① 引文見《圍爐詩話》卷五。
② 六，當爲“七”。
③ 引文見《清異錄·女行》。

意。"按:"屠門大嚼"語本桓譚《新論》。

1299 未亡人　《左·莊公廿八年》:"楚令尹子元欲蠱文夫人,夫人泣曰云云:'今令尹不尋諸仇讐,而於未亡人之側,不亦異乎?'"按:《左傳》"未亡人"凡四五見,不具錄。

1300 遺腹子　《淮南子》:"不思其父,無貌於心也。不夢見像,無形於目也。"《漢·李廣傳》:"廣三子曰'當戶',曰'椒',曰'敢'。當戶有遺腹子,即陵也。"賈誼《治安策》:"植遺腹,朝委裘。"

1301 瓜葛親　《世說》:"王導嘗與其子悅對弈,爭道。導欲舉,悅按指不聽,笑曰:'相與有瓜葛,亦得爾耶?'"按:蔡邕曰:"瓜葛,疏親也。"父子言瓜葛,大奇。又"葭莩親",漢中山靖王語。

1302 助薪水　陶淵明本傳[1]:"潛爲彭澤令,不以家累自隨。送一力給其子曰:'遣此力助汝薪水之勞。此亦人子也,可善遇之。'"力,即僕也。

1303 如面談　《唐書》[2]:"房玄齡初爲太宗掌書記,太宗領兵在外,凡有奏表,高祖輒曰:'玄齡爲吾兒陳事,雖在千里,如面談也。'"

1304 寒暄語　《晉書》:"王獻之與徽之、操之同詣謝安,兩兄多言俗事,獻之寒暄而已[3]。安曰:'吉人之辭寡。'"

1305 斂袵拜　《國策》:"楚必斂袵而朝。"[4] 又:"侯、伯、子、男皆斂袵于堂下。"[5]按:袵,衣大衿也。斂袵,將衿提起,夾于帶間,示奔走恭敬之狀,並無屬婦人之稱。今惟婦女專云"斂袵拜",未知何據。

1306 送窮鬼　《雜俎》[6]:"高陽氏子好衣敝食糜,晦日巷死。世於是日以破衣、稀粥棄于巷,謂之'送窮鬼'。"韓愈《送窮文》曰:"三揖窮鬼而告之

---

① 引文見《南史·陶潛傳》。

② 引文見《資治通鑑·高祖武德四年》。

③ 暄,《晉書·王獻之傳》作"溫"。

④ 引文見《史記·畱侯世家》《漢書·張良傳》。

⑤ 《戰國策》無,未詳所出。

⑥ 事見《荊楚歲時記》。

云云。”

1307 女公子　《左·莊公卅二年》：“雩，講于梁氏，女公子觀之。圉人犖自牆外與之戲。公子怒，欲鞭之。”

1308 掌中珠　《列仙傳》①：“許遜，母夢金鳳銜珠墮掌而生。”王宏詩：“兒生三日掌中珠。”杜詩：“掌中榮見一珠新。”按：此男女通稱。若“老蚌雙珠”則專屬男。

1309 一塊肉　《宋史》：“陸秀夫負帝昺入海，太后楊氏痛哭曰：‘我忍閒關至此者，只爲趙氏一塊肉耳。今無望矣。’”

1310 數米炊　《世說》②：“韋莊性慳嗇，一於儉約，殊不中禮，甚至數米而炊，家人恆苦之。”

1311 名下士　《北史》③：“薛道衡聘陳，作《人日》詩曰：‘入春才七日，離家已二年。’南人見而笑之。及云‘人歸落雁後，思發在花前’，乃曰：‘名下固無虛士！’”

1312 大手筆　《世說》④：“王珣，晉武帝時爲僕射，夢人以如椽大筆與之。醒，語人曰：‘此當有大手筆事。’俄而帝崩，哀詔謚議皆珣所草。”唐稱“燕許大手筆”。

1313 眼孔大　《明皇雜錄》⑤：“帝爲安祿山起第，一切俱極華侈，曰：‘祿山眼孔大。’”石晉主謂桑維翰“眼孔小”。

1314 跨襠蝨　《晉書》阮籍《大人先生傳》：“君子之處域內，何異蝨之處褌中乎？”按：“褌”即“袴”，俗作“褲”。

1315 早安排　《宋書》⑥：“王曾未第時，以《梅花》詩謁呂蒙正，有句

---

① 引文見《夜航船》卷五《金鳳銜珠》。

② 事見《記纂淵海》卷六五《鄙吝》。

③ 引文見《隋唐嘉話》上。

④ 引文見《晉書·王珣傳》。

⑤ 引文見《新唐書·安祿山傳》。

⑥ 引文見《廣事類賦》卷九引《談苑》。

云：‘雪中未問和羹事，且向百花頭上開。’文穆曰：‘此生早安排作狀元宰相矣。’”

1316 長生庫　《南史·甄彬傳》：“彬嘗以一束麻就長沙寺庫質錢。”按：長沙、長生音相近，故沿誤耳。

1317 中副車　《秦紀》①：“韓張良五世相韓。秦滅六國，良欲爲韓報仇，破產募力士，狙擊始皇于博浪沙中，誤中副車。”

1318 一大錯　唐史②：“羅紹威帥魏博，以牙軍驕恣，盡殺之，由此勢弱。乃曰：‘聚六州四十三縣鐵，鑄不成一箇大錯。’”

1319 莫逆交　《莊子·大宗師篇》：“子祀、子輿、子犁、子來四人相與語曰：‘孰能以無爲首，以生爲脊，以死爲尻，知生死存亡之一體者，吾與之友矣。’四人相視而笑，莫逆於心，遂相與爲友。”

1320 賢昆玉　《十六國春秋》：“辛攀與兄鑒曠、弟寶迅皆以才學知名。秦雍爲之語曰：‘五龍一門，金友玉昆。’”按：據此，則“昆玉”之稱有兄而無弟，似稱“金玉”爲當。

1321 東道主　《左·僖公廿九年》③：“秦伐鄭，鄭使燭之武見秦師曰：‘若舍鄭以爲東道主，行李之往來，共其乏困，君亦無所害。’”光武帝有“北道主人”語。

1322 止一宿　《莊子·天運篇》：“名，公器也，不可多取。仁義，先王之蘧廬也，止可以一宿，而不可以久處。”

1323 勸杯酒　晉史④：“長星見，武帝心惡之，於華林園舉酒祝之曰：‘長星，勸汝一杯酒，自古豈有萬歲天子耶？’”

---

①　引文見《史記·留侯世家》。

②　引文見《事類備要續集》卷三四《聚鐵鑄錯》。

③　廿九，當爲“三十”。

④　引文見《晉書·孝武帝紀》。

1324 口腹累　《漢書》①："閔貢客居安邑,家貧,日買猪肝。邑令聞之,勑吏日給。仲叔怪焉,詢得故。歎曰:'閔仲叔豈以口腹累安邑耶?'"

1325 補精神　《唐書》②："賈島寓滇時,乞詩者無虛日。每歲除夕,檢一年所作詩,祭以酒脯曰:'勞吾精神,以是補之。'"

1326 修邊幅　《後漢書》："馬援使蜀,公孫述盛陳陛衛,延援入。援語客曰:'公孫述不吐哺迎國士,乃修飾邊幅,如偶人行③,何足稽天下士乎?'"按:世謂不衫不履之人曰"不修邊"。

1327 無賴賊　《唐書》④："李勣嘗謂人:'我十二三時,爲無賴賊,逢人便殺;十四五爲難當賊,有不快意則殺;十七八爲佳賊,臨陣乃殺人;二十爲大將,用兵以救人。'"

1328 有膽氣　《宋史》："郭進爲山西巡撫使,嘗有軍校自山西詣汴,誣訟進不法事。太祖送進,令殺之。進語之曰:'汝敢論我,信有膽氣。今北漢來侵,汝能殺敵,當薦汝。'"

1329 當官行　《左·文公十年》："宋公違命,楚大夫子舟抶其僕以徇。或曰:'國君不可戮也。'子舟曰:'當官而行,何強之有?'"

1330 了官事　《晉書·傅咸傳》楊濟曰:"生子癡,了官事,官事未易了也。了事正作癡,復爲快耳!"

1331 語暗合　《晉書》："山濤以爲不宜去州郡武備。時謂濤不學孫吳,而語暗與之合。"

1332 鵲報喜　《唐書》⑤："竇參爲相,特愛其族子申。每議除授,多訪于申。申或泄之,以招權納賄。每至人家,謂之喜鵲。"俗聞鵲噪,輒云報喜。

---

① 引文見《後漢書·閔仲叔傳》。

② 引文見《雲仙雜記》卷四。

③ 行,《後漢書·馬援傳》作"形"。

④ 引文見《隋唐嘉話》卷上。

⑤ 事見《冊府元龜》卷一四八。

1333 綠頭巾 《國憲家猷》：“春秋時有貨妻女求食者，謂之‘倡夫’，以綠巾裹頭，以別貴賤。”按：袁子才云：“《左傳》陳使婦人飲南宮萬酒，此婦人可爲春秋有倡之證。”

1334 不長進 《世說》：“支道林住東安寺中，王長史矜其才藻，往與語，不大當對。支公徐徐謂曰：‘身與君別多年，今君言了不長進。’王大慚而退。”長，上声。

1335 驚破膽 《南史》：“齊王融矯詔立竟陵王子良，魏準鼓成其事。及融誅，召準入詰問。準驚而死，舉體皆青。人以爲膽碎。”宋時謠云：“軍中有一范西，賊聞之驚破膽。”

1336 嘴頭硬 《朝野僉載》：“陸餘慶爲洛州長史，善論事而繆于判決。人嘲之曰：‘洛州長史陸餘慶，筆頭無力嘴頭硬。’”坡詩：“一生喙硬眼無人。”

1337 方外人 《莊子》：“子桑戶死，其友鼓琴而歌。子貢曰：‘敢問臨尸而歌，禮乎？’二友相視而笑曰：‘是惡知禮意。’子貢以告夫子，子曰：‘彼遊于方之外者也。’”

1338 塵撲面 《全唐詩話》：“王播嘗寄食于僧寺，僧厭之，飯罷始鳴鐘。播題詩二句于壁而去。後貴，寺僧將碧紗籠其詩。播見之，續二句云：‘二十年前塵撲面，而今始得碧紗籠。’”

1339 鬼畫符 按：趙翼《甌北集》有《下第》詩云：“敗卷人嗤鬼畫符。”自注：“‘鬼畫符’見《元史》。”

1340 雪等伴 《月令廣義》：“凡雪，日間不積，謂之羞明；霽而不消，謂之等伴。”

1341 倉卒客 《西京雜記》：“曹元禮善算術[①]，詣陳廣漢，設食甚薄。廣漢曰：‘有倉卒客，無倉卒主人。’元禮曰：‘俎上蒸豚、廚中荔支，何不設？’

---

① 曹元禮，《西京雜記》卷四作“曹元理”。

廣漢大驚。”

1342 告終養　晉李密《陳情表》：“臣密今年四十有四，祖母劉今年九十有六。是臣盡節之日長，報劉之日短也。烏鳥私情，願乞終養。”

1343 不中用　《史記·外戚世家》：“武帝擇宮人不中用者，斥出歸之。衛子夫得見，涕泣請出，上憐之，復幸，遂有娠。”

1344 失所望　《世說》①：“羊欣因王子敬爲書白練裠，而書法愈工。沈約云：‘羊敬元長隸書。子敬之後，可以獨步。’時人語曰：‘買王得羊，不失所望。’”

1345 加一級　《左·僖公九年》：“王使宰孔賜齊侯胙。齊侯將下拜，孔曰：‘且有後命。天子使孔曰：“以伯舅耋老，加勞，賜一級，無下拜。”’”

1346 食肉相　《後漢·班超傳》：“虎頭燕頷，飛而食肉。”山谷詩：“管城子無食肉相。”

丙　冊

1347 在掌握中　《漢書》：“陳平患諸呂，不能制，獨居深念。陸賈曰：‘天下安，注意相；天下危，注意將。將相和，則士豫附。權不分，爲社稷計，在兩君掌握耳。君何不交驩太尉？’”《晉史》劉裕曰②：“虜已入吾掌中矣。”

1348 入我彀中　《摭言》：“唐太宗賜新進士宴。宴罷，綴行而出。上目送之，喜曰：‘天下英雄，皆入我彀中矣。’”

1349 妙手空空　《劍俠傳》：“聶隱娘捨魏帥，詣劉昌裔軍中，曰：‘彼必使精精兒來殺某及僕射。’是夜果至，隱娘殺之，曰：‘後夜當使妙手空空兒繼至。空空之神術，人莫能窺其用云云。’”

1350 善始善終　《史記·陳平世家贊》：“定宗廟，以榮名終，稱賢相，豈不善始善終哉！非智謀孰能當此者乎？”

---

① 引文見張懷瓘《書斷》卷中。
② 引文見《資治通鑑·安皇帝義熙五年》。

1351 喝得耳聾 《傳燈錄》[1]:"百丈參馬祖,祖指拂子。百丈問曰:'卽此用? 離此用?'祖喝曰:'不卽不離。'百丈省悟,語人曰:'我被馬大師一喝,直得三日耳聾。'"

1352 勞而無功 《黃石公記》曰:"柔能制剛,弱能制强。舍近謀遠者,勞而無功;舍遠謀近者,逸而有終。故曰:'務廣地者荒,務廣德者强。'"

1353 馬到成功

1354 一竅不通 《列子》:"龍叔謂文摯曰:'吾有疾,子能已乎?'文摯卽命龍叔背明而立,曰:'嘻! 吾見子之心矣。子心六孔流通,一竅不達。今聖智爲疾者,或由此乎?'"

1355 呼吸相通 《潛確類書》:"李白登華山落雁峯,曰:'此山最高,呼吸之氣,想通帝座。恨不攜謝朓驚人句,來搔首問青天耳。'"

1356 小人之雄 《東周紀》[2]:"孔子曰:'少正卯,居處足以聚徒成群,言談足以飾邪營衆,强足以反是獨立,此小人之桀雄也,不可以不誅也。'"

1357 甘拜下風 《莊子》:"廣成子南首而臥,黃帝順下風膝行而進,拜稽首而問云云。"《左・成公十五年》[3]:"秦伯獲晉惠公,晉大夫三拜稽首曰:'皇天后土實聞君之言,群臣敢在下風。'"

1358 兩裦清風 盧仝《茶歌》:"一椀喉吻潤,二椀破孤悶。三四五六椀云云。七椀喫不得也,惟覺兩腋習習清風生。"按:"裦"字似從"腋"字換來,或別有出。

1359 口角春風

1360 年老龍鍾 《唐書》[4]:"裴度未第時,乘蹇驢上天津橋。有二老人曰:'須此人作相云云。'度曰:'見我龍鍾,故相戲耳。'"據此,則"龍鍾"非

---

[1] 引文見《五燈會元》卷三。

[2] 引文見《荀子・宥座》。

[3] 成,當爲"僖"。

[4] 事見《太平廣記》卷一三八《裴度》引,出《劇談錄》。

必老稱。惟杜詩"一臥東山三十春,豈知書劍老風塵? 龍鍾還忝二千石,愧爾東西南北人",則似稱年老矣。至以"龍鍾"爲竹名,不知何據。

1361 萍水相逢 晉潘岳詩:"依水類浮萍。"王勃《滕王閣序》:"萍水相逢,盡是他鄉之客。"

1362 狹路相逢 魏文帝《典論·自序》:"後從陳國袁敏學,以單攻複,每爲若神,對家不知所出,告曰:'若逢敏於狹路,直決耳。'"謂決勝負也。古詩:"相逢狹路間,道隘不容車。"

1363 頭腦冬烘 《唐書》:"鄭薰爲試官,誤以顏標爲眞卿之後,首拔之。榜發,士論譁然,有人作詩嘲之云:'主司頭腦太冬烘,錯認顏標作魯公。'"

1364 降心相從 《左·隱公十一年》鄭伯曰:"唯我鄭國之有請謁焉,如舊昏媾,其能降以相從也。"注:"降,降心也。"

1365 一木難支 《南史》:"宋中書監袁粲謀誅蕭道成,事洩,道成遣兵攻粲。下城,謂其子最曰:'本知一木不能支大廈之崩,但以名義至此。'父子俱死。"

1366 平平無奇 《後漢書》:"任尚代班超爲西域都護。超謂尚曰:'宜蕩逸簡佚,寬小過,總大綱而已。'尚語人曰:'吾以班君當有奇節,今所言平平耳。'"

1367 吹毛求疵 《韓非子》曰:"古之人君,明大體者不吹毛而求小疵,不洗垢而察難知。"《漢書》:"議者多冤鼂錯之死,務摧抑諸侯王,數奏暴其過惡,吹毛求疵,諸侯王莫不悲怨。"

1368 震而矜之 《公羊·僖公九年》"諸侯盟于葵丘"傳:"葵丘之會,桓公震而矜之,叛者九國。震者何? 猶曰振振然。矜之者何? 猶曰莫若我也。"

1369 爲官爲私 《晉書》:"惠帝不慧,嘗在華林園聞蝦蟇聲,問左右曰:'鳴者爲官乎? 爲私乎?'賈充對曰:'在官地者爲官,在私地者爲私。'"

1370 假公報私 《後漢書》：“尚書張陵劾奏大將軍梁冀，詣廷尉論罪。冀弟不疑爲河南尹，嘗舉陵孝廉，謂曰：‘君適所以自罰也。’陵曰：‘明府不以陵不才，誤見擢序。今申公憲以報私恩，不亦可乎？’不疑大慙。”

1371 樂不可支 《後漢書》：“張堪爲漁陽太守，匈奴不敢犯塞。勸民耕稼，以致殷富。百姓歌曰：‘桑無附枝，麥穗兩歧。張公爲政，樂不可支。’”

1372 樂此不疲 《光武紀》：“帝數引公卿講論經理，夜分乃寐。皇太子乘間言：‘當頤養精神。’帝曰：‘我自樂此，不爲疲也。’”

1373 天知神知 《後漢書》：“楊震門人王密爲昌邑令。震道經昌邑，密夜懷金十斤遺震。震曰：‘我知君，君不知我，何也？’密曰：‘暮夜無知者。’震曰：‘天知，神知，子知，我知，已是四知，何云無知？’”

1374 冷煖自知 《傳燈錄》：“道明禪師語六祖曰：‘蒙指授妙處，如人飲水，冷煖自知。’”宋人句：“冷煖原來祇自知。”

1375 俗不可醫 《山谷集》：“余嘗謂子弟曰：‘士生一世，可以百爲，惟不可俗。俗，則也不可醫也。’”

1376 倒行逆施 《吳越春秋》：“伍員既伐楚，入郢，瀦其宮，取平王尸，鞭之三百。人曰：‘子所爲，毋乃已甚乎？’員曰：‘吾日暮途窮，故倒行而逆施耳。’”

1377 夫婦齊眉 《後漢書》：“梁鴻與妻孟光適吳，居皋伯通廡下，爲人賃春。每歸，妻爲具食，舉案齊眉，伯通異之。”世謂夫妻俱享高年曰“夫妻齊眉”。按：此與高年無涉。

1378 傳聞異辭 《公羊・隱公元年》“公子益師卒”傳曰：“何以不日？遠也。所見異辭，所聞異辭，所傳聞異辭。”按：此三句《公羊》凡三見。

1379 不卽不離 注見“喝得耳聾”。

1380 爲人解圍 《晉書》：“王凝之妻謝道韞聞獻之與客談論，詞理將屈，遣婢白獻之曰：‘欲爲小郎解圍。’施青步幛自蔽，再申前議，客不能屈。”

1381 賓至如歸 《左・襄公卅一年》：“子產從鄭伯如晉，壞晉館垣。士文伯讓之。子產曰：'僑聞文公之爲盟主也，賓至如歸，無寧菑患，不畏寇盜而亦不患燥溼。'"

1382 無家可歸　《左·襄公廿七年》："齊人殺崔杼之子，盡俘其家，其妻縊。盧蒲嫳御崔子歸，至則無歸矣。乃縊。"《昭公十八年》："邾人襲鄅，遂入之。盡俘以歸。鄅子曰：'余無歸矣。'從帑于邾。"

1383 狐假虎威　《國策》江乙說楚王曰："虎得狐，狐曰：'無啖我。我爲子先，子隨我後。'百獸見之，莫不震恐。虎不知其畏己也，以爲畏狐也。"

1384 是是非非　《莊子》："是其所非，非其所是。"《荀子》："是是非非之謂智，非非是是之謂愚"①。

1385 想入非非　《法苑珠林》②："釋迦佛於檀特山中學，非非想。於二月八日成佛。"《金剛經》："若有想，若無想；若非有想，非無想。"

1386 安步當車　《國策》："顏斶曰：'晚食以當肉，安步以當車，無罪以當貴，清靜貞正以自娛。'"

1387 奇貨可居　《秦紀》③："太子妃曰'華陽夫人'，無子。夏姬生子異人，質于趙，因不得意。陽翟大賈呂不韋適邯鄲，見之，曰：'此奇貨可居。'乃說太子云云。"

1388 習氣未除　《華嚴經》："除一切煩惱習氣。"《法苑珠林》："佛謂舍弗利：'汝身三毒，習氣未除，以是故，恐怖不除。'"

1389 恨不讀書　《南史》："宋劉義康問沙門慧琳曰：'弟子有還理否？'琳曰：'恨公不讀數百卷書。'""齊沈攸之曰：'早知窮達有命，恨不十年讀書。'"

1390 騎驢覓驢　《傳燈錄》："大安曰：'欲求識佛，何者爲先？'百丈曰：'參禪有二病，一是騎驢覓驢，二是騎驢不肯下，騎牛覓牛。'"

---

① 非非是是，《荀子·修身》作"非是是非"。
② 引文見《韻府群玉》卷十一引《傳燈錄》。
③ 秦紀，當作"周紀"，見《資治通鑑·赧王五十八年》。

1391 老馬識途 《韓非子》：“管仲、隰朋從桓公伐孤竹，春往而冬返，迷惑失道。管仲曰：‘老馬之智可用也。’乃放老馬而隨之，遂得途焉。”

1392 視爲畏途 《莊子·達生篇》：“仲尼曰：‘夫畏途者，十殺一人，則父子兄弟相戒也，必盛卒徒而後敢出焉，不亦知乎？’”

1393 言人人殊 《漢書》：“曹參爲齊相，盡召諸先生，問所以安集百姓。而齊故諸儒以百數，言人人殊。參聞蓋公善治黃老言，使人請之。”

1394 滋蔓難圖 《左·隱公元年》公子呂曰：“無使滋蔓，蔓難圖也。蔓草猶不可除，況君之寵弟乎？”

1395 兩腳書厨 《南史》：“齊陸澄博覽群書，而作文則儉嗇。王衍曰①：‘此書厨也。’”按：南人謂記誦多而不工文者曰“兩腳書厨”。

1396 何必拘拘 《莊子·大宗師篇》：“子輿病，子祀往視之曰：‘偉哉！夫造物者將以予爲此拘拘也。’”

1397 文東武西 《漢書》：“田延年爲河東守，行縣至平陽，召故吏，令有文者東，有武者西。閱數十人，尹翁歸請曰：‘翁歸文武兼備，惟所施設。’”

1398 當局則迷 《唐·元澹傳》：“當局者迷，旁觀以審。”②常語云：“當局則迷，旁觀則清。”

1399 結髮夫妻 漢蘇武《別妻》詩：“結髮爲夫妻，恩愛兩不疑。歡娛在今夕，燕婉及良時。”按：程伊川云：“‘結髮’只稱其幼小，男冠女笄初上頭時，非謂合髻子也。”

1400 後悔噬臍 《左·莊公六年》：“鄧三甥請殺楚子曰：‘亡鄧國者，必此人也。若不早圖，後君噬臍，其及圖之乎？’”人口不能至臍，喻悔不及也。

1401 爛醉如泥 《後漢書》：“周澤爲太常，臥疾齋宮。其妻憐其老病，問所苦。澤大怒，以妻犯齋。時人爲之語曰：‘三百五十九日齋，一日不

---

① 衍，《南史·陸澄傳》作“儉”。
② 者、以，《新唐書·元澹傳》作“稱、必”。

齋醉如泥。’”按：南海有蟲，無骨，名曰“泥”。在水中則活，失水則醉，如一堆泥然。

1402 反脣而稽　賈誼疏曰：“抱哺其子，與公併倨。婦姑不相悅，則反脣而相稽。其慈子嗜利，不同禽獸者幾希矣。”

1403 讀書便佳　朱子語錄：凡人家子弟，無論其天姿之美否，與夫後日之成敗，但能讀書者便佳。

1404 近水樓臺　《冷齋夜話》^①：“范文正公鎮錢唐，兵官皆被荐，獨巡檢蘇麟不見錄，乃獻詩云：‘近水樓臺先得月，向陽花木易爲春。’公見詩大喜，即荐之。”

1405 心若死灰　《莊子·知北游篇》：“被衣大說，行歌而去之，曰：‘形若槁骸，心若死灰。’”山谷詩：“爵祿心已死。”被衣，人名。

1406 天網恢恢　《老子》：“天之道，不爭而善勝，不言而善應，不召而入來。天網恢恢，疎而不失。”《漢書》：“禁網疎闊。”又：“網漏吞舟。”

1407 適從何來　《唐書》：“宦官崔潭峻薦元稹爲知誥，士論鄙之。會同僚食瓜于閣下，有蠅集瓜上，武儒衡以扇揮之曰：‘適從何來？遽集于此。’”

1408 何處得來　《宋史》：“歐陽修曰：‘爲君者當退小人之僞朋，用君子之眞朋，則天下治矣。’帝獎其敢言，顧侍臣曰：‘如歐陽修者，何處得來？’”

1409 除是飛來　《古今風謠》：“鼎澧間，大盜夏誠、楊幺等據洞庭湖。時有謠云：‘若要擒我^②，除是飛來。’果爲岳飛所擒。”

1410 錢能通神　《唐書》^③：“張延賞聞度支有一冤獄，公判度支，期平反之。忽見案上有帖云：‘奉錢五萬貫，乞不問其獄。’公怒，杖史，按之。次日，盥洗處又一帖云：‘奉錢十萬貫。’公曰：‘錢至十萬能通神矣，無不可回

---

① 引文見《全浙詩話》卷十一引《清夜錄》。
② 要擒，《古今風謠》作“是欲”。
③ 引文見《韻府群玉》卷四上平聲“通神”。

之事。吾恐禍及，不得不止。'"

1411 剛愎不仁　《左·宣公十二年》："楚伍參言于王曰：'晉之從政者新，未能行令，其佐先縠剛愎不仁，未肯用命。其三帥者，專行不獲。'"

1412 陳陳相因　《史記·平準書》："京師之錢累巨萬貫，朽而不可校。太倉之粟，陳陳相因，充溢露積於外，至腐敗不可食。"

1413 以貌取人　《家語》孔子曰："里語'相馬以輿，相士以居'，弗可廢矣。以貌取人，則失之子羽；以辭取人，則失之宰予。"

1414 旁若無人　《史記》："荊軻與高漸離歌于市，已而相泣，旁若無人。"秦王猛見桓溫，捫蝨而談當世之務，旁若無人①。

1415 冷語冰人　《外史》："孟蜀與潘在廷以財結權要。或非之，乃曰：'非是求援，不欲其以冷語冰人耳。'"冰，去聲。

1416 貧賤驕人　《史記》："魏文侯太子擊出，遭田子方于道，下車伏謁。子方不爲禮，子擊怒曰：'富貴者驕人乎？抑貧賤者驕人乎？'子方曰：'貧賤者驕人耳。富貴者安敢驕人？'"

1417 名從主人　《穀梁·桓公二年》："取部大鼎于宋。"傳曰云云："孔子曰：'名從主人，物從中國。'故曰部大鼎也。"

1418 居停主人　《宋史·丁謂傳》："謂議貶寇準，同列不敢言，獨王曾以帝語質之，謂顧曰：'居停主人勿復言，恐亦不免耳②。'蓋指曾以第假準也。"

1419 善氣迎人　《管子》："善氣迎人，親于弟兄；惡氣迎人，害于戎兵，不言之聲，疾于雷鼓。"

1420 天下異人　《宋史》："契丹耶律永昌於朝門見文潞公，卻立改容。蘇軾曰：'使者見其容，未聞其語，因與云云。'永昌拱手曰：'天下異人也。'"

---

① 　事見《晉書·王猛載記》。
② 　恐亦不免耳，不見於《宋史·丁謂傳》，見於《續資治通鑑長編·眞宗乾興元年》。

1421 嗾狗嗾人　《左·宣公二年》：“晉侯飲趙盾酒，伏甲將攻之。其右提彌明知之，遂扶以下。公嗾夫獒焉，明搏而殺之。盾曰：‘棄人用犬，雖猛何爲？’”

1422 養虎噬人　《三國志》：“呂布因陳登求徐州牧，不得，布怒，登喻之曰：‘登見曹公，言待將軍譬如養虎，當飽其肉，否則噬人。’”北魏史①：“侍中元乂幽胡太后于北宮，魏主亦不得省見，裁聽傳食而已。太后不免飢寒，歎曰：‘養虎反噬，我之謂矣。’”

1423 先聲奪人　《左·文公七年》趙盾曰：“先人有奪人之心，軍之善謀也；逐寇如追逃，軍之善政也。”按：此語《左傳》凡三見，俱作“先人”。“先聲奪人”或出《孫吳兵法》。

1424 鶴立雞群　《晉書》：“嵇紹始入洛②，或謂王戎曰：‘昨於稠人中始見嵇紹，昂昂然如野鶴之立於雞群。’戎曰：‘君復未見其父耳。’”

1425 聞所未聞　《漢書》：“趙佗謝陸賈曰：‘居蠻夷中久，殊失禮義。’囂賈與飲數月，曰：‘粵中無足與語。至生來，令我日聞所未聞。’”

1426 未必能文　《談苑》③：“吳萊好遊，有司馬子長之風。嘗謂人曰：‘胸中無三萬卷書，眼中無天下奇山水，未必能文。縱文，亦兒女語耳。’”

1427 排難解紛　《國策》：“平原君以千金爲魯仲連壽，魯連笑曰：‘所貴於天下士者，爲人排難、解紛亂，而無所取也。卽有取者，是商賈之人也。’”

1428 人云亦云

1429 含飴弄孫　《後漢書》：“章帝欲封爵諸舅，太后不許曰：‘若陰陽調和，邊境清靜，然後行子之志。吾但當含飴弄孫，不能復關政矣。’”

1430 利令智昏　《史記》：“平原君，翩翩濁世之佳公子也，然未覩大

①　引文見《通鑑綱目》卷三十。
②　嵇，原訛作“稽”，據《晉書·嵇紹傳》改。
③　引文見《浦陽人物記》卷下。

體。鄙語曰：‘利令智昏。’平原君貪馮亭邪說，使趙陷長平兵四十萬衆，邯鄲幾亡。”

1431 覆盆之寃　漢司馬遷《報任少卿書》：“戴盆何以望天？”太白詩：“願借義皇日^①，爲人照覆盆。”

1432 要言不煩　《魏書》^②：“何晏自言不解《易》九事，詣管輅問之，九事皆明。鄧颺曰：‘善《易》而語不及《易》，何也？’輅笑曰：‘善《易》者不言《易》。’晏曰：‘可謂要言不煩。’”

1433 藥石之言　《左·襄公廿三年》臧孫曰：“季孫之愛我，疾疢也；孟氏之惡我，藥石也。美疢不如惡石。夫石猶生我，疢之美，其毒滋多。”隋史^③：“文帝謂柳述曰：‘韋雲起之言，汝藥石也，可師友之。’”

1434 不敢妄言　《三國·吳志》：“張昭矜嚴有威風，孫權曰：‘孤與張公言，不敢妄也。’”

1435 不交一言　《世說》^④：“王子猷聞桓伊善笛而不相識。遇桓于岸上，過客有識之者，曰：‘此桓子野也。’王令人問：‘聞君善笛，請爲我一弄。’桓素耳王名，即便下車登舟，踞胡牀，爲作《三弄》。畢，便起去，主賓始終不交一言。”

1436 緘口不言　《家語》：“孔子適周，入后稷廟，見金人三緘其口，而銘其背曰：‘古之愼言人也。’”

1437 飲水思源　未詳。《博物志》：“燉煌西渡流沙，往外國千餘里無水，時有伏流處，人不能知。橐駝知水脈，過其處，輒停不行，以足踏地，人於踏處掘之，即得水。”

1438 首鼠兩端　《漢書》：“田蚡謂韓安國：‘與長孺共一禿翁，何爲首

鼠兩端?’”按：鼠性疑，出穴多不果，每一前一卻，故凡持兩端不決者曰“首鼠兩端”。

1439 沐猴而冠　《史記》：“韓生說項籍都關中，籍見秦宮室已燒殘破，心思東歸，曰：‘富貴不歸故鄉，如衣繡夜行，誰知之者?’韓生退曰：‘人言楚人沐猴而冠耳，果然。’”《漢書》：“少府檀長卿爲沐猴舞，蓋寬饒劾奏之。”

1440 怒髮衝冠　《東周紀》①：“魏人朱亥勇俠，隱於屠。侯生薦于公子無忌，使奉璧謝秦王，王怒，命置虎圈。亥怒髮衝冠，瞋目視虎，虎不敢動。”趙藺相如亦“怒髮衝冠”。樊噲“頭髮上指”。

1441 優孟衣冠　《史記》：“優孟，楚樂人。楚相孫叔敖知其異，善待之。將卒，語其子曰：‘貧困則往見孟。’孟爲叔敖衣冠，往見楚王，談笑抵掌，王以爲叔敖復生，欲相之。”

1442 全無心肝　隋史②：“文帝平陳後，謂朝臣曰：‘陳叔寶荒淫悖亂，全無心肝。’又曰：‘以作詩之功，何如思安時事?’”

1443 嘔出心肝　唐李賀詩序：“賀每旦出，從小奚奴背古錦囊，有所得即書，投囊中，暮歸，足成之。其母見之曰：‘兒要當嘔出心肝乃已。’”

1444 脣亡齒寒　《左·僖公五年》：“晉假道于虞以伐虢。宮之奇諫曰：‘諺所謂“輔車相依，脣亡齒寒”者，其虞、虢之謂也。’”

1445 縮手旁觀　韓文公《祭柳子厚文》：“不善爲斵，血指汗顏。巧匠旁觀，縮手袖間。”

1446 天道好還　未詳。《道德經》：“以道佐人主者，不以兵强天下，其事好還。師之所處，荆棘生焉。大軍之後，必有凶年。”

1447 結草銜環　《左·宣公十四年》：“晉輔氏之役，魏顆見老人結草以亢杜回，故獲之。夜夢之曰：‘余，汝所嫁婦人之父也。汝用先人之治命，余

是以報。’”漢楊寶收一被創雀，養成放之。夜有黃衣童子見夢曰："蒙君拯濟，以白玉環四枚爲報。令君子孫潔白，四世爲三公。"後震、秉、賜、彪果如所言。

1448 窺見一斑　《晉書》："王子猷年數歲[1]，觀逸少門生樗蒲，曰：'南風不競，柰何?'生曰：'此郎管中窺豹，特見一斑。'"

1449 放虎歸山　《三國志》[2]："劉巴入蜀依劉璋。及璋迎備，巴諫曰：'備，梟雄人也，久必爲害。'既入，巴復諫：'若使備討張魯，是放虎於山林也。'"

1450 名落孫山　《文酒清話》："周生與孫山同應試，託山探問得失。山得殿尾，而周不售，未便置答，即曰：'解名盡處是孫山，餘人更在孫山外。'"

1451 丈人泰山　黃潛《筆記》[3]："俗呼婦翁曰'岳丈'，曰'泰山'。按：《漢·郊祀志》大山川有'嶽山'，小山川有'嶽壻'。"玩此，則婦翁似可稱"泰山"。又以泰山有丈人峯，故稱"丈人"，似亦有理。按：單于云："漢天子，我丈人行。"似稱妻父矣。《酉陽雜俎》："張說壻鄭鎰本九品，封禪後，特遷五品，兼賜緋。黃旛綽曰：'此泰山之力也。'"則唐已有此稱矣。

1452 已歸道山　《世說》[4]："東坡在惠州，天下傳其已死。後七年，北歸，見南昌太守，葉祖洽曰：'世傳端明已歸道山，今尚游戲人間耶?'"

丁　冊

1453 人力回天　《唐書》："太宗欲幸洛陽，詔修宮室。給事中張玄素引隋世爲諫，帝爲罷役。魏徵聞之，歎曰：'張公論事，有回天之力，可謂仁人之言矣。'"

---

① 猷，當爲"敬"，見《晉書·王獻之傳》。

② 引文見《三國志·蜀書·劉巴傳》裴松之注。

③ 黃潛，當作"黃溍"，引文見《日損齋筆記·雜辨》。

④ 引文見《冷齋夜話》卷七《東坡和陶淵明詩》。

1454 坐井觀天　韓文公《原道》：“坐井而觀天，曰天小者，非天小也，其所見者小也。”

1455 衣鉢相傳　《五代史》[①]：“和凝舉進士，名居十三。後知貢舉，范質亦居十三，謂之曰：‘汝文宜冠多士，屈居十三者，欲君傳老夫衣鉢耳。’質詩云：‘從此廟堂添故事，登庸衣鉢亦相傳。’”

1456 臥雪吞氈　《漢書》：“單于幽蘇武大窖中，絕不飲食。天雨雪，武臥齧雪，與旃毛并咽之，數日不死。匈奴以爲神。”

1457 如坐鍼氈　《晉書》：“愍懷太子患杜錫數諫，心甚怒之，取鍼暗置于錫所常坐氈中，刺之流血。”坡句云：“鍼氈無穩坐。”

1458 細大不捐　韓文《進學解》：“貪多務得，細大不捐。”此言勤學，今以謂貪財者。

1459 捉鬼賣錢　《搜神記》：“宗定伯夜行，逢一鬼，鬼問爲誰。紿之曰：‘我亦鬼也。’遂爲侶行。倦，因相擔而走。問鬼曰：‘鬼何畏？’曰：‘惟畏唾。’便擔鬼，著頭上，詣市，鬼化爲羊。伯恐其變，遂唾之，因賣得錢千五百。買者繫之，明旦，但有繩在。”

1460 頭角嶄然　韓文《柳子厚墓誌》：“雖少年，已自成人，能取進士第，嶄然見頭角。衆謂：‘柳氏有子矣。’”

1461 大謬不然　太史公《報任少卿書》：“日夜思竭其不肖之才力，務一心營職，以求親媚于主上，而事乃有大謬不然者。”

1462 我見猶憐　《世說》[②]：“桓溫尚南康公主。後平蜀，以李勢女爲妾。主聞，拔刀率婢往，欲殺之。既見女，神色閒正，詞氣悽惋，乃擲刀曰：‘我見猶憐，何況老奴！’”

1463 搖尾乞憐　韓文公《與韋舍人書》：“若俯首帖耳，搖尾而乞憐者，

---

①　引文見《事類備要》後集卷一三“登庸衣鉢相傳”。
②　引文見《世說新語·賢媛》注引《妒記》。

非我之志也。"唐庚詩："就令搖尾有誰憐?"

1464 同病相憐　《吳越春秋》子胥曰："子聞河上之歌者乎? 同病相憐,同憂相救。"

1465 水滴石穿　枚乘文："泰山之霤穿石。"《宋史》①："張詠知崇陽縣,一吏自庫中出,其鬢旁有一錢,詰之,庫錢也。詠杖之,判云:'一日一錢,千日千錢。繩鋸木斷,水滴石穿。'"

1466 狗尾續貂　晉史②："趙王倫篡位,奴卒皆濫叨爵位。每朝會,貂蟬盈座。時爲之語曰:'貂不足,狗尾續。'"

1467 過橋拆橋　《元史》："順帝初,詔罷科舉。伯顏特令許有壬爲班首,宣詔以折辱之。有壬懼禍,不敢辭。治書御史溥化諧有壬曰:'參政可謂過橋拆橋者矣。'"③

1468 井井有條　《荀子·儒效篇》："井井兮其有條理也。"④《字典》："井井,經畫端整貌。"

1469 刎頸之交　《史記》："廉頗欲辱藺相如,相如每引避之,人以爲恥。後頗聞相如之言,肉袒負荊,造門請罪,卒成刎頸之交。"又酈通曰:"張耳、陳餘布衣時相與爲刎頸之交。"

1470 八拜之交　《聞見錄》："韓琦罶守北京,李稷以國子博士爲漕,慢魏公。俄文潞公代魏公爲守,稷謁見,公著道服出,語之曰:'汝父吾客也,只八拜。'稷不得已,如數拜之。"

1471 名列前茅　《左·宣公十二年》："前茅慮無,中權,後勁。"注:"時楚以茅爲旌幟,故在前。"

1472 孺子可教　《史記》："張良嘗遊下邳,圯上有老父,墮履圯下,顧

---

① 引文見《鶴林玉露》卷十《一錢斬吏》。

② 引文見《晉書·趙王倫傳》。

③ 過橋,《元史·徹里帖木兒傳》作"過河"。

④ 《荀子·儒效》無"條"字。

語良曰：‘孺子下取履。’良愕然，視其老，强忍取履。父曰：‘履我。’良長跪履之。父以足受之，笑曰：‘孺子可教矣。五日平明，與我會此。’後授以素書，曰：‘讀此可爲帝者師矣。’”

　　1473　亡羊補牢　《國策》莊辛曰：“見兔而顧犬，未爲晚也；亡羊而補牢，未爲遲也。”

　　1474　代人捉刀　《魏略》：“魏王將見匈奴使，自以形陋，不能雄遠，因使崔季珪代，余自捉刀立牀頭[1]。既見畢，令諜問曰：‘魏王何如？’使答曰：‘魏王雅望非常，然牀頭捉刀人，乃眞英雄也。’操令人追殺此使。”

　　1475　笑中有刀　《唐書》：“李義府容貌溫恭，與人語，必嬉怡微笑，而心極險刻。故人謂其‘笑中有刀’，而又謂其柔而能害物，因呼爲‘李貓’。”

　　1476　千里鵝毛　杜詩[2]：“且同千里寄鵝毛。”山谷詩[3]：“鵝毛千里贈，所重以其人。”按：此語不始于二公，必有來歷。

　　1477　同室操戈　《左·昭公元年》：“鄭徐吾犯之妹美，公孫楚聘之矣，公孫黑又使强委禽焉，後適子南。子晳怒，欲殺之，而取其妻。子南知之，執戈逐之。”《後漢書》：“何休曰：‘康成入吾室，操吾戈，而伐我乎？’”

　　1478　平地風波　未詳。白香山詩云[4]：“一日風波十二時。”

　　1479　一步不過　晉史[5]：“蘇峻反，溫嶠卽欲率衆下衛建康，三吳亦起義兵。庾亮報嶠書曰：‘吾憂西陲過于歷陽，足下無過雷池一步也。’”

　　1480　見少自多　《莊子·秋水篇》北海若曰：“吾在於天地之間，猶小石小木之在大山也，方存乎見少，又奚以自多？”

　　1481　且坐喫茶　《傳燈錄》：“趙州大師問僧：‘踏破多少草鞋？’僧云：

①　余，《世說新語·容止》作“帝”。

②　引文見蘇軾《揚州以土物寄少游》。

③　引文見歐陽修《梅聖俞寄銀杏》。

④　引文見黃庭堅《鷓鴣天·題玄眞子圖詞》。

⑤　引文見《晉書·庾亮傳》。

'你看這老和尚。'師云:'拄杖不在,且坐喫茶。'"

1482 在家出家 《要覽》:"佛言:'若出家,不修善根,不如在家;若出家,能修善根,則勝在家。'"《廬山錄》:"謝靈運欲入蓮社,遠公不許。靈運曰:'白蓮道人將無謂我俗緣未盡,不知我在家出家久矣。'"東坡嘗戲語辨才曰:"和尚如此煩惱,何不出家?"

1483 以官爲家 韓文《送楊少尹序》:"中世士大夫以官爲家,罷則無所於歸。楊侯始冠,舉於其鄉,歌《鹿鳴》而來也。"

1484 走馬看花 《全唐詩話》[1]:"孟郊年五十登第,作詩曰:'昔日齷齪不足誇,今朝放蕩思無涯。春風得意馬蹄疾,一日看遍長安花。'"

1485 鐵樹開花 《升菴外集》[2]:"吳興王濟云:'吳湘間有俗諺,見事難成者,則曰須鐵樹開花。余在廣西殷指揮家,見一樹高可三四尺,幹葉皆紫黑色,葉小類石榴,質理細厚。問之,曰:"此鐵樹也。每遇丁卯年乃花。花四瓣,紫白色,如瑞香,較少圓,一開累月不凋,嗅之有草氣。"'"六十年一開,此"鐵樹開花"之語所由來也。

1486 錦上添花

1487 意氣揚揚 《史記·管晏列傳》:"晏子爲齊相,出,其御之妻從門間而闚其夫。其夫爲相御,擁大蓋,策駟馬,意氣揚揚,甚自得也。"

1488 飢附飽颺 《晉書》:"慕容垂請至鄴拜墓,苻堅許之。權翼諫曰:'垂猶鷹也,飢則附人,飽則颺去。'"按:曹操謂呂布與此略同。

1489 欲蓋彌章 《左·昭公三十一年》:"邾黑肱以濫來奔,賤而書名,重地故也。君子曰:'名之不可不慎也如是。或求名而不得,或欲蓋而名章,懲不義也。'"

1490 金玉滿堂 老子《道德經》:"金玉滿堂,莫之能守。"

---

① 引文見《廣事類賦》卷九"看花馬疾"引《孟東野集》。

② 引文見《三餘雜志》卷八《鐵樹》引《升菴外集》。

1491 每飯不忘 《漢·文帝紀》①："上輦過郎署，謂馮唐曰：'昔有爲我言趙將李齊之賢，戰于鉅鹿下。今吾每飯，意未嘗不在鉅鹿。'"

1492 酒有別腸 《五代史》②："閩王曦言：'周維岳身甚小，何飲之多?'左右曰：'酒有別腸，不必身大。'曦欲剖視酒腸。或諫曰：'殺維岳，無人侍劇飲。'乃止。"

1493 鐵石心腸 《唐書》："宋璟立朝剛正，封廣平郡公。"皮日休曰："余嘗慕宋廣平之爲人，貞姿勁質，疑其有鐵石心腸。乃讀《梅花賦》，絕不類其爲人。"

1494 車載斗量 《三國志》③："吳使趙咨至魏，魏主問曰：'江東如卿比者有幾?'咨曰：'如臣之比，車載斗量，不可勝數。'"

1495 剜肉補瘡 《唐書》進士聶夷中詩云④："二月賣新絲，五月糶新穀。醫得眼前瘡，剜卻心頭肉。"

1496 百孔千瘡 韓文云："漢氏以來，群儒區區修補，百孔千瘡，隨亂隨失，其危如一髮引千鈞，緜緜延延，寢以微滅。"

1497 衣錦還鄉 《南史》："柳慶遠爲雍州刺史，帝餞于新亭曰：'卿衣錦還鄉，朕無西顧之憂矣。'"

1498 兄弟參商 《左·昭公元年》："昔高辛氏有二子，伯曰'閼伯'，季曰'實沈'，居於曠林，不相能也。日尋干戈，以相征討。堯遷閼伯于商丘，主辰；遷實沈于大夏，主參。"

1499 和氣致祥 《漢書》："劉向上疏曰：'和氣致祥，乖氣致異。祥多者其國安，異多者其國危。'"

---

① 引文見《漢書·馮唐傳》。

② 引文見《資治通鑑·後晉高祖天福七年》。

③ 引文見《三國志·吳書·吳主傳》注引《吳書》。

④ 引文見《舊五代史·馮道傳》。

1500 病入膏肓　《左·成公十年》[①]:"晉平公疾,秦伯使醫緩爲之醫。至,曰:'疾不可爲也,在肓之上,膏之下,攻之不可,達之不及,藥不至焉,不可爲也。'"

1501 兒女情长　《後漢書》[②]:"袁紹至荆州,與劉表謀共起兵討董卓。表以愛子病,無心軍國大事,議久不決。紹歎曰:'景升兒女情長,英雄氣短。'"

1502 白面書生　《南史》:"宋沈慶之謂文帝曰:'耕當問奴,織當問婢。陛下今欲伐國,而與白面書生輩謀之,事何由濟?'"按:蜀漢糜竺、簡雍已有"白面書生"之目。

1503 見事風生　注見"回避"。

1504 大器晚成　《後漢書》:"朱勃年十二,能誦書,馬援見之自失。援兄況曰:'朱勃智盡此耳。何畏也? 汝大材當晚成,良工不示人以璞,且從所好。'"

1505 非錢不行　《朝野僉載》:"鄭愔爲吏部侍郎,掌選,頗納賄。有選人以百錢繫鞋帶,愔問何爲,答曰:'當今之選,非錢不行。'"

1506 文宗、文衡　《詩源指訣》:"陳子昂作《感遇詩》三十八首,王適見之曰:'海内文宗也。'"《宋史》[③]:"太祖以陶穀子邴名在第六,曰:'聞穀不能訓子,安得登高第?' 因下詔云:'始聞黨與,頗因竊吹,文衡公器,豈宜斯濫?'"

1507 此舉何名　《南史》[④]:"侯景反,梁武帝命宣城王大器及羊侃督軍禦之。遣舍人賀季勞景。季曰:'此舉何名?'景曰:'欲爲帝耳。'"

1508 器小易盈　《復齋漫錄》:"劉翰尉豐城,性不飲,飲則面色如烘。

---

① 十,原訛作"九"。

② 《後漢書》無,未詳所出。

③ 引文見《宋史全文·宋太祖二》。

④ 引文見《通鑑綱目》卷三三。

郡推官至邑，能飲啖，與同宴，戲公曰：‘小器易盈眞縣尉。’公答曰：‘窮阮難滿是推官。’”

1509 公道難明　柳宗元《賀王參元失火書》：“獨自得之，心蓄之，銜忍而不出諸口。以公道之難明，而世之多嫌也。”

1510 開心見誠　《後漢書》：“馬援歸隴右，隗囂問以東方之事，援曰：‘上才明勇略，非人敵也。且開心見誠，無所隱伏。’”

1511 拔出火阬　《法華經》：“三界無安，猶如火宅。眾苦所燒，我皆拔濟之。”

1512 草木皆兵　晉史[①]：“苻堅以輕騎兼道赴壽春，與苻融登城而望，見晉師行陣齊整，將士精銳。又北望八公山上，草木皆人形，曰：‘此亦勁敵也。’”

1513 鐵面無情　《宋史》：“殿中侍御史趙抃，彈劾不避權幸，京師號‘鐵面御史’。”

1514 無香火情　《唐書·突厥傳》：“秦王馳騎，語突利曰：‘爾往與我盟，急難相助，今引兵攻我，何無香火情耶？’”

1515 老尚多情　《南史》：“梁元帝徐妃與帝左右暨季江私通，季江曰：‘遼陽馬，雖老猶駿；徐娘，雖老猶尚多情。’”

1516 戀戀有情　《史記》：“范雎詭名張祿，爲秦相。須賈聘秦，雎敝衣往見之。賈驚曰：‘范叔一寒至此哉？’取一綈袍贈之。後知其爲相，膝行入謝罪。雎坐責之曰：‘汝所以得不死者，以綈袍戀戀，尚有故人之意耳。’”

1517 水火無情　《畫鑑》：“言孫位畫水，張南本畫火。水火無情之物，而二公深得其理。”

1518 未免有情　《世說》：“衛玠欲渡江，形神慘悴，語左右云：‘見此茫茫，不覺百端交集，苟未免有情，亦復誰能遣此？’”

---

①　引文見《晉書·苻堅載記下》。

1519 禮順人情　《漢書》^①："卓茂爲密縣令，民有言部亭長受其米肉遺者，茂曰：'亭長從汝求乎？'民曰：'往遺之耳。'茂曰：'遺之而受，何故言耶？'民曰：'苟如此，律何故禁之？'茂笑曰：'律設大法，禮順人情。今我以禮教汝，汝必無怨，以律治汝，汝何所措其手足乎？'"

1520 一路福星　《宋史》^②："復以鮮于侁爲京東轉運使，司馬光語人曰：'朝廷欲救東土之弊，非子駿不可，此一路福星也。安得百子駿布在天下乎？'"

1521 目不識丁　《唐書》："張弘靖曰：'天下無事，爾輩挽兩石弓，不如識一丁字。'"

1522 掩耳盜鈴　《呂氏春秋》："范氏亡，有得其鐘者，欲負而走，則大鐘不可負，以椎毀之，怳然有音，恐人聞之而奪己，遽掩其耳。"《隋書》^③："突厥欲李淵爲帝，則以兵相助。淵不可，裴寂請尊天子爲太上皇，立代王爲帝，改易旗幟，以示突厥。淵曰：'此所謂掩耳盜鈴，然逼于時事，不得不爾。'許之。"按：鈴，小器；鐘，大器。大則有聲，故情急掩耳。訛鐘爲鈴，自隋已然，由來久矣。

1523 捷足矣登　《史記》："高祖謂蒯通曰：'若教韓信反，何也？'通曰：'秦失其鹿，天下共逐之。高材捷足者先得，可盡誅乎？'乃釋之。"按：《公羊傳》"登來之也"注："齊人謂得爲登。"故先得曰先登。

1524 遇事模棱　《唐書》^④："蘇味道初作相，門人問曰：'天下方事之殷，相公何以變和？'味道但以手摸牀棱而已。時稱爲'蘇摸棱'。"摸棱，謂持兩端不決也。據此，則"模"當云"摸"。

1525 老物可憎　《晉書》："宣帝張皇后生景帝、文帝，後桓夫人有寵，

---

① 引文見《後漢書・卓茂傳》。

② 引文見《續資治通鑑長編・神宗元豐八年》。

③ 引文見《資治通鑑・隋恭皇帝義寧元年》。

④ 引文見《太平廣記》卷二五九《蘇味道》引《盧氏雜記》。

后往省宣帝病。帝曰：‘老物可憎！’后欲自殺，帝驚謝乃止，曰：‘老物不足惜，恐困我好兒耳。’”

1526 斬斷葛藤　未詳。趙元詩：“新開一徑通蘭若，斬盡清涼舊葛藤。”

1527 尚隔兩層　《談苑》①：“韋子威師丁約，一日辭去，謂子威曰：‘卽君得道，尚隔兩塵。’”按：儒謂世，釋謂劫，道謂塵。猶言隔兩世也。常語誤“塵”爲“層”。

1528 高枕無憂　《漢書》賈誼曰：“梁足以扞齊趙，淮陽足以禁吳楚，陛下高枕終無山東之憂矣。”

1529 刺刺不休　韓文《送殷員外序》：“持被入直三省，丁寧顧婢子，語刺刺不能休。”刺，讀如字，不音盧達反。

1530 集腋成裘　《漢書》王褒《四子論》②：“千金之裘，非成於一狐之腋。”

1531 破釜沈舟　《史記》：“項羽與秦將章邯戰。渡河，皆破釜沈舟，以示士卒必死，無有還心。”

1532 覆水難收　《韻府》注：“姜太公初娶馬氏，讀書不事產，馬求去。太公封齊，馬求再合，太公取水一盆傾于地，令婦收水，惟得其泥。太公曰：‘若能離更合，覆水何難收？’”按：殷周之際，安得有馬姓？況太公封齊之時，年近百歲，馬之齒亦可知。至朱買臣妻，世謂“馬前覆水”，攷之《史》《漢》，亦無其事。蓋有此語，不必有此事也。

1533 能發能收

1534 明珠暗投　漢鄒陽獄中上書：“明月之珠，夜光之璧，以暗投人于道上，無不按劍相眄者，何則？無因而至前也。”

---

① 引文見《海錄碎事》卷十三上“隔兩塵”。

② 引文見《文選》卷五一《四子講德論》。

1535 更上層樓　唐王之渙《登鸛雀樓》詩：“白日依山盡，黃河入海流。欲窮千里目，更上一層樓。”

1536 老氣橫秋

1537 一諾千金　《楚漢春秋》曹丘生曰[①]：“楚諺曰：‘得黃金千斤，不如得季布一諾。’足下何以得此聲譽于梁楚間？僕與足下皆楚人，使僕游揚足下名于天下，顧不美乎？”曹丘推轂，語本此。

1538 點鐵成金　《神仙傳》呂純陽事。

1539 交淺言深　《國策》：“交淺而言深，是忠也。使交淺而不可以深談，則天下不傳，而三公不得也。”

1540 腦後一鍼　《集異記》：“狄梁公妙針術。有富兒鼻端生贅如拳，痛楚危急，公爲腦後下一鍼，疣應手而落。其父母重酬之，不受。”

1541 耿耿在心　《語林》[②]：“馬子才送陳自然曰：‘子之此遊，挾何術以往？’曰：‘吾視囊中不見乎有物，吾胸中耿耿者尚在也。’”

1542 高下在心　《左·宣公十四年》伯宗曰[③]：“古人有言曰云云。諺曰：‘高下在心。’川澤納汙，瑾瑜匿瑕，國君含垢。’”

1543 一片婆心　《傳燈錄》：“義玄禪師問黃蘗：‘如何是祖師西來意？’黃蘗便打，遂辭去。黃蘗指往大愚，大愚曰：‘黃蘗恁麼老婆心切，爲汝得徹困。’義玄大悟。”

1544 手藝專心　柳宗元《梓人傳》：“彼將舍其手藝，專其心智，而能知體要者歟？”

1545 人面獸心　《國語》：“越伐吳，吳王使王孫雄行成于越。范蠡對雄云：‘余雖靦然而人面哉？吾猶禽獸也。又安知是諓諓者乎？’”晉孔嚴《與殷浩書》：“皆人面獸心，貪而無親，難以感義。”

---

① 引文見《史記·季布欒布列傳》。
② 引文見《全唐文》卷九五六馬子才《送陳自然西上序》。
③ 四，當爲“五”。

1546 狼子野心　《左·宣公四年》:"楚司馬子良生子越椒,子文曰:'必殺之。諺曰:"狼子野心。"是乃狼也,其可畜乎?'"

1547 對牛彈琴

1548 紙上空談　《唐書》:"徐文遠通左氏學,從沈重質問義理。辭去,曰:'先生所談,紙上語耳。'"按:世有"紙上談兵"之語,當別有出。

1549 老生常談　《魏志》:"何晏夢蠅集鼻上,詣管輅卜之。輅曰:'願君侯哀多益寡,非禮不履,然後三公可至,青蠅可驅也。'鄧颺曰:'此老生之常談。'輅曰:'老生者見不生,常談者見不談。'"

1550 青勝於藍　《荀子》:"青出于藍,而勝於藍;冰生于水,而寒于水。"《北史》:"李謐初師博士孔璠,後璠還就謐請業。同門生語曰:'青成藍,藍謝青。師何常? 在明經。'"

1551 此子不凡　《先賢傳》[①]:"薛勤爲郡功曹,時陳蕃年十五,爲父賫書詣勤。勤顧而察之,明日造焉。仲舉父出迎,勤曰:'足下有不凡子,吾來候之,不從卿也。'與蕃談終日。"

---

① 《太平御覽》卷四一〇引《汝南先賢傳》。

常語尋源卷下

戊　冊

1552 逢人說項　《唐書》①："項斯成進士，授丹徒尉。爲人清奇雅正，尤工于詩。楊敬之贈以句云：'幾日見君詩盡好，及觀標格勝于詩。平生不解藏人善，到處逢人說項斯。'"

1553 恭謹無比　《漢書》："景帝以石奮及四子皆二千石，號奮爲'萬石君'，無文學，而恭謹無與比。"

1554 皆大歡喜　《金剛經》："佛說是經已，長老須菩提及諸比丘、比丘尼、優婆塞、優婆夷、一切世間天人、阿修羅，聞佛所說，皆大歡喜，信受奉行。"

1555 見獵心喜　魏文帝《典論·自序》："歲之莫春，勾芒司節，和風扇物，弓燥手柔，草淺獸肥，見獵心喜②，與族子丹獵于鄴西。"

1556 將門之子　《晉書》③："王猛孫鎮惡奔晉，有謀善斷，喜論軍國大事。或薦于劉裕，與語，悅之。裕謂參佐曰：'吾聞將門有將，信然。'"《孟嘗君傳》："將門有將，相門有相。"

1557 愛憐少子　《史記·趙世家》："趙太后謂左師觸龍曰：'丈夫亦愛憐其少子乎？'對曰：'甚于婦人。'太后曰：'婦人異甚。'"

1558 言不入耳　《家語》孔子曰："自吾得由，而惡言不入於耳。"李陵《答蘇武書》："左右之人見陵如此，以爲不入耳之歡，來相勸勉。"

1559 言猶在耳　《左·文公七年》："晉穆嬴謂趙宣子曰：'此子也才，吾

---

① "唐"字衍，引文見《龍文鞭影》卷二之九佳。

② 《藝文類聚》卷七四、《北堂書鈔》卷一五、《太平御覽》卷五九三、《文選》卷三一李善注、《三國志·魏書·文帝紀》裴松之注引《典論·自序》無"見獵心喜"四字。

③ 引文見《南史·王鎮惡傳》。

受子之賜;不才,吾唯子之怨。今君雖終,言猶在耳,而棄之若何?'"

1560 如風過耳　《南史》:"齊武帝責廬陵王子卿云:'學旣勿得,如風過耳。'"世人謂聽話不畱心者,曰"耳邊風"。

1561 賴有此耳　晉史①:"石勒雖不學,嘗使人讀《漢書》,聞酈生勸立六國後,詫曰:'此法當失,何以遂得天下?'及聞畱侯諫,乃曰:'賴有此耳。'"

1562 明見萬里　漢光武賜竇融書:"今之議者,必有任囂敎尉佗制七郡之計。王者有分土,無分民,自適己事而已。"書至河西,河西皆驚,以爲天子明見萬里之外。

1563 肉食者鄙　《左·莊公十年》:"齊師伐我,公將戰。曹劌請見。其鄉人曰:'肉食者謀之,又何間焉?'劌曰:'肉食者鄙,未能遠謀。'"

1564 不忍坐視　《公羊·莊公廿七年》:"公子慶父與牙通乎夫人,以脅公。季子起而治之,則不得與于國政;坐而視之,則親親,固不忍見也。"②

1565 到處輒止　《後漢書》梁松於帝前言③:"馬援如西域賈胡,到處輒止,以是失利。"

1566 如魚得水　《管子》:"桓公使管仲求甯戚,戚歌之曰:'浩浩乎?育育乎?'管仲不知也。婢子曰:'浩浩乎水,育育者魚。未有室家,安召我居?'"注:"水、魚喻配偶,蓋戚有伉儷之思焉。"劉先生曰:"孤之有孔明,如魚之有水也。"

1567 脣不遮齒　《仇池筆記》歐陽永叔曰:"有僧相我:耳白于面,名滿天下;脣不著齒,無事得謗。其言頗驗。"

1568 方寸亂矣　《三國志》:"徐庶母爲曹軍所獲,庶得母手書,辭先主曰:'本欲與將軍共圖王業,憑此方寸地耳。今失老母,方寸亂矣,請從此

---

① 引文見《晉書·石勒載記下》。

② 固,《公羊傳·莊公二十七年》作"因"。

③ 此句《後漢書·馬援傳》作"耿舒與兄好畤侯弇書曰"。

辭。'遂詣曹軍。"

1569 畏首畏尾 《左·文公十七年》鄭子家曰："古人有言曰：'畏首畏尾，身其餘幾？'"

1570 魁梧奇偉 《史記·畱侯世家》贊："太史公曰：'予以爲其人計魁梧奇偉，乃見其圖，狀貌如婦人好女。'"

1571 餘勇可賈 《左·成公二年》："齊高固桀石以投人，繫桑本焉，以徇齊壘，曰：'欲勇者賈余餘勇。'"

1572 多錢善賈 《史記·列傳》贊曰[1]："韓子曰：'長袖善舞，多錢善賈。'誠哉是言也！"此語出《韓非子》。

1573 班門弄斧 明梅之煥《題太白墓》詩："采石江邊一堆土，李白之名高千古。來來往往詩一首，魯班門前弄大斧。"按：梅係明末甘肅巡撫，此語當不始此。

1574 勢如騎虎 晉史[2]："西軍與峻久相持，溫嶠軍乏食，貸於陶侃。侃怒，欲西歸，嶠曰：'今事勢無旋踵，譬如騎虎，安可中下哉？'"《北史》隋公楊堅總朝政，人多憚之。獨孤夫人曰："騎虎之勢，必不能下，勉之。"

1575 毛髮俱豎 《唐·李德裕傳》："宣宗謂近臣曰：'李太尉每顧我，毛髮俱森豎。'翌日，罷爲荆南節度使。"

1576 用心過苦 北齊史[3]："李廣博群書，爲侍御史。忽謂妻曰：'吾向似睡非睡，忽一人出吾身中，曰："君用心過苦，非精神所堪，今辭君去。"'因恍惚不樂，以疾卒。"此謂神不守舍。

1577 揮金如土 未詳。《魏志》[4]："管寧與華歆爲友，嘗共鋤圃。寧見地有金，揮之不顧，與瓦石無異。歆捉而擲之。"袁子才詩集有云："揮甘始

---

[1] 見《史記·范雎蔡澤列傳》。

[2] 引文見《資治通鑑·晉顯宗咸和三年》。

[3] 引文見《北史·李廣傳》。

[4] 引文見《資治通鑑·漢獻皇帝初平二年》。

之金,餐李預之玉。"此語之所本,俟攷。

1578 事關門戶　晉史[1]:"孫盛著《晉陽秋》,桓溫見其書枋頭坐岣之事,怒謂盛子曰:'枋頭誠失利,何至如乃公所言?若此史行,自是關君家門戶。'諸子泣,請改,盛不聽。"

1579 各爲其主　《史記》:"楚人季布爲項羽將,數窘辱帝。項氏滅,購求布千金。布乃髡鉗爲奴,自賣于朱家。家知其布也,之洛,見滕公說曰:'季布何罪?臣各爲其主用職耳。'"

1580 去文就武　韓文《與鄂州柳公綽書》:"仁義是修,法度是束。一旦去文就武,鼓三軍而進之。"

1581 數典忘祖　《左·昭公十五年》:"王謂籍談曰:'汝高祖司晉之典籍,故曰籍氏云云。'籍談不能對。賓出,王曰:'籍父其無後乎?數典而忘其祖。'"

1582 傾盆大雨　杜詩:"白帝城下雨翻盆。"陸游詩:"黑雲寒空萬馬屯[2],轉盼白雨如傾盆。"

1583 備嘗艱苦　《左·僖公廿八年》:"晉侯在外十九年矣,而果得晉國。險阻艱難,備嘗之矣。"

1584 難兄難弟　《後漢書》:"陳寔長子紀,字元方;次子諶,字季方;與父並著高名,號'三君'。"元方子長文,季方子孝先,各論父才德,咨於祖。太丘曰:"元方難爲兄,季方難爲弟。"[3]

1585 紈袴子弟　《漢書》:"班伯出,與王許子弟爲群,在綺襦紈袴之中,非其好也。"

---

[1]　引文見《龍文鞭影》卷四之十一尤。

[2]　寒,《劍南詩稿》卷十四《五月十四日夜夢一僧持詩編過予有暴雨詩語頗壯予欣然和追作此篇》作"塞"。

[3]　引文見《世說新語·德行》。

1586 疑團不解 《傳燈錄》圭堂禪師曰[①]："從人覓處分問證據者,疑團猶在也。"

1587 青眼看待 《晉書》:"阮籍能爲青白眼,見禮俗之士,以白眼對之。母終,嵇喜來弔,籍作白眼,喜不悅而退。弟康聞之,齎酒挾琴造焉,乃見青眼。"

1588 虛左以待 《國策》[②]:"魏有隱士曰侯嬴,年七十,家貧,爲夷門監者。公子無忌置酒,大會賓客。坐定,公子從車騎虛左,自迎侯生。"

1589 雖死無悔 《左·隱公三年》:"宋穆公疾,召大司馬孔父而屬殤公焉,曰:'先君若問與夷,其將何辭以對? 請子奉之,以主社稷。寡人雖死,亦無悔焉。'"

1590 機關用盡 《桐江詩話》:"山谷七歲作《牧童》詩:'騎牛遠遠過前村,短笛橫吹隔隴聞。多少長安名利客,機關用盡不如君。'"

1591 一網打盡 《宋史》[③]:"蘇舜欽監進奏院,循例祠神,以伎樂娛賓。王拱宸諷御史魚周詢舉劾之,被斥者十餘人。拱宸喜曰:'吾一舉網打盡矣。'"

1592 一口吸盡 《傳燈錄》:"龐居士問馬祖曰:'不與萬法爲侶者,是什麼人?'馬祖曰:'待汝一口吸盡西江水,即向汝道。'"

1593 自相矛盾 《國策》[④]:"以子之矛,刺子之盾,而子窮矣。"南宋史真德秀疏云[⑤]:"元祐中,稟稟向治,惟群賢自相矛盾,小人得以乘之。願平心商榷,以前事爲戒。"

1594 鑿破渾沌 《莊子》:"南海之帝爲儵,北海之帝爲忽,中央之帝爲

---

① 引文見《韻府群玉》卷四"疑團"。
② 引文見《史記·魏公子列傳》。
③ 引文見《宋史紀事本末》卷五。
④ 引文見《韓非子·難一》。
⑤ 引文見《歷代名臣奏疏》卷六,"史"字疑衍。

渾沌。儵、忽謀報渾沌之德，曰：‘人皆有七竅，此獨無有，嘗試鑿之。’日鑿一竅，七日而渾沌死。”

1595 損之又損　《老子》：“爲學日益，爲道日損。損之又損，以至於無爲。無爲而無不爲。”

1596 相見恨晚　《史記》：“主父偃、徐樂、嚴安俱上書闕下，天子召見三人，謂曰：‘公等安在？何相見之晚也？’”又：“灌夫、竇嬰二人相引重，共游處，相得甚驩，恨相知晚也。”

1597 媒孽其短　太史公《報任少卿書》：“今舉事一不當，而全軀保妻子之臣隨而媒孽其短。僕誠私心痛之。”

1598 說長說短　《北史》：“齊文襄謂尚書崔暹曰：‘卿說子才長，子才專說卿短。’”邢邵，字子才。

1599 危如累卵　《國語》①：“晉孫息曰：‘臣能累十二碁子加九卵于上。’獻公曰：‘危哉！’息曰：‘公造九層臺，三年不成。男不耕，女不織，危孰甚焉？’公悟，乃止。”

1600 席不暇煖　《淮南子·修務篇》：“孔子無黔突，墨子無煖席。”揚雄《解嘲》、韓愈《諍臣論》俱云“孔席不暇煖”。

1601 左右偏袒　《漢書》：“太尉周勃持節入北軍，令于衆曰：‘爲呂氏者右袒，爲劉氏者左袒。’于是軍中皆左袒，乃悉捕諸呂誅之。”

1602 明目張膽　晉史②：“王敦反，導與含書曰：‘兄妄萌逆節，凡在人臣，誰不憤歎？導受國厚恩，今日之事，明目張膽爲六軍之首。’”

1603 一身是膽　《蜀志》③：“趙雲將數十騎突曹軍，且鬬且卻。魏兵追至營，雲大開營門。魏疑有伏，引兵去。先主次日至營視之，歎曰：‘子龍一身都是膽也。’”

---

① 引文見《史記·范雎蔡澤列傳》正義、《藝文類聚》卷二四引《說苑》。孫、獻，原作“荀、靈”。

② 引文見《晉書·王敦傳》。

③ 引文見《三國志·蜀書·趙雲傳》注引《趙雲別傳》。

1604 獨具隻眼　《高僧傳》百丈禪師曰①："須具兩隻眼，照破兩頭事。莫只常帶一隻眼向一邊行。"

1605 杯水之餞　隋史②："趙軌爲齊州別駕，詔入朝。行之日，父老揮涕送之曰：'公清如水，請酌一杯水以奉餞。'"

1606 多多益善　《漢·高紀》③："上問韓信曰：'我能將幾何？'信曰：'陛下不過將十萬。'上曰：'於君何如？'信曰：'臣多多益善。'上笑曰：'多多益善，何爲爲我擒？'信曰：'陛下不能將兵，而善將將。'"

1607 駑馬戀棧　《魏志》④："司馬懿欲誅曹爽，桓範出詣爽，懿謂蔣濟曰：'智囊往矣。'濟曰：'駑馬戀棧豆，必不能用也。'"

1608 虛有其表　《唐書》⑤："蕭嵩草蘇頲爲相制云：'國之瓌寶。'帝曰：'豈可斥其父名？'擲于地曰：'虛有其表耳！'謂嵩狀偉且多髯也。"

1609 驚弓之鳥　《國策》："更羸謂魏王曰：'臣能虛發而下鳥。'有鴻雁從東方來，羸以虛弓下之。王曰：'射可至此乎？'對曰：'此孽也。故瘡未息而驚心未去，聞弦音而高飛，故瘡隕也。'"

1610 欲壑難飽　《國語》："叔向弟鮒生，其母曰：'虎目豕喙，鳶肩牛腹，谿壑可盈，是不可厭。'"厭，飽也，平聲。

1611 恐傷雅道　《唐書》⑥："張昌齡、王公瑾善屬文，名振京師。王師旦知貢舉，黜之。太宗怪，問之，對曰：'二人雖有詞華，然其體輕薄，終不成令器。若置之高第，恐後進效之，傷陛下雅道。'上善之。"

1612 盜亦有道　《莊子·胠篋篇》："故跖之徒問於跖曰：'盜亦有道乎？'跖曰：'何適而無有道耶？'"

---

① 引文見《韻府群玉》卷十一"隻眼"引《百丈語錄》。

② 引文見《隋書·趙軌傳》。

③ 引文見《史記·淮陰侯列傳》。

④ 引文見《三國志·魏書·曹爽傳》注引《魏書》。

⑤ 引文見《韻府群玉》卷十一"虛有其表"引《明皇雜錄》。

⑥ 引文見《資治通鑑·唐太宗貞觀二十一年》。

1613 富貴壽考　《神仙感遇集》:"郭子儀至銀州,仰視空中,綉幄中有美女,自天而降,儀拜祝云:'今乃七月七夕,必是織女降臨,願賜長壽富貴。'女笑曰:'大富貴亦壽考。'言訖,冉冉升天而去。"

1614 令人絕倒　《晉書》:"王澄,字平子,每聞衛叔寶言論,輒歎息絕倒。時人語曰:'衛玠談道,平子絕倒。'"

1615 五日京兆　《漢書》:"張敞被劾,使掾絮舜有所按驗。舜私歸其家曰:'五日京兆,安能復按事耶?'敞聞之,卽收舜繫獄論死。使人告舜曰:'五日京兆竟如何?'"

1616 恩同再造　南史《任昉集》[1]:"千載一逢,再造難答。"注:"《易》屯卦:'天造草昧。'言王者之恩同于上帝,故曰再造也。"

1617 無價之寶　《尹文子》:"魏有田父耕于野,得玉徑尺,不知其玉也。鄰人盜以獻王,王召玉工相之,曰:'敢賀大王得天下之寶!'王問其價,工曰:'此無價以當之。'"

1618 無事靜坐　東坡詩:"無事此靜坐,一日如兩日。若活七十年,便是百四十。"

1619 公衆辱我　《漢書》:"文帝與馮唐論將,深歎廉頗、李牧之賢。唐曰:'陛下雖有頗、牧不能用也。'上不悅,曰:'馮唐公衆辱我。'"按:明皇亦云[2]:"魏徵廷辱我。"

1620 幸災樂禍　《左·僖公十四年》慶鄭曰:"背施無親,幸災不仁。"《莊公廿一年》鄭伯曰[3]:"寡人聞之:哀樂失時,殃咎必至。今王子頹歌舞不倦,樂禍也。"

1621 抱薪救火　《國策》[4]:"蘇代謂魏王曰:'夫以地事秦,猶抱薪救

---

① 引文見《文選》卷四十任昉《到大司馬記室箋》。

② 明皇,當作"唐太宗",見《資治通鑑·唐太宗貞觀六年》。

③ 廿一,當作"二十",見《左傳·莊公二十年》。

④ 引文見《史記·魏世家》。

火,薪不盡火不滅。'王曰:'是則然矣。'"《文中子》亦引此語。

1622 鼻頭出火 《南史》:"曹景宗謂所親曰:'我昔在鄉里,與年少輩數十騎,拓弓弦作霹靂聲,箭如餓鴟叫,逐麐,數肋射之,渴飲其血,甜如甘露漿,覺耳後生風,鼻頭出火,此樂使人忘死。'"

1623 閣下、足下 《因話錄》:"古者三公開閣,郡守比古諸侯,亦有閣,故皆稱閣下。"隋唐以來始有"閣下"之稱,然非宰相不敢用。《異苑》:"晉介之推從亡歸國,逃隱縣上,抱樹焚死。文公拊木哀歎,伐以製屐。每念從亡功,俯視其屐曰:'悲乎足下!'後人稱'足下',本此。"按:今無貴賤,俱稱"閣下",以"足下"爲不恭之稱,何蚩妄乃爾?秦漢以前,臣稱君有云"足下"者,豈皆不恭耶?

1624 寄人籬下 《南史》張融自序云:"丈夫當刪《詩》《書》,制禮樂。何至因循寄人籬下?"

1625 醫者意也 《後漢書》:"郭玉對和帝曰:'醫之爲言者意也。腠理至微,毫芒卽乖。神存于心手之際,可得解而不可得言也。'"唐許允宗善醫,語與此同。

1626 指鹿爲馬 《秦紀》:"趙高欲專秦權,恐秦臣不聽,乃先設驗,持鹿獻于二世曰:'馬也。'二世笑曰:'丞相誤耶? 謂鹿爲馬。'問左右,或默,或言馬。高因陰中諸言馬者以法,群臣皆畏之。"

1627 共相標榜 《後漢書》:"李膺等廢錮,天下士大夫皆高尚其道。希之者惟恐不及,更共相標榜,爲之稱號,有'三君、八俊、八顧'等名。"

1628 馬齒加長 《穀梁·僖公二年傳》:"晉侯亡虢五年,而後舉虞。荀息牽馬操璧而前曰:'璧則猶是也,而馬齒加長矣。'"

1629 格外重賞 《隋書》[①]:"賀若弼罪當死,上曰:'臣下守法不移,公可自求活理。'弼曰:'臣將八千兵,捷陳叔寶,竊以此望活。'上曰:'此已格

---

① 引文見《北史·賀若弼傳》。

外重賞。'弼曰：'臣今還格外望活。'"

1630 乘興而往 《世說》："王徽之居山陰，雪夜憶戴逵。時安道在剡溪，卽便登舟赴之。既到門，忽返。人問其故，子猷曰：'吾本乘興而往，興盡而返，何必見戴？'"

1631 隔靴搔痒

1632 價廉工省 宋王禹偁《竹樓記》："黃岡之地多竹，大者如椽。竹工剖之，刳去其節，用代陶瓦，比屋皆然。以其價廉而工省也。"

1633 臨渴掘井 朱子《治家格言》："當未雨而綢繆，勿臨渴而掘井。"與"臨陣看兵書"語意同。

1634 漸入佳境 《世說》："顧長康好諧謔，每食甘蔗，自末至本。人或問之，曰'漸入佳境。'"按：《通雅》："甘蔗又云藷蔗、都蔗，又作𤋎𤋎。"

1635 捕風捉影 《漢書》谷永疏中語，謂事無實據也。

1636 久仰山斗 《唐·韓愈傳》贊："愈以六經之文爲諸儒倡。自愈沒，其學盛行，學者仰之，如泰山北斗。"

1637 佳兒佳婦 《唐書》[①]："高宗欲立武氏爲后，褚遂良力諫曰：'先帝執陛下手，語臣曰："朕佳兒佳婦，今以付卿。非有大故云云。"'"佳婦指王皇后。

1638 如釋重負 《穀梁·昭公廿九年》"鄆潰"傳曰："潰之爲言上下不相得也。上下不相得，則惡矣。亦譏公也。昭公出奔，民如釋重負。"

1639 流落不偶 《漢·霍去病傳》："軍有天幸，未嘗困絕也。而諸宿將常流落不偶。"唐武后見駱右丞代作檄文曰："人有才如此，而使之流落不偶乎？此宰相之過也。"

1640 面朋面友 揚子《法言》："朋而不心，面朋也；友而不心，面友也。"

---

① 引文見《資治通鑑·唐高宗永徽六年》。

1641 肝膽朋友 韓文《柳宗元墓誌》:"今夫平居里巷相慕悅,酒食遊嬉相徵逐,握手出肝膽相示,指天日涕泣,眞若可信。一旦臨小利害,僅如毛髮比,反眼若不相識。"

1642 羊羔美酒 《志林》[①]:"陶穀得党太尉家姬,一日取雪水烹茶,問姬曰:'党家有此否?'姬曰:'彼安識此,但能于銷金帳下飲羊羔美酒耳。'陶大慙。"

1643 用茶當酒 《吳志》:"孫皓每宴群臣,無能否,率以七升爲限。韋昭飲不過二升,初見禮異,時常爲裁減,或密賜茶茗以當酒。"

1644 動輒得咎 韓文《進學解》:"然而公不見信于人,私不見助于友,跋前疐後,動輒得咎。"

1645 子虛烏有 漢司馬長卿《子虛賦》:"楚使子虛使於齊王,悉發車騎與使者出畋。畋罷,子虛過姹烏有先生,亡是公存焉。"

1646 善權子母 《國語》:"周景王將鑄大錢,單穆公諫曰:'民患輕,則作重幣以行之,於是乎有母權子而行。若不堪重,則多作輕而行之,亦不廢重,于是乎有子權母而行。"

1647 有以藉口 《左·成公二年》晉人許魯、衛之請曰:"若苟有以藉口而復于寡君,君之惠也。"

1648 贊不容口 《漢書》:"趙廣漢爲京兆尹,發奸摘伏如神,吏民稱之不容口。"

1649 上下其手 《左·襄公廿六年》:"伯州犁曰:'請問于囚。'乃立囚,上其手曰:'夫子爲王子圍,寡君之貴介弟也。'下其手曰:'此子爲穿封戍,方域外之縣尹也。誰獲子?'"

1650 名聲藉甚 《漢書》:"陸賈初爲布衣,游漢廷公卿間,而名聲藉甚。"

---

① 引文見《韻府群玉》卷六"雪水煎茶"。

1651 秋毫無犯 《史記》韓信曰："大王入關,秋毫無所害。除秦苛法,秦民無不欲得大王王秦者。"

1652 衆怒難犯 《左·襄公十年》:"子產請焚載書,子孔不可。子產曰:'衆怒難犯,專欲難成,合二難以安國,危之道也。不如焚書以安衆。'"

己　冊

1653 百發百中 《楚語》[①]:"養由基於百步外射楊葉,百發百中。"《齊書》[②]:"宜都王鏗取甘蔗插地,百步射之,十發十中。"

1654 同牀各夢

1655 不過罰俸 《唐書》:"盧坦爲壽安令,民訴機織未就,不堪追呼。坦諭之曰:'第輸,勿顧限。卽違之,不過罰令俸耳。'"

1656 出人頭地 《湘山野錄》[③]:"歐陽永叔見晁美叔曰:'老夫當避此人,放出一頭地。'"按:人是謂東坡,未知是否。

1657 指天畫地 《漢·光武紀》[④]:"大司徒韓歆好直言,無隱諱。嘗于帝前證歲時將饑,指天畫地,言甚剛切,免歸田里。"

1658 設身處地 《中庸》"九經"註:"體,謂設以身處其地,而察其心也。"

1659 斯文埽地 《唐書》[⑤]:"祭酒祝欽明于武后前作八風舞,轉目搖頭,備諸醜態。盧藏用歎曰:'祝公五經埽地矣。'"

1660 別有天地 《列仙傳》:"壺公引費長房入壺中。既入,而別有天地。"太白詩:"別有天地非人間。"

1661 一敗塗地 《漢·高紀》:"帝微時,沛父老欲以帝爲沛令。帝曰:

---

① 引文見《戰國策·西周策》。

② 引文見《南史·齊高帝諸子下》。

③ 引文見《韻府羣玉》卷八"出一頭"。

④ 引文見《後漢書·韓歆傳》。

⑤ 引文見《淵覽類函》卷三一五《諂佞一》"八風舞"引《經濟類編》。

'天下方擾,今置將不善,一敗塗地,我不敢自愛,恐誤大事。'"

1662 爭名爭利　《國策》:"司馬錯對秦惠王曰:'臣聞爭名者於朝,爭利者於市,今三川、周室,天下之市朝也。'"

1663 談何容易　《漢書》東方朔《非有先生論》:"吳王曰:'可以談矣。寡人將竦意而覽焉。'先生曰:'嗚呼! 可乎哉? 可乎哉? 談何容易!'"

1664 居大不易　《摭言》:"白居易初至京,顧況戲之曰:'長安物貴,居大不易。'及讀詩至'野火燒不盡'二句,歎曰:'有句如此,居天下有甚難?'"

1665 老不曉事　《魏志》[①]:"楊脩云:'吾家子雲,老不曉事。'"按:"楊"與"揚"同姓。唐叔虞之後伯僑封楊侯,因氏,則不始于叔向食邑也。揚子雲自敘云從手易與從木易又爲一族,未言異姓。周景王封少子于陽樊,因爲陽氏。《說苑》:"宓子賤爲單父宰,往見陽晝。"總之,"楊、揚、陽"皆出姬姓,故曰"吾家子雲",德祖必有所據。

1666 咄咄怪事　《晉書》:"殷浩既廢黜,雖愁怨不形于色,嘗書空作'咄咄怪事'。後與溫書,竟達空函。"

1667 居中用事　《史記》:"秦將章邯使長史欣請事咸陽。留司馬門三日,趙高不見。欣恐,走還報曰:'趙高用事于中,下無可爲者。'"

1668 因人成事　《史記》:"毛遂至楚定從,招十九人,曰:'公相與歃此血于堂下,公等碌碌,所謂因人成事者也。'"

1669 聽人穿鼻　《南史》梁武帝曰:"徐孝嗣才非柱石,聽人穿鼻。"按:世謂受人牽制者,亦云"穿鼻尖"。

1670 失之交臂　《莊子·田子方篇》:"夫子謂顏淵曰:'吾終身與汝交一臂而失之,可不哀歟?'"

1671 正合我意　《隋書》[②]:"劉文靜坐與李密連昏,繫太原獄。世民

---

① 《三國志·魏書·陳思王傳》注引《魏略》。

② 引文見《資治通鑑·隋恭皇帝義寧元年》。

就省之，曰：'我來相省，非兒女子之情，欲與君議大事也。'文靜爲陳起兵之策。世民笑曰：'君言正合我意。'"

1672 差強人意 《後漢·吳漢傳》："諸將見戰陳不利，或多惶懼，漢意氣自若。帝嘗遣人覘大司馬何爲，還言：'方修戰攻之具。'帝歎曰：'吳公差強人意，隱若一敵國矣。'"

1673 事出不意 《孫子兵法》曰："出其不意，攻其無備。"

1674 善隨人意 韓愈《毛穎傳》："封諸管城，又號'中書君'。凡朝廷掌故及九流百家之說，無不能記，又善隨人意。"

1675 一榜盡賜 《宋史》①："太祖曰：'我幸西都，惟得一張齊賢。我不欲官之，他日可使輔汝爲相也。'太宗時試進士，有司失于掄擇，無齊賢名。命一再搜選，仍無之。乃命一榜盡賜及第。"

1676 逢塲作戲 《傳燈錄》："鄧隱峯對馬大師云：'竿木隨身，逢塲作戲。'"

1677 投鼠忌器 賈誼《治安策》："里諺曰：'欲投鼠而忌器。'此善喻也。鼠近於器，尚憚不投，恐傷其器，況于貴臣之近主乎？"

1678 朝發夕至 韓昌黎《祭鱷魚文》："潮之州，大海在其南，鱷魚朝發而夕至也。"

1679 不拘禁忌 《東漢·明帝紀》："公車以反支日不受章奏。帝怪之，詔曰：'民廢農桑，遠來詣闕，而拘以禁忌，豈爲政之意乎？'遂除其制。"注："公車、司馬令一人。"

1680 橫行無忌 《史記·伯夷列傳》："盜跖橫行天下，甘人之肉。"杜牧《咏蟹》詩②："莫道無心畏雷電，海龍王處也橫行。"

1681 顧名思義 《通鑑》："王昶名其兄子曰'默'，曰'沈'，名其子曰

---

① 引文見《續資治通鑑長編·太宗太平興國二年》。

② 杜牧，《全唐詩》卷六一五作"皮日休"。

'渾',曰'深'。戒之曰:'吾以四者爲名,欲使汝曹顧名思義耳。'"

1682 不惜小費　唐史①:"劉晏于揚子置場造船艘,給千緡。或言所用實不及半,請損之。晏曰:'不然。論大計者不可惜小費。執事者多,當先使私用無缺,則官物堅完矣。'"

1683 物價翔貴　《前漢·食貨志》:"亡有平歲,穀價翔貴。"注:"翔,如鳥之回翔,謂不離乎貴也。若暴貴則曰'騰踊'。"

1684 母以子貴　《公羊·隱公元年》"春,王正月"傳曰云云:"桓何以貴?母貴也。母貴則子何以貴?子以母貴,母以子貴。"

1685 一團和氣　《言行錄》:"程伊川先生端坐如泥塑人。學者望之,但覺一團和氣。"

1686 一鼓作氣　《左·莊公十年》:"齊伐我,公與曹劌論戰云云。既克,公問其故,對曰:'夫戰,勇氣也。一鼓作氣,再而衰,三而竭。彼竭我盈,故克之。'"

1687 揚眉吐氣　唐文李白《與韓荆州書》:"今君侯何惜階前盈尺之地,不使白揚眉吐氣,激昂青雲耶?"

1688 無丈夫氣　《南史》:"山陰公主見褚淵,悅之,以白帝。帝令就之,彦回不從。主恚曰:'公鬚髯如戟,何無丈夫氣?'"

1689 津津有味　《北史》②:"劉邕愛食瘡痂,以爲味似鰒魚。嘗詣孟靈休,孟患瘡,痂落席上,邕取食之,孟大怪之,痂未落者悉褫以飼。孟遍體血出,而邕口角津津。"

1690 彰明較著　《史記·伯夷列傳》:"回也屢空,而卒早夭;盜跖日殺不辜,竟以壽終,是遵何德哉?此其尤大彰明較著者也。"

1691 多男多慮　《通志》③:"帝堯觀乎華封,華封人祝曰:'願聖人多

---

① 引文見《資治通鑑·唐德宗建中元年》。

② 引文見《南史·劉邕傳》。

③ 引文見《莊子·天地》。

富多壽多男子。'堯辭曰：'多富則多事，多壽則多辱，多男則多懼。'"

1692 如有神助　《漢·董仲舒傳》仲舒對天人三策，下筆如有神助。杜詩："險語破鬼膽[①]，下筆如有神。"

1693 沽名釣譽　"沽名"未詳。唐崔鉉爲江陵守，有楚江漁者不言姓氏，得魚則換酒，醉則放歌。鉉見而問曰："君隱者之漁耶？"答曰："姜子牙、嚴子陵，世皆以爲隱者，殊不知釣其名耳。"去不顧。《漢·公孫弘傳》："夫以三公爲布被，誠飾詐以釣名。"按：古人以酒得名者非必皆賢士，故酒曰"沽名"，漁曰"釣譽"，理或然與？

1694 無下箸處　《晉書》："何曾位三公，性極豪侈。每一日之食計費萬錢，猶云'無下箸處'。"

1695 有噉飯處　《五代史》[②]："契丹主謂景延廣曰：'致兩主失歡，皆汝所爲。十萬橫磨劍安在？'又謂晉主曰：'孫勿憂，必使汝有噉飯之所。'"按：石晉奉表契丹，稱孫不稱臣。

1696 窮得無袴　《魏志》[③]："賈逵家貧，冬無袴。過妻兄柳孚宿，乃著孚袴去。時以爲通脫。"袴，俗作褲，非。

1697 夢中迷路　《韓非子》[④]："張敏與高惠爲友，相思殊切。敏每于夢中往尋，行至半道，卽迷不知路。如此者三。"

1698 根深蒂固　晉史[⑤]："僕射王彪之曰：'桓溫居上流，已割天下之半。今又使其弟復處西藩，兵權萃於一門，非深根固蒂之宜也。'"

1699 守株待兔　《韓非子》："宋人有耕者，田畔有株，兔走觸之，折頸而死。因釋耕守株，冀再獲兔，爲宋國所笑。"

---

①　"險語破鬼膽"出自韓愈《醉贈張秘書》。上句杜甫《奉贈韋左丞丈二十二韻》作"讀書破萬卷"。

②　引文見《資治通鑑·後晉齊王開運三年》。

③　引文見《三國志·魏書·賈逵傳》注引《魏略》。

④　引文見《文選》卷二〇《別范安成詩一首》李善注引《韓非子》。

⑤　引文見《晉書·王彪之傳》。

1700 秦關之數 《漢書》：“秦地險固，二萬人足當諸侯之師百萬。故曰：‘秦得百二焉。齊得十二焉。’‘十二’謂二十萬當百萬也。”今人謂一百二十爲秦關之數，非本義矣。

1701 恆河沙數 《彌陀經疏鈔》：“恆河在西域無熱河側，沙至微細，佛近彼河說法，凡言多者常取爲喻。”《大智度論》：“問：‘恆河中沙有幾許？’答云：‘一切算數所不能知，惟有佛及法身菩薩能知其數。一切閻浮提中微塵生滅多少，皆能知數，何況恆河沙？’”

1702 不依常例 《北齊書》：“樊遜授員外將軍，辭以寒陋，乞補司馬督。楊愔曰：‘才高不依常例。’”

1703 米珠薪桂 《國策》：“蘇秦南之楚，三月乃得見王，談卒，辭而行。王曰：‘先生不遠千里而臨寡人，曾不肯畱，願聞其說。’對曰：‘楚國之食貴于玉，薪貴于桂，謁者難得見如鬼，王難得見如天帝。今令臣食玉炊桂，因鬼見帝，不亦難乎？’”徐陵文：“粒粟貴于隋珠。”坡詩：“北船不到米如珠。”

1704 作法自弊 《史記》：“秦孝公卒，太子立，公子虔之徒告商鞅欲反，發吏捕之。鞅亡至關中，欲舍客舍。舍人不知其商君也，曰：‘商君之法，舍人無驗者坐之。’鞅歎曰：‘作法自弊，一至此哉？’”

1705 妄自尊大 《後漢書》：“公孫述稱帝于蜀，隗囂使馬援往覘之。援歸，報曰：‘子陽井底蛙耳，而妄自尊大。’”

1706 前程遠大 《唐書》[①]：“裴度微時，相者云：‘當餓死。’一日遊香山寺，有婦人以父被罪，假得犀帶，往略要人。禱神畢，忘持去。度拾得，訪而還之。前相者復見度，喜曰：‘子有陰德及人，前程遠大難量已。’”

1707 夜郎自大 《漢·西南域傳》：“夜郎時依南粵。南粵滅，入朝，上以爲夜郎王。滇王與漢使言：‘漢孰與我大？’及夜郎亦然。各以一州王，不知漢廣大。”

---

① 引文見《唐摭言》卷四。

1708 細故芥蔕　《漢·賈誼傳》：“細故芥蔕，何足以疑？”注：“芥蔕，小鯁也。”按：“蔕”字，《唐韻》皆作丑邁切，則作“蒂”者非。白居易詩：“何法使之然？胸中無細故。”

1709 且置度外　《光武紀》：“帝苦兵，聞隗囂遣子内侍，公孫述遠據邊陲，乃謂諸將曰：‘且當置此兩人于度外耳。’”

1710 動中機會　韓愈《與柳公綽中丞書》：“此皆由天資忠孝，鬱于中而大作于外。動皆中于機會，以取勝于當世。”

1711 適逢其會　按：本文云“會逢其適”，人多誤作“適逢其會”。亦猶《莊子》“每下愈況”，人皆沿誤作“每況愈下”也。

1712 長揖不拜　《漢書》：“沛公使人召酈生。生至，入謁。沛公方踞牀，使二女子洗足。生長揖不拜，曰：‘足下必欲誅無道秦，不宜倨見長者。’沛公輟足揮洗，起謝之。”

1713 先覩爲快　韓文公《與李渤書》：“朝廷之士，引領東望，若景星卿雲，爭先覩之爲快。”

1714 逃債、收債　《通志》：“周赧王爲諸侯所侵，與家人無異。多負債，無以歸，乃上臺逃避，因名‘逃債臺’。”《國策》孟嘗君曰：“孰能爲文收債于薛者乎？”

1715 恬不知怪　賈誼《治安策》：“至于俗流，失世敗壞，因恬而不知怪，慮不動于耳目，以爲是適然耳。”

1716 急流勇退　《湘山野錄》[①]：“錢若水爲舉子時，見陳摶于華山。摶曰：‘當作神仙。’有一老僧以火箸畫灰，作‘做不得’三字，徐曰：‘他日富貴時，急流勇退人也。’”

1717 何辭以對　注見“雖死無悔”。

1718 大福不再　《左·昭公十三年》：“楚右尹子革謂靈王曰：‘若入于

①　引文見《邵氏聞見錄》卷七。《湘山野錄》卷下有此事，語不同。

大都，而乞師于諸侯。’王曰：‘皆叛矣。’曰：‘若亡于諸侯，以聽大國之圖君也。’王曰：‘大福不再，秖取辱焉。’”

1719 正在我輩　《世說》：“桓溫謂劉惔曰：‘會稽王談更進耶？’答曰：‘極進。然是第二流中人。’溫曰：‘第一流人是誰？’曰：‘正在我輩。’”又王衍曰：“情之所鍾，正在我輩。”

1720 話太煩碎　晉史：“李密本蜀人，張華問：‘孔明言教何碎？’曰：‘舜、禹、皋陶相與語，故得簡要。與凡人言，亦碎。’”①

1721 酒囊飯袋　《後漢書》②：“禰衡論曹操官屬云云，餘皆飯囊酒桶耳。”《荊湖近事》：“馬氏奢僭，文武之道，未嘗畱意。時謂‘酒囊飯袋’。”

1722 輕諾寡信　老子《道德經》：“輕諾必寡信，多易必多難。是以聖人猶難之。”

1723 空拳難奮　桓寬《鹽鐵論》：“陳勝無將帥之兵，師旅之衆，奮空卷而破百萬之軍。”司馬子長云：“更張空拳。”顏師古曰：“讀爲拳者，謬也。拳則屈指，不當言張。”按：“卷”“桊”古或通用，而誤作“拳”字，則自唐已然。“拳石畫臨黃子久”，亦改“卷”爲“拳”矣，無怪後人之沿誤也。

1724 卑無高論　《漢書》：“文帝以張釋之爲廷尉。朝畢，因前言事。上曰：‘卑之毋甚高論，令今可行也。’”按：人多誤“毋”爲“無”，謂言不足聽也，非本義矣。

1725 手足遲鈍　北齊史③：“西河守崔諶，恃弟暹勢，從李繪乞麖角翎羽。繪答書曰：‘鳥有六羽，飛則沖天；麖有四足，走則入澤。下官手足遲鈍，不能追飛捉走，以事佞人。’”

1726 令人噴飯　東坡《題文與可畫竹》有云：“料得清貧饞太守，渭川千畝在胸中。”與可見坡詩失笑，噴飯滿案。

① 引文見《晉書·李密傳》。亦，原作“宜”。
② 引文見《三國演義》第二十三回。
③ 引文見《北齊書·李繪傳》。

1727 但求如願　《搜神記》：“有商人歐明過青草湖，湖神邀歸，問所須。旁有人教明曰‘君但求如願，不必餘物’。明依其計，湖神許之。及出，呼如願，乃一少婢也。至家數年，遂大富。”

1728 如操左券　《史記》：“虞卿操其兩權，事成，操左券以責①。”又《田敬仲世家》蘇代謂田軫曰：“公常執左券以責於秦、韓。”

1729 捧頭鼠竄　《史記》蒯通云：“常山王背項王，奉項嬰頭而竄，逃歸于漢王。”《宋史》：“金人圍太原，童貫欲遁，張孝純止之，曰：‘平生推重太師，幾許威重，及臨事，乃捧頭鼠竄，何面目見天子乎？’”

1730 死猶會算　唐史②：“姚崇病革，戒諸子曰：‘張說與我隙深，吾沒，往請作墓碑，既作，後必悔。’碑成數日，說果悔，曰：‘死姚崇猶會算生張說。’”

1731 司空見慣　《雲溪友議》：“劉禹錫赴任蘇州，道過揚州，州帥杜鴻漸飲之酒，大醉，歸宿傳舍。既醒，見二女在側，驚問之，曰：‘郎中席上與司空詩，因遣某來。’問何詩。曰：‘高髻雲鬟新樣妝，春風一曲杜韋娘。司空見慣渾閑事，惱亂蘇州刺史腸。’”

1732 才多爲患　《晉書·陸機傳》：“機天才秀逸，詞藻宏麗。張華嘗謂之曰：‘人之爲文，每恨才少，而子更患其多。’”

1733 公私皆辦　《茶餘客話》：“山谷與洪氏甥書：‘尺璧之陰，以三分之。一治公事，一以讀書，一以爲棋酒，則公私皆辦。’”

1734 毛遂自薦　《史記》：“平原君往楚定從，與門客文武備具者二十人偕。得十九人，餘無可取者。毛遂自贊於平原君曰：‘夫賢士之處世云云。’”

1735 獨當一面　《漢書》：“漢王問群臣曰：‘吾欲捐關以東棄之，誰可

---

①　左，《史記·平原君虞卿列傳》作“右”。

②　引文見《明皇雜錄》卷上。

與共功者?'張良曰：'漢王之將,獨韓信可屬大事,當一面。'"

1736 管窺之見　《莊子》："魏牟謂公孫龍曰：'乃規規而求之以察,索之以辯,是直用管窺天,用錐指地,不亦小乎?'"

1737 空手來見　《漢·景帝紀》："七國反,太后憂梁事,不食,日夜泣。田叔等還,至灞昌廏,悉燒梁獄詞,空手來見。帝曰：'梁有之乎?'對曰：'死罪! 有之。'上曰：'其事安在?'田叔曰：'上毋以梁事爲問也。'"

1738 不得擅變　漢文帝賜趙佗書："朕欲定地犬牙相人者,以問吏,吏曰：'高皇帝所以介長沙土也。'朕不得擅變焉。"

1739 談虎色變

1740 各人自便　《漢書》："李廣與程不識俱名將。當行兵,廣無部伍行陳,就善水草舍止,人人自便,不擊刁斗自衛。"

1741 鱗鴻附便　晉傅咸《紙賦》："若乃六親乖方,離群索居,鱗鴻附便,援筆飛書,寫情于萬里,精思于一隅。"

1742 穿鍼引綫　《淮南子》[①]："綫因針而入,不因針而急。女因媒而嫁,不因媒而親。"世謂媒介爲"引綫人",爲人牽說事情者曰"穿鍼引綫"。

1743 不絕若綫　《公羊·僖公四年》："楚屈完來盟于師。"傳曰："南夷與北狄交,中國不絕若綫。桓公救中國,而攘夷狄,卒怗荊。"

1744 日長一綫　《荊楚歲時記》："晉時宮中以紅綫量日影,冬至後添長一綫。"《明皇雜錄》："唐宮中以女功揆日長短。冬至後比前增一綫之功。"按：杜詩："刺綉五紋添弱綫。"是本後說。

1745 溺人必笑　《左·哀公十四年》[②]："吳子拜稽首曰：'寡人不能事越,以爲大夫憂,拜命之辱。溺人必笑,吾將有問也：史黯何以得爲君子?'"

1746 千般計較　《傳燈錄》："或問慧海師：'修道如何用功?'師曰：

---

① 《淵覽類函》卷一七五《媒》引《淮南子》。

② 十四,當爲"二十"。

'飢來喫飯,困時卽眠。一切人喫飯時不肯喫,百種需索;睡時不肯睡,千般計較。'"

1747 平安竹報　《雜俎》①:"唐李靖守北都,一佛寺中有竹一竿,才長數尺。衛公令寺僧每日報竹平安。"北都,卽今太原地,無竹,故珍貴如此。

1748 泰山可靠　《天寶遺事》:"有勸進士張彖謁楊右相者,曰:'富貴可立致。'彖曰:'人以國忠爲泰山可倚,吾視之如冰山耳。若皎日旣升,得無失所恃乎?'"

1749 關節不到　《漢·佞幸傳》:"高祖之籍孺,孝惠之閎孺,皆與上臥起,公卿皆因關說。"乃知"關節"本于"關說"也。《唐書》②:"段文昌言于文宗曰:'今歲禮部殊不公,所取進士皆子弟無藝,以關節得之。'"《宋史》:"包拯爲御史,危言鯁論,權貴斂迹。京師語曰:'關節不到,有閻羅包老。'"

1750 開門揖盜　《吳志》:"孫策薨,權哭未息,張昭曰:'今奸宄競逐,乃顧禮制,猶開門揖盜也。'"按:五代時,趙將石公立引此語。

1751 牢不可破　韓文《平淮西碑》:"大官臆決唱聲,萬口附和,并爲一談,牢不可破。"

1752 風流罪過　《談錄》③:"郎基字世業,持躬清愼,語人云:'仕宦之所,木枕亦不須作。'惟頗令人寫書。潘子義云:'寫書亦是風流罪過。'"

1753 閉門思過　《漢書》:"韓延壽爲左馮翊,行縣至高陵,民有兄弟爭田者。延壽自責曰:'幸得備位,爲郡表率,不能宣明敎化,致有骨肉爭訟,咎在馮翊。'因閉閤思過,一縣莫知所爲,令丞以下皆自繫待罪。"

1754 高自聲價　《國策》:"伯樂善相馬,一顧而價增十倍。"太白《與韓朝宗書》:"一登龍門,則聲價十倍。"

1755 殘杯冷炙　《顏氏家訓》:"人不可見役勳貴,處之下座,取殘杯冷

---

①　《淵覽類函》卷四一七《竹三》引《西陽雜俎》。

②　引文見《能改齋浸錄》卷二《關節》。

③　引文見《北齊書·郎基傳》。

炙之辱。戴安道猶遭之，況爾曹乎？”吳起曰：“丈夫事未濟，甘晦休山林，焉能逐浮薄子，苟冷炙殘杯焉？”見杜詩注。

1756 應接不暇　《晉書》王徽之曰①：“山陰道上行，山川自相映發，使人應接不暇。若秋冬之際，尤難爲懷。”

1757 七上八下　《山堂肆考》。

1758 當面唾罵　《國策》②：“齊孟嘗君復相，太息曰：‘文一日廢，客皆去。今客有復見文者，必唾其面。’馮驩曰：‘君之言，失也。’”又趙太后曰：“有言以長安君爲質者，老婦必唾其面。”

1759 執而不化　《莊子·人間世篇》：“日漸之德不成，而況大德乎？將執而不化，外合而内否訾，其庸詎可乎？”

1760 人窮則詐　《東周紀》③：“顏回對魯侯曰：‘臣聞之：鳥窮則啄，人窮則詐，馬窮則佚。自古及今，未有窮其下而能無危者也。’”

1761 張冠李借　借亦作戴。

1762 大喜過望　《漢·高紀》④：“黥布間行，與隨何歸漢。漢王踞見之。布大怒，悔來，欲自殺。卽出，就舍，帳御、飲食、從官皆如漢王居，布又大喜過望。”

1763 後來居上　《漢書》：“汲黯言事剛戇，嘗于上前言：‘陛下用人，譬如積薪，後來者居上。’”

1764 矯枉過正　《南史·王琨傳》：“琨避諱過甚，父名懌，母名恭，凡字從心者，家人並不得犯，時咸謂矯枉過正。”

1765 草菅人命　漢賈誼疏：“胡亥今日卽位，明日射人，其視殺人如艾草菅然。”艾，音刈。

---

① 引文見《世說新語·言語》。
② 國策，當爲“史記”。
③ 引文見《孔子家語·顏回》。
④ 引文見《漢書·英布傳》。

1766 以錢爲命　明文黄輝《題旌義李長者冊》:"夫富而慳者以一錢爲命,貧而丐者亦以一錢爲命,是二人者,命竟何如哉?"

1767 室如懸罄　《左·僖公廿六年》:"齊伐魯。齊侯曰:'室如懸罄,野無青草,何恃而不恐?'展喜對曰:'恃有先王之命。'"

1768 堂堂正正　《孫子兵法》:"毋邀正正之旗,毋擊堂堂之陣。"

1769 口尚乳臭　《漢·高紀》漢王曰:"魏大將栢直口尚乳臭,安得當韓信?"《晉書》長史卞範之謂桓溫曰[1]:"元顯口尚乳臭,劉牢之大失物情。"

1770 後來之秀　晉史[2]:"王羲之與桓溫牋曰:'謝萬才流經通,使主廊廟,固是後來之秀。今以俯順荒餘,則違才易務矣。'"

庚　冊

1771 疊牀架屋　《續畫品》:"毛秋,水遠子,便達有餘,眞巧未足。若比其父,則牀上疊牀。隋法綸肇誦輦,方之乃兄,恐屋下架屋。"[3]

1772 勢如破竹　《晉書》征南將軍杜預曰:"兵威既振,勢如破竹,數節之後,迎刃而解,無復著手處也。"

1773 胸有成竹　東坡《文洋州畫竹記》:"必先得成竹于胸中,執筆熟視,乃見其所欲畫者,急起從之,振筆直遂,以追其所見,如兔起鶻落,稍縱則逝矣。與可之教余如此。"

1774 推心置腹　《漢書》[4]:"蕭王破銅馬于鄔,悉降之,勅令歸營勒兵。降者更相語曰:'蕭王推赤心置人腹中,安得不効死乎?'由是皆服。"

1775 怨氣滿腹　《光武紀》[5]:"車駕東巡,群臣請封禪泰山。詔曰:'卽位三十年,百姓怨氣滿腹,吾誰欺?欺天乎?'"

---

[1]　溫,當爲"玄"。

[2]　引文見《資治通鑑·晉孝宗升平二年》。

[3]　引文見《事文類聚》前集卷四十《襲父兄業》引《續畫品》,秋、水,原作"稜、惠"。

[4]　引文見《後漢書·光武帝紀上》。

[5]　引文見《後漢書·祭祀志》。

1776 刮骨療毒 《蜀志》：“關雲長爲流矢中臂，每陰雨常痛。醫曰：‘矢鏃有毒，入骨剖臂，刮骨去毒，乃可除也。’公伸臂與療，飲酒談笑自若。”

1777 思之爛熟 《北史》：“齊主以王晞爲侍郎，苦辭不受。或勸之，晞曰：‘我閱要人多矣。得志少時，鮮不顛覆。且吾性遲緩，不堪時務，非不好作要官，但思之爛熟耳。’”

1778 操之太蹙 《公羊·莊三十年》：“齊人伐山戎。”傳曰：“此齊侯也。其稱人何？貶。曷爲貶？子司馬子曰：‘蓋以操之爲已蹙矣。’”

1779 令人歎服 後漢李固《遺黃瓊書》：“是故俗論皆言處士純盜虛聲，願先生弘此遠謨，令衆人歎服，以雪此言耳。”

1780 老牛舐犢 《後漢書》：“太尉楊彪子脩爲曹操所殺。操見彪，問曰：‘公何瘦之甚？’曰：‘悔無日磾先見之明，猶懷老牛舐犢之愛。’操爲改容。”

1781 得隴望蜀 《後漢·岑彭傳》：“帝自上邽賜彭等書曰：‘西城若下，便可將兵南擊蜀虜。人苦不知足，旣得隴，復望蜀。每一發兵，頭鬚爲白。’”

1782 本來面目 《傳燈錄》：“道明和尚求法于六祖，祖曰：‘那個是明上座本來面目。’”

1783 轉禍爲福 《說苑》：“齊桓公伐山戎，魯許助之而不行。桓公伐之，獻所得山戎之寶于周公之廟。孔子曰：‘聖人轉禍爲福，報怨以德。’此之謂也。”

1784 不疑何卜 《左·桓公十一年》：“楚鬪廉曰：‘卜以決疑，不疑何卜？’遂敗鄖師于蒲騷，卒盟而還。”

1785 畫蛇添足 《國策》：“陳軫見昭陽曰：‘有賜其舍人卮酒者，舍人曰：“數人飲此不足，請畫蛇，蛇先成者飲酒。”一人蛇先成，持酒曰：“吾能爲之足。”未成，一人奪酒曰：“蛇本無足，子安能爲之足？”遂飲酒。今公相楚攻魏，戰勝不知止，又攻齊，是爲蛇足也。’昭陽解軍歸。”

1786 兄弟手足 《後漢書》：“袁譚欲攻弟尚，別駕王脩諫曰：‘兄弟者左右手也。今與人鬥,而斷其右手曰:"我必勝。"其可乎?'"唐李華《弔古戰場文》:"誰無兄弟,如手如足。"

1787 武斷鄉曲　《史記·平準書》:"網疏而民富,役財驕溢,或至兼并豪黨之徒,以武斷于鄉曲。"

1788 知足不辱　《老子》:"知足不辱,知止不殆。"《國策》:"君子曰:'觸知足矣。歸眞反璞,則終身不辱。'"

1789 天涯地角　韓文公《祭十二郎文》:"不得與汝相養以生,相守以死,一在天之涯,一在地之角。"

1790 如膠投漆　古詩:"以膠投漆中,誰能別離此。"鄒陽《獄中上梁王書》:"感于心,合于行,堅如膠漆,昆弟不能離,豈惑于衆口哉?"後漢雷義、陳重交最深。時人爲之語曰:"膠漆自云堅,不如陳與雷。"

1791 口甜如蜜　《唐書》[①]:"李林甫性奸險,人謂其'口有蜜,腹有劍'。"又張師雄每以甘言餂人,人呼爲"蜜翁翁"。

1792 繼室、側室　《左·隱公元年》:"惠公元妃孟子。孟子卒,繼室以聲子,生隱公。"漢文帝《與南越王趙佗書》曰:"朕,高皇帝側室子也。"謝康樂詩:"陸展染白髮,欲以媚側室。"《左·昭公十一年》:"僖子使助葳氏之簉。"注:"簉,副倅也。葳氏之女爲孟僖子副妾。"今稱妾曰"簉室",本此。

1793 不學無術　《漢書》:"霍光不學無術。"《宋史》:"寇準召入相,張詠語準曰:'《霍光傳》不可不讀。'後準讀至'不學無術',曰:'此張公謂我矣。'"

1794 水落石出　東坡《赤壁後遊賦》:"山高月小,水落石出。曾日月之幾何,而江山不可復識矣。"

1795 杜門不出　《漢書》:"孫寶爲京兆尹,署侯文爲東部督郵。灞陵杜秬季,杜門不通水火,持鋤自理園,不敢犯法。"韓詩:"杜門不出動

---

① 引文見《資治通鑑·唐玄宗天寶元年》。

一紀。”①

1796　和盤托出

1797　民心不壹　《左・昭公七年》：“晉侯謂伯瑕曰：‘吾所問日食從矣，可常乎?’對曰：‘不可。六物不同，民心不壹，事序不類，官職不則，同始異終，胡可常也?’”

1798　借花獻佛

1799　好下酒物　宋蘇舜欽，杜祁公衍之婿也。居甥館時，每夜必求酒一斗。公密覘之，見據案讀《漢書》，自云當浮一大白云云。公笑曰：“有如此好下酒物，一斗未爲多也。”

1800　間不容髮　曾子曰：“律曆迭相治也，其間不容髮矣。”枚乘《諫吳王書》：“其出不出，間不容髮。”《史記》：“張耳、陳餘說武臣自立曰：‘將軍無失時，時間不容息。’”

1801　水底撈月　未詳。《太平府志》：“李白秋夜泊舟采石，酒狂，從水中捉月而溺。”常語或本此。又有“水底撈鹽”之語。

1802　視同秦越　韓文《諍臣論》：“未嘗一言及于政。視政之得失，若越人視秦人之肥瘠，忽然不加喜戚于其心。”

1803　心下快活　《冷齋夜話》：“山谷《茶詞》有句云：‘口不能言，心下快活自省。’”邵康節先生言云：“爲快活人，六十四歲。”

1804　沿門托鉢　未詳。《傳燈錄》：“有僧問守清禪師：‘如何是和尚家風。’曰：‘一瓶兼一鉢，到處是生涯。’”

1805　當頭棒喝　未詳。《傳燈錄》：“洛浦在夾山，做典座三年，喫百頓棒。後大悟，云：‘斬新日月，特地乾坤。’”

1806　石頭路滑　《高僧傳》：“石頭希遷大師也。馬祖問：‘師從什麽處來?’師云：‘石頭。’馬祖云：‘石頭路滑，還踏倒汝麽?’師曰：‘若踏倒即

---

①　杜,韓愈《寄盧仝》作“閉”。

不來。’”

1807 人殺鬼殺　《通鑑》唐魏玄同爲周興誣告,賜死。或令上變自陳,玄同曰:“人殺與鬼殺等,不能爲告訐人。”

1808 兩下相殺　《穀梁·桓公六年》:“蔡人殺陳佗。”傳曰:“陳侯與蔡人爭禽,不知其是陳君也,而殺之。兩下相殺,不道。其不地,於蔡也。”

1809 兩言可決　《史記》:“平原君與楚王言合從利害,日出而言之,日中不決。毛遂按劍,歷階而上,謂平原君曰:‘從之利害,兩言而決耳。今日出而言,日中不決,何也?’”

1810 言語漏洩　《左·襄公十四年》范宣子數諸戎曰:“今諸侯之事晉不如昔者,蓋言語漏洩,則職汝之由。”

1811 弄巧成拙

1812 果熟自落　北齊史①:“初,侯景圍臺城,或問陸法和曰:‘事將如何?’法和曰:‘凡取果待熟,不撩自落。但待侯景熟耳,何勞問也?’景果伏誅。”

1813 開籠放雀　《北夢瑣言》②:“晉王導生辰,羣大卿籠雀鴿往賀,至則開籠放之。每放一雀,祝曰:‘願相公百二十歲。’”

1814 爲善最樂　《後漢·明帝紀》③:“東平王蒼來朝,月餘還國。帝遣使手詔賜東平國中傅曰:‘日者問王處家何事最樂,王言爲善最樂,其言甚大。’”

1815 心胸開拓　南宋史④:“陳亮,字同甫,才氣超邁,善談兵,議論風生。嘗曰:‘推倒一世之智勇,開拓萬古之心胸,自謂差有一日之長。’”

1816 魂銷膽落　江淹《別賦》:“黯然銷魂者,惟別而已矣。”《唐書》:

---

① 引文見《北齊書·陸法和傳》。

② 引文見《錦繡萬花谷》卷十九《生日》引《倦遊錄》。

③ 明帝紀,當作“東平憲王蒼傳”。

④ 引文見《宋史·陳亮傳》。

"李祐違制進奉御史,溫造劾之。祐曰:'吾臨大敵未嘗稍怯,今日膽落溫御史矣。'"

1817 暗中摸索 《唐書》①:"許敬宗性輕侮,見人多忘之。或謂其不聰,乃曰:'卿等自難記,若遇曹、劉、沈、謝,雖暗中摸索著亦可識。'"

1818 束之高閣 《晉書》:"杜乂、殷浩才名冠世,庾翼勿之重也,曰:'此輩宜束之高閣,俟天下太平,徐議其任耳。'"韓愈《與盧全詩》:"春秋三傳束高閣,獨抱遺經究終始。"

1819 助桀爲虐 《史記·田單傳》:"燕人謂王蠋曰:'齊人多高子之義,吾以子爲將,封子萬家。'蠋固謝。燕人曰:'子不聽,吾引三軍而屠畫邑。'蠋曰:'國既破亡,吾不能存。今又刼之以兵爲君將,是助桀爲虐也。'"按:張良諫高祖引此語。

1820 不修帷薄 賈誼《治安策》:"坐汙穢、淫亂、男女無別者,不曰'汙穢',曰'帷薄不修'。"注:"帷,幔也;薄,同箔,簾也。所以障蔽,別內外也。"

1821 天資刻薄 《史記·商鞅傳》贊曰:"商君,天資刻薄人也。"

1822 唯唯諾諾 《國策》:"秦王見范雎,屏左右,跪而請曰:'先生何以幸教寡人?'雎曰:'唯唯。'如是者三。"又趙良說商君曰:"千人之諾諾,不如一士之諤諤。"

1823 算無遺策 晉史②:"赫連勃勃入長安,大饗將士,舉觴屬王買德曰:'卿往日之言,一期皆驗,可謂算無遺策矣。'"

1824 落井下石 韓文《柳子厚墓誌》:"落窞穽,不一引手救,反擠之,又下石焉者,皆是也。聞子厚之風,亦可以少愧矣。"

1825 焦頭爛額 《漢書》:"霍氏奢侈僭妄,徐福三上書論之,皆報罷。後霍氏誅滅,告者皆封賞有差,而不及福。有人爲徐生上書訟曰云云:'曲突

---

① 引文見《隋唐嘉話》卷中。

② 引文見《晉書·赫連勃勃載記》。

徙薪無恩澤,焦頭爛額爲上客。'宣帝乃招福爲郎。"焦頭爛額,喻救火之人;曲突徙薪,喻防患未然之人。

1826 天懸地隔　《南史》齊陸厥與沈約論韻書曰:"一人之思,遲速天懸;一家之文,工拙壤隔。"

1827 雲泥分隔　《全唐詩話》:"白居易詩云:'昔年洛陽社,貧賤相提攜。今日長安道,對面隔雲泥。'"觀此,則車笠之盟,不忘者有幾?

1828 不分主客　《三國志》①:"司馬德操嘗詣龐德公,值其上冢。德操徑入,呼其妻子速作黍,曰:'徐元直當來就我與德公談。'妻子皆治具,奔走服役。須臾德公還,直入相就坐,不知何者是主,何者是客也。"

1829 半子嬌客　《唐書》:"德宗以咸安公主下嫁回紇,可汗上書恭甚,言:'昔爲兄弟,今壻,半子也。陛下若患西戎,子請以兵除之。'"劉禹錫文云:"乃命長嗣,爲君半子。"東坡《和王子立》詩:"婦翁未可撾,王郎非嬌客。"注:"女壻曰'嬌客',王乃子由壻也。"

1830 反璧、完璧　《左·僖公廿三年》:"晉文公出亡,過曹,曹大夫僖負羈之妻云云。乃饋盤飧,置璧焉。公子受飧反璧。"《國策》②:"藺相如對趙王曰:'秦以城求璧而我不許,曲在我矣。我與璧而秦不與我城,則曲在秦。臣願奉璧往使,秦城不入,臣請完璧而歸。'"凡贈物不受曰"反璧",借物償還曰"完璧",宜有分別。

1831 開卷有益　《宋史》③:"太宗勤于讀書,自巳至申,然後釋卷。宋琪以勞瘁爲諫,帝曰:'開卷有益,不爲勞也。'"陶淵明云:"開卷有得,便欣然忘食。"

1832 冬至三白　《朝野僉載》④:"正月三白,田公笑赫赫。西北人諺

---

① 引文見《三國志·蜀書·龐統傳》注引《襄陽記》。

② 引文見《資治通鑑·周赧王三十二年》。

③ 引文見《續資治通鑑長編·宋太宗太平興國八年》。

④ 引文見《韻府群玉》卷十九"三白"引《朝野僉載》。

曰：‘要宜麥，見三白。’”南方有諺云：“冬至三白，陳稻爛麥。”

1833　家徒四壁　《漢書·司馬相如傳》：“卓王孫女文君新寡，相如以琴心挑之。文君夜奔相如，見其家徒四壁立。”

1834　可南可北　《列子》[①]：“楊朱見歧路而泣，爲其可以南可以北；墨翟見素絲而悲，爲其可以白可以黑。”

1835　楚弓楚得　《家語》：“楚王亡烏號之弓，左右請求之。王曰：‘楚人亡弓楚人得之，何求也？’孔子聞之曰：‘惜乎不大也，不曰人遺之，人得之，何必楚也？’”

1836　逍遙自得　《莊子·讓王篇》善卷曰：“余日出而作，日入而息，逍遙於天地之間，而心意自得。”

1837　一舉兩得　《國策》：“有兩虎爭人而鬪，卞莊子將刺之，管與止之曰：‘虎者，戾蟲；人者，甘餌。今兩虎爭人而鬪，小者必死，大者必傷。子待虎傷而刺之，則是一舉而兼得兩虎也。’”

1838　錢喫不得　《宋史》：“王珪曰：‘向所患者用不足，今朝廷捐錢鈔五百緡[②]，以供軍食有餘矣。’王安禮曰：‘鈔不可噉，必變而爲錢，錢又變爲芻粟。今距征期兩月，安能集事？’”

1839　面無人色　《漢·李廣傳》：“廣爲匈奴所敗，吏士皆無人色，廣意氣自若。”

1840　檳榔消食　《南史》：“劉穆之少貧，常就妻兄江氏食，多見辱。適江氏有慶會，屬勿來，穆之猶往。席中有檳榔，拈食之。江氏戲之曰：‘檳榔消食，君饑，何須此？’後穆之貴，以金盤滿盛檳榔送與江氏，曰：‘檳榔消食，可食之。’”

1841　仰人鼻息　《三國志》韓馥欲以冀州讓袁紹，長史耿武諫曰：“紹

---

① 引文見《淮南子·說林訓》。
② 五百，《宋史·王安禮傳》作“五百萬”。

孤客窮窘,仰我鼻息,譬嬰兒在股掌之上,絕其乳哺,立可餓殺。"

1842 半價倍息 《漢·食貨志》:"當其有者,半價而買,取倍稱之息。""價"原文作"賈","取"字上有"亡者"二字,"亡"同"無",貸一償二爲"倍息"。

1843 燃眉之急 《吳志》①:"張昭謂孔明曰:'先生每以管、樂自比,今玄德得先生,乃棄新野,走樊城,敗當陽,走夏口,有燃眉之急,豈有管、樂萬分之一耶?'"

1844 日不暇給 《史記》曰:"雖受命,而日有不暇給也。"班固《兩都賦》序:"大漢受命,日不暇給。"

1845 鞭長莫及 《左·宣公十四年》晉伯宗曰②:"古人有言曰:'雖鞭之長,不及馬腹。'天方授楚,未可與爭。雖晉之强,能違天乎?"

1846 百端交集 注見"未免有情"。

1847 落落難合 《漢書》③:"光武帝臨淄勞耿弇曰:'將軍前在南陽,建此大策,常以爲落落難合。有志者,事竟成也。'"

1848 味如嚼蠟 《楞嚴經》:"當橫陳時,味如嚼蠟。"陳與義詩:"我今嚼蠟已甘腴。"

1849 事無常法 《管子》:"不法法,則事無常;法不法,則令不行。令而不行,則令不法也;法而不行,則修令者不審也。"

1850 肄業、受業 《左·文公三年》④:"衛侯使甯俞聘于魯。公與之宴,爲賦《湛露》及《彤弓》,不辭,又不答賦。使行人私焉,對曰:'臣以爲肄業及之也。'""受業"見《孟子》。

---

① 引文見《幼學瓊林》卷二《身體》注。
② 四,當作"五"。
③ 引文見《後漢書·耿弇傳》。
④ 三,當作"四"。

辛　冊

1851 百金中人產　《漢書》："文帝欲作露臺,召匠計之,曰:'直百金。'帝曰:'百金,中人十家之產。'遂止。"按:文帝時,斗米三錢,故云。若後世,尚不足一家之產,況中人十家乎?

1852 民以食爲天　《漢書》酈生曰:"知天之天者,王事可成。王者以民爲天,民以食爲天。楚拔滎陽,不堅守敖倉粟,乃引而東,此天所以資漢也。"

1853 家常飯好喫　《宋史》[1]:"范文正公云:'常調官好做,家常飯好喫。'"按:"常調官"謂事無更變,一切守常例也。

1854 習慣若自然　《家語》:"叔仲會與孔璇迭侍夫子左右,孟武伯曰:'此二孺子之幼也於學,豈能識于壯哉?'孔子曰:'然。少成則若性也,習慣若自然也。'"

1855 生老病死苦　逸史[2]:"宋熙寧中有'生老病死苦'之語。王荆公作新法爲生事;曾魯公年老;富鄭公稱病;唐參政與荆公爭,不勝,疽發背死;趙清獻無如安石何,惟稱苦苦而已。"按:佛法謂人有輪回,由生而老而病而死,皆苦境也。

1856 一絲不掛心　《傳燈錄》:"南泉師問陸亘曰:'大夫十二時中作什麼生?'答曰:'一絲不掛。'師曰:'猶是階下漢。'"

1857 三杯通大道　太白詩:"三杯通大道,一醉解千愁。"[3]坡詩:"誰言大道遠,正賴三杯通。"

1858 便足了一生　《晉書》:"畢卓嘗語人曰:'吾得左手持蟹螯,右手持酒杯,拍浮酒船中,便足了此一生矣。'"

---

① 引文見《鶴林玉露》卷一《常調官》。
② 引文見《聞見前錄》卷十三。
③ 引文見《增廣賢文》。"三杯通大道"見李白《月下獨酌》;"一醉解千愁"見武漢臣《包待制智賺生金閣》第三折。

1859 洗腳恐失財　《南史》：“陰子春官刺史，身服汙垢，足數年不洗，言每洗則失財敗事。任梁州時，洗足者再，竟敗事。”今俗云“剃頭洗腳，不可賭博”，本此。

1860 見笑於大方　《莊子·秋水篇》：“河伯至北海，望洋向若而歎曰：‘今我覩子之難窮也，吾嘗見笑於大方之家。’”

1861 錢塞破屋子　《書言故事》：“石晉桑維翰愛錢。上曰：‘窮措大，眼孔小，與錢十萬貫，塞破屋子。’”

1862 仰眠看屋梁　《南史》：“梁元帝居藩，頗事聲譽，勤心著述。蕭恭從容謂曰：‘時人多有仰眠牀上，看屋梁而著書，勞神苦思，竟不成名。’”

1863 得此全無用　《五代史》[1]：“韓浦與弟泊皆有文詞。泊嘗輕兄曰：‘予兄文如繩樞草舍，聊庇風雨。予文是造五鳳樓手。’浦聞之，因人寄蜀牋，題詩曰：‘十樣蠻牋出益州，新來寄自浣溪頭。老兄得此全無用，助汝添修五鳳樓。’”

1864 䍀一錢看囊　《晉書》[2]：“阮孚持一皁囊遊會稽，人問囊中何物。曰：‘但有一錢看囊，恐其羞澀。’”杜詩：“囊空恐羞澀，䍀得一錢看。”

1865 人生行樂耳　《漢書》：“楊惲《報孫會宗書》云云：‘人生行樂耳，須富貴何時？’”

1866 錢財如糞土　《晉書》：“或問殷浩曰：‘將涖官而夢棺，將得財而夢糞，何也？’浩曰：‘官本臭腐，故將官而夢尸；錢本糞土，故將得財而夢穢。’”

1867 無立錐之地　《史記·食貨志》[3]：“秦孝公壞井田，開阡陌，民得買賣兼并，富者田連阡陌，貧者無立錐之地。”香岩和尚云：“去年貧，無立錐之地；今年貧，錐也無。”

---

① 　引文見《宋朝事實類苑》卷六三引《楊文公談苑》。

② 　引文見《韻府群玉》卷六“一錢囊”。

③ 　史記，當作“漢書”。

1868 始念不及此 《左·成公十八年》：“晉荀罃、士魴迎周子于京師而立之，生十四年矣。大夫迎于清原，周子曰：‘孤始念不及此①，雖及此，豈非天乎？’”

1869 未喫過墨水 《北齊書》②：“正旦會侍中黃門郎宣詔勞諸郡上計，訖命遺紙陳事，書跡濫劣者，罰飲墨汁一升。”山谷詩：“睥睨紈袴兒，可飲三斗墨。”

1870 能說不能行 《語錄》③：“白居易問鵲巢和尚佛法大意，師曰：‘諸惡莫作，衆善奉行。三歲小兒能說得，六十歲老人不能行得。’”

1871 瞎字也不識 《雜俎》④：“藏紇、叔梁紇，皆音恨發切，而世多誤呼‘核’。蕭穎士聞人誤讀武仲名，因曰：‘紇字也不識。’人遂訛云‘瞎字也不識’。”

1872 恐難索解人 《晉書》⑤：“阮裕爲《白馬論》，示謝安。安年少，不卽解阮語，重相質問。裕乃歎曰：‘非但能言人不可得，正索解人亦不得。’”

1873 倉中闞老鼠 《秦紀》⑥：“李斯爲郡小吏，見厠中鼠食不潔，見人犬則驚恐。觀倉中之鼠，食積粟，居大廡之下，無人犬之驚。人之賢不肖，譬如鼠矣，在所處耳。”按：世言監守自盜者，每有此語。

1874 金盌盛狗矢 《五代·孫晟傳》：“晟與馮延巳並爲相。晟輕延巳爲人，嘗曰：‘金盆玉盌而盛狗矢，可乎？’”矢卽屎，廉頗三遺矢。

1875 欺孤兒寡婦 《晉書》石勒曰：“大丈夫行事，宜磊磊落落，如日月皎然，終不效曹孟德、司馬仲達，欺人孤兒寡婦，狐媚以取天下也。”

---

① 念，《左傳·成公十八年》作“願”。

② 引文見《廣事類賦》卷二《莫飲黃門之墨》引《北齊書》。

③ 引文見《韻府群玉》卷二〇“行不得”。

④ 引文見《嬾眞子》卷四。

⑤ 引文見《世說新語·文學》。

⑥ 引文見《史記·李斯列傳》。

1876　怨痛入骨髓　《國策》[1]:"燕太子丹謂鞠武曰:'今秦王反戾天常,每念之痛入骨髓。'"《史記》韓信曰:"項王坑秦降卒,惟邯、欣、翳得脫。秦父兄怨此三人,痛入骨髓。"

1877　敢怒不敢言　唐文杜牧《阿房宮賦》:"斯時之民不敢言而敢怒,獨夫之心,日益驕固。"

1878　求死不得死　《晉書》:"月犯少微星,少微一名處士星,占者以隱士當之。時戴逵有美才,人或爲逵憂之。俄而謝敷死,越人誚之曰:'吳中有高士,求死不得死。'"

1879　面如樸子大　《名臣錄》:"呂蒙正爲相,有朝士藏古鏡,能照二百里,欲獻以求知。公曰:'吾面如樸子大,安用照二百里也?'"

1880　此人不足齒　《世說》:"顧辟疆有園,多竹,極幽勝。王子敬信步入觀,旁若無人。辟疆曰:'此不足齒之傖耳。'"按:傖,賤稱也。今南方有呼"某傖"者。

1881　無所用其巧　《莊子·列禦寇篇》:"朱泙漫學屠龍于支離益,殫千金之家。三年技成,而無所用其巧。"

1882　恨不得知己　《吳志》[2]:"虞翻放棄南方,自恨疎節,骨體不媚,生無可與語,死以青蠅爲弔客,使天下得一人知己,可以不恨。"

1883　嫁禍於他人　《東周紀》[3]:"秦武安君伐韓,拔野王。上黨路絕,上黨守馮亭以地入趙。趙王問平陽君豹,對曰:'韓不以地入秦,而願以城市邑十七入趙,欲嫁其禍於趙也。'"謂欲激秦怒以伐趙也。後果有長平之禍。

1884　以此爲長策　唐詩王維《送孟六歸襄陽》:"杜門不復出,久與故人疎。以此爲長策,勸君歸舊廬。"

1885　盲人騎瞎馬　晉史:"桓溫與衆賓約,共作危語。溫曰:'矛頭淅

---

①　引文見《燕丹子》。

②　引文見《三國志·吳書·虞翻傳》注。

③　引文見《資治通鑑·周赧王四十三年》。

米劍頭炊。’一參軍曰：‘盲人騎瞎馬，夜半臨深池。’”①殷仲堪眇一目，在坐，故云。

1886 比上天還難 《唐書》：“嚴武在蜀，民苦之。太白作《蜀道難》諷之曰：‘蜀道之難，難于上青天。’後陸暢作《蜀道易》，以美韋皋。”枚乘文云：“危于累卵，難于上天。”

1887 鐵門限難過 未詳。《隋唐嘉話》②：“智永禪師，逸少七代孫，克嗣家法，工書。求書者如市，所居戶限爲穿，乃以鐵葉裹之。人號‘鐵門限’。”

1888 往來不憚煩 《漢書》③：“徵處士王良等，良位至大司徒司直，後以病歸，一歲復徵。至滎陽，過其友人，不肯見，曰：‘不有忠言奇謀而取大位，何其往來屑屑不憚煩也？’”

1889 腸子寸寸斷 《搜神記》：“有人得猿子，將歸，猿母隨至家，搏頰哀求，其人竟殺之。猿母悲號，自擲而死。剖視之，腸子寸寸斷裂。”

1890 誰能爲我擔 《魏志》毋丘儉《之遼東》詩④：“憂責重山岳，誰能爲我擔？”

1891 瘦得一把骨 《南史》：“王戎居喪，毀瘠如柴。”⑤宋周必大詩⑥：“玉骨爲多感，瘦來無一把。”

1892 面似靴皮厚 《歸田錄》：“田元鈞在三司，深惡干請，每強笑遣之。曰：‘數年來，笑得面似靴皮。’”按：唐楊光遠慙顏厚如十重鐵甲。俗謂無恥者曰“面似靴皮厚”。

----

① 引文見《晉書・顧愷之傳》。溫，原作“玄”。
② 引文見《尚書故實》《劉賓客嘉話錄》等。
③ 引文見《後漢書・王良傳》。
④ 引文見《文選》卷三八《爲齊明帝讓宣城郡公第一表》李善注。
⑤ 《南史》無此文。《南史・劉瓛傳》：“居喪毀瘠骨立。”
⑥ 周必大，當作“周邦彥”，見《片玉詞》卷上《塞垣春》。

1893 代下一轉語　《傳燈錄》①：“有人問：‘大修行底人落因果也無？’老人答曰：‘不落因果。’遂墮在野狐身。大智禪師代下一轉語曰：‘不昧因果。’老人大悟，免老狐身。”

1894 畫虎反類狗　漢馬援《誡兄子書》：“效杜季良不得，將爲天下輕薄子。所謂‘畫虎不成反類狗’者也。”

1895 看書爲遮眼　《傳燈錄》：“藥山禪師趺坐，看經不輟，有沙彌問曰：‘爲甚麼看經？’師曰：‘我只圖遮眼。’”

1896 其中未必有　《史記·陳平世家》：“絳侯、灌嬰等譖平曰：‘平雖美丈夫，如冠玉耳，其中未必有也。’”

1897 夢棺要做官　注見“錢財如糞土”。

1898 一朝權在手　唐朱灣詩：“一朝權在手，看取令來行。”“看取”一作“便把”。

1899 入門深似海　《全唐詩話》②：“崔郊有婢，甚端麗，善音律。既貧，鬻于連帥于頔家，郊思念不已。婢因寒食來郊家，見郊雨泣。郊贈詩曰：‘公子王孫逐後塵，綠珠垂淚滴羅巾。侯門一入深如海，從此蕭郎是路人。’于見詩，立召崔，命婢同歸。”

1900 無事好飲酒　《史記》：“陳軫謂犀首：‘公何好飲？’答曰：‘無事。’軫曰：‘吾欲令公厭事，可乎？’”

1901 酒令如軍令　《漢書》：“朱虛侯劉章侍呂后宴飲，命章爲酒吏。章曰：‘臣將種也，請以軍法行酒。’許之。酒酣，諸呂一人亡酒，章拔劍追斬之。”

1902 飽當知人飢　《晏子春秋》：“景公時雨雪三日，公披狐白之裘。晏子入，公曰：‘怪哉！大雪不寒。’晏子曰：‘古之賢君飽而知人飢，溫而知

---

① 　引文見《五燈會元》卷三。
② 　《佩文韻府》卷二二之十引。

人寒。'公曰：'善。'出衣發粟，以與飢寒。"

1903 添一重公案 《傳燈錄》："北禪和尚問僧曰：'什麼院？'曰：'資福。'曰：'福將何資？'曰：'兩重公案。'"

1904 不能贊一辭 《史記》："孔子聽訟，文辭可以與人共，不獨有也。至子修《春秋》，筆則筆，削則削，游、夏之徒不能贊一辭。"

1905 先入者爲主 《宋史》："呂公著言于帝曰：'惟人君去偏聽、獨任之弊，而不主先入之言，則不爲邪說所亂矣。'"又王安石延師教子雱，擇學行純篤者。或曰："童蒙何須乃爾？"公曰："先入者爲主，不可不謹也。"千古名言，可爲延師發蒙者指南針。

1906 死病無良醫 《國策》①："魏王聞孔斌賢，聘以爲相。斌謂使者曰：'若王能信用吾道云云。'既至，魏不用其道，以病致仕。嘗歎曰：'死病無良醫。不出二十年，天下其盡爲秦乎？'"

1907 罵人如奴婢 《漢書》："魏豹謝酈生曰：'人生一世間，如白駒過隙耳。今漢王嫚而侮人，罵詈群臣，直如奴婢，豈復有上下禮節？吾不忍復見也。'"

1908 滿堂肉鼓吹 《國史補》②："僞蜀李匡遠性急刻，一日不斷刑，則慘然不樂。喜聞笞撻之聲，曰：'此一部肉鼓吹。'後盜發其墓，分其四支。"

1909 今日壓倒人 《摭言》："唐楊汝士與元稹、白居易同宴賦詩，汝士詩後成，最工。元、白皆歎賞。汝士醉歸曰：'吾今日壓倒元、白矣。'"

1910 人不可無勢 晉史③："孟嘉爲桓溫參軍。一日，溫謂嘉曰：'人不可無勢，我乃能駕馭卿。'"

1911 仕宦之捷徑 《唐書》④："盧藏用初隱終南、少室二山，武后徵爲

---

① 引文見《資治通鑑·周赧王五十六年》。

② 引文見《類說》卷二七引《外史檮杌》"一部肉鼓吹"。

③ 引文見《陶淵明集》卷五《晉故西征大將軍長史孟府君傳》。

④ 引文見《太平御覽》卷三九《終南山》引《唐書》。

左拾遺。司馬承禎被召來京師，盧指終南曰：‘此中大有佳處，何必天台？’承禎徐曰：‘以僕視之，仕宦之捷徑耳。’盧大慚。”

1912 依樣畫葫蘆　《夷堅志》：“太祖聞陶穀每草制，皆檢舊稿，謂‘依樣畫葫蘆’。穀書壁云：‘堪笑翰林陶學士，年年依樣畫葫蘆。’”按：穀自號“金鑾否人”。

1913 人苦不知足　注見“得隴望蜀”。《唐書》：“魏徵謂太宗比年勉強受諫，意終不平。太宗曰：‘人苦不自知耳。’”

1914 水清無大魚　《大戴禮記》：“水至清則無魚，人至察則無徒。”《漢書》①：“班超告任尚云云：‘水清無大魚，察政不得下和。’”

1915 河東獅子吼　《行能錄》②：“釋迦佛生兜率天，分手指天地，作獅子吼云：‘天上天下，惟吾獨尊。’”東坡《諷陳季常》詩：“龍丘居士亦可憐，談空說有夜不眠。忽聞河東獅子吼，拄杖落手心茫然。”按：慥妻姓柳，河東柳郡也。杜詩有“河東女兒身姓柳”之句。故坡引以爲戲。

1916 急則抱佛腳　《外域記》③：“滇南有番國，國王最敬信佛法。國中有犯重罪者，捕之，急則投僧寺，抱佛腳，哀呼懺悔，改過皈依，卽赦之不問。”

1917 人種不可失　《世說》：“阮咸先私姑家鮮卑婢，及姑遠移，將婢去。咸知之，適客至，借客驢自追之，累騎而返，曰：‘人種不可失。’卽孚也。”

1918 一塲大笑話　莊子妻死，惠子弔之。周箕踞鼓盆而歌曰：“堪歎浮世事，有如開花謝。妻死我必埋，我死妻必嫁。我若先死時，一塲大笑話云云。”惠子曰：“不哭亦足矣。又鼓盆而歌，不亦甚乎？”按：本文並無歌語。五言古詩始于蘇、李，周末安得有此？殆後人好事者爲之歟？

1919 朋友要耐久　《唐書》：“魏玄同素與裴炎善，時人以其終始不渝，謂之‘耐久朋’。”

---

① 引文見《後漢書·班超傳》。

② 引文見《景德傳燈錄》卷一。

③ 引文見《堅瓠二集》卷一《抱佛腳》引《宦游紀聞》。

1920 請客須擇人 《唐書》[①]：“武后時，以旱禁屠宰。拾遺張德生男，私殺羊，宴同僚。杜肅懷一餕上表告之。明日，太后謂德曰：‘聞卿生男甚喜，但何從得肉？’德服罪。太后曰：‘卿自今請客，亦須擇人。’肅出，舉朝欲吐其面。”

1921 厚意久不報 《漢書》[②]：“馮異自長安入朝，帝曰：‘倉卒蕪蔞亭豆粥，滹沱河麥飯，厚意久不報。’異頓首謝云云。”

1922 生死見交情 《史記》：“下邽翟方進，文帝時爲廷尉，賓客塡門。及罷，門外可設雀羅。及再用，客復至，公大署其門曰：‘一死一生，乃見交情；一貧一富，乃見交態；一貴一賤，交情乃見。’”

1923 無事擾出事 《言行錄》陸象先曰：“天下本無事，庸人自擾之。”

1924 太歲當頭坐 《南唐近事》：“鍾傳鎮江西，以曆書包一橘，置袖中。有客射覆曰：‘太歲當頭立，諸神莫敢當。其中有一物，常帶洞庭香。’”

1925 官清吏不清 《循吏傳》：“姚璹爲益州長史，上曰：‘爲二千石，自清其身者易，使吏盡清者難也，惟璹能兼之。’”

1926 連日不舉火 《莊子·讓王篇》：“曾子居衛，三日不舉火，十年不製衣。”《說苑》晏子曰：“國之簡士，待臣而後舉火者，數百家。”

1927 爲他人作嫁 宋石延年詩：“年去年來來去忙，爲他人作嫁衣裳。仰天大笑出門去，獨對東風舞一場。”秦韜玉《貧女》詩：“最恨年年壓金線，爲他人作嫁衣裳。”

1928 不值一文錢 《史記》：“灌夫罵灌賢曰：‘平生毀程不識不值一錢，今乃效女兒曹呫囁耳語。’”此即田蚡座上使酒罵座事。

1929 天公無皁白 《晉書·天文志》庾翼曰：“此天公憒憒，無皁白之徵也。”皁從十，俗作皂，非。

---

① 引文見《資治通鑑·唐則天長壽元年》。
② 引文見《後漢書·馮異傳》。

1930 白眼望青天　《杜集·飲中八仙歌》："宗之瀟洒美少年,舉觴白眼望青天。"

1931 鬭智不鬭力　《漢書》："項羽謂漢王曰:'願與王挑戰決雌雄,毋徒苦天下父子爲也。'漢王曰:'吾寧鬭智不鬭力。'因數羽十罪。"

1932 言語妙天下　《漢書》："賈捐之謂楊興曰:'使我得見言,君蘭京兆尹可立得。'興曰:'京房下筆,言語妙天下。'"注:"'見言'謂得朝見言于上也。賈字京房,興字君蘭。"

1933 不知何許人　陶淵明《五柳先生傳》："先生不知何許人也,亦不詳其姓氏。宅邊有五柳樹,因以爲號焉。"

1934 無出其右者　《漢書》："田叔等十人隨趙王至長安,上召與語,漢廷諸臣無能出其右者,皆拜爲守。"按:古人尚右,右猶上也。

1935 上下不相得　注見"如釋重負"。

1936 容容多後福　後漢虞詡上疏曰:"方今公卿,類多拱默,以樹恩爲賢,盡節爲愚。至相戒曰:'白璧不可爲,容容多後福。'"

1937 有志事竟成　注見"落落難合"。

1938 所不知者壽　《史記》："蔡澤從唐舉相,舉熟視而笑曰:'吾聞聖人不相,殆先生乎?'澤知戲己,乃曰:'富貴吾所自有,所不知者壽耳。'"

1939 亘年睡不醒　《東南紀聞》："陳搏隱于睡,小則彌月,大則亘年不醒。"先在武當山,有五老人引至華山,蓋五龍授以蟄法也。周世宗曾於禁中扃戶試之。

1940 睡倒一鬆來　《南部新書》："杜邠飲食洪博,既飽即寢。或諫之,公曰:'君不見布袋裝米乎? 放倒即鬆慢矣。'"倦極就寢,每有此語。

1941 癡人有癡福

1942 誠心金石開　《新序》："楚熊渠子夜行,見寢石,以爲伏虎,射之,沒矢飲羽。下視,知石也,復射之,矢摧無迹。熊渠見其誠心而金石爲之開,況人心乎?"按:李廣事同。

1943 鷄犬認得家　《楚漢春秋》[1]：“漢高帝父太公，遷居新豐，雞犬自識還家。”

1944 一片乾淨地　南宋史[2]：“招討大使汪立信曰：‘今江南無一寸乾淨地，某去尋一片趙家地上死，要死得分明耳。’”

1945 家書抵萬金　《南史》[3]：“王筠久在沙塲，一日得家書，喜曰：‘得千金矣。’”杜詩：“烽火連三月，家書抵萬金。”

1946 可緩緩歸去　吳越志王妃春遊[4]，王遺書曰：“陌上花開，可緩緩歸矣。”坡詩：“遺民幾度垂垂老，游女長歌緩緩歸。”

1947 報一飯之恩　《漢書》：“韓信少貧，釣淮陰，乞食于漂母。後封楚王，以千金報母德。”後漢李固曰：“古人懷一飯之恩。”卽指信事。

1948 牛背拔一毛　漢司馬遷《報任少卿書》：“假令僕伏法受誅，若九牛亡一毛，與螻蟻何以異？”

1949 人情如紙薄

1950 富貴逼人來　《北史》：“宇文主命楊素爲詔書，下筆立成，詞義兼美。周主曰：‘勉之，勿憂不富貴。’素曰：‘但恐富貴來逼臣。臣無心圖富貴也。’”

1951 善書不擇筆　唐史[5]：“裴行儉工草隸，嘗語人曰：‘褚遂良非精紙佳筆，未嘗便書。不擇筆墨而妍捷者，惟予與虞世南耳。’”

1952 我自有我法　《晉書》：“庾敳答王衍曰：‘我自用我家法，卿自用卿法。’衍大奇之。”

1953 一字值千金　《秦紀》[6]：“呂不韋著《呂氏春秋》，以千金與書並

---

[1]　引文見《西京雜記》卷二。

[2]　引文見《宋史·汪立信傳》。

[3]　引文見《夜航船》卷八《家書萬金》。

[4]　“志”字疑衍，蘇軾《陌上花》小序作“吳越王妃每歲春必歸臨安”。

[5]　引文見《舊唐書·裴行儉傳》。

[6]　引文見《史記·呂不韋列傳》。

懸之國門,曰:'有能易一字者,酬之千金。'"

1954 世間無敵手　《集異記》:"王積薪從明皇幸蜀,寓宿深溪人家。夜聞東西室姑婦手談,姑曰:'子已北矣。吾止勝九枰耳。'遲明,王具禮請問,姑卽出局布子,謂婦曰:'是子可教以常勢。'因略指示攻守之法,曰:'此已無敵人間矣。'"

1955 肉不鹹怕爛　《南史》:"侯景僭位,道人僧通取肉搵鹽以進。景恨太鹹,僧通曰:'肉不鹹怕爛。'及景死,以鹽五斗實腹中,送建康市。"按:耶律德光死,亦剖腹納鹽,名曰"帝羓"。

1956 安知我不知　莊子與惠子遊于濠梁之上,莊子曰:"鰷魚出遊從容,是魚樂也。"惠子曰:"子非魚,安知魚之樂?"莊子曰:"子非我,安知我不知魚之樂?"

1957 抉眼珠子去　《國語》:"伍子胥曰:'吾死,可抉我眼置吳東門,以觀越人之入也。'吳王怒,曰:'吾不使大夫得見之也。'遂盛之鴟夷,而投之江。"

1958 插翅也難飛　逸史[1]:"王莽募有奇技攻匈奴者。或言能飛,一日千里。取大鳥翮爲兩翼,頭與身皆著毛,飛數百步,墮。莽知難用,亦拜爲領軍。"

1959 何面見江東　《史記》:"項羽敗走烏江,有漁父艤船待渡,曰:'江東雖小,猶可王也。'羽曰:'吾始與八千子弟渡江,今無存者。縱江東父兄憐而王我,我何面目見之乎?'遂自刎。"

1960 反眼不相識　注見"肝膽朋友"。

1961 一正止百邪　晉史[2]:"高悝家有鬼祟,要靈治之,見符索甚多,曰:'當以正止邪,而以邪止邪耶?'並焚之,惟據軒小坐而去,其夕怪遂絕。"

---

[1]　引文見《漢書·王莽傳下》。

[2]　引文見《晉書·幸靈傳》。

1962 倔强果何益 《唐書》①:"魏博舉地來歸,乃遣裴度至魏博宣慰,以錢賞軍士,六州皆給。復一年,歡聲如雷。成德、兗鄆使者相顧失色,歎曰:'倔强者,果何益乎?'"

1963 腳跟立得穩

1964 一髮繫千鈞 《孔叢子》:"齊東郭亥欲攻田氏,子貢曰:'夫以一縷之任,係千鈞之重,上懸無極之高,下垂不測之深,旁人皆畏其絕,而造之者不知,其子之謂乎?'"韓文:"一髮引千鈞。"

1965 一子不嫌少 《南史》:"褚淵謂任昉父遙曰:'卿有令子,相爲喜之。所謂百不爲多,一不爲少。'"

1966 惟恐不好名 南宋史②:"司業陳塤曰:'好名,孟子所不取。然求士于三代之上,惟恐其好名;求士于三代之下,惟恐其不好名耳。'"

1967 父不償子債 《南史》:"梁庾丹少有雋才。父景休,頗饒裕。丹負錢數百萬,債者塡門。景休怒,不償。既而朝賢之丹,不之景休,景休悅,爲還之。"

1968 兒子皆豚犬 《後漢書》③:"曹公歎曰:'生子當如孫仲謀。劉景升兒子,豚犬耳。'"《五代史》朱溫曰:"生子當如李亞子,吾兒皆豚犬耳。"

1969 如失左右手 《漢書》:"蕭何聞韓信亡,不及以聞,自追之。人有告漢王曰:'丞相何亡。'王大怒,如失左右手。居一二日,何來謁王,王且怒且喜。"

1970 各埽門前雪

1971 强預人家事 晉史④:"溫欲遷都,孫綽上表諫阻,溫曰:'君何不尋《遂初賦》,而强預人家國事耶?'"曹操謂世子丕曰:"司馬懿必預汝

① 引文見《資治通鑑·唐憲宗元和七年》。
② 引文見《宋史·陳塤傳》。
③ 引文見《三國志·吳書·吳主傳》。
④ 引文見《晉書·孫綽傳》。

家事。”

1972 萬萬無此理　韓文公《與孟尚書書》：“假如釋氏能與人爲禍福，非守道君子之所懼也，況萬萬無此理。”

1973 寸步不能行　韓愈《代張籍與李浙東書》：“胸中雖有知識，家無錢財，寸步不能自致。今去李中丞千里，何由致其身于人之側？”

1974 有錢病即起　《後漢書》順帝召郎顗問以災異，顗上疏曰：“今之在位，納累鍾之奉，亡天下之憂，棲遲偃仰，寢疾自逸，得賜錢即復起矣。何疾之易而愈之速？”

1975 此中最難測　《晉·顧和傳》：“王導辟和爲從事，周顗指和心曰：‘此中何所有？’和曰：‘此中最是難測也。’”

1976 心地不乾淨　《世說》：“司馬太傅齋中夜坐，於是天清月朗，歎以爲佳。謝重在坐，答曰：‘意謂不如微雲點綴。’道子曰：‘卿居心不淨，乃復强欲滓穢太清耶？’”

1977 何不曉人意　《漢書》[①]：“竇融數上疏求代，詔曰：‘吾與將軍如左右手耳，數執謙退，何不曉人意？勉循士民，無擅離部曲。’”

1978 可問、不可問　《光武本紀》[②]：“時天下墾田多不實際。帝見陳留吏牘上書云：‘潁川、弘農可問，河南、南陽不可問云云。’河南帝城，多近臣；南陽帝鄉，多近親故也。”

1979 其志不在小　《史記》：“范增說項王曰：‘沛公居山東時，貪財好色。今入關，財物無所取，婦女無所幸，此其志不在小。吾令人望其氣，成五采，此天子氣也。’”

1980 急急如律令　《瑣言》：“西域有神獸，形如馬，名律令。其行如風，足不著地。道家書符籙，每曰‘急急如律令’，言神速之意。”《搜

---

① 引文見《後漢書·竇融傳》。
② 引文見《後漢書·劉隆傳》《後漢紀·光武皇帝紀》。

神記》①："律令,周穆王時人,善走。死爲雷部之鬼。"

壬　册

1981 公生明,偏生闇　《荀子》："公生明,偏生闇,端愨生通,詐偽生塞,誠信生神,夸誕生惑。此六生者,君子愼之。"

1982 今生作,來生受　《行能錄》："欲知前世因,今生受者是;欲知後世因,今生作者是。"

1983 住東頭、住西頭　《晉書》②："蔡司徒在洛,見陸機兄弟同居參佐廨中,三間瓦屋,士衡住東頭,士龍住西頭。"

1984 東家食,西家宿　《國策》③："齊有一女,二家求之。其母謂女曰:'欲東則袒左,欲西則袒右。'其女兩袒之,曰:'欲東家食而西家宿。'蓋東家子富而醜,西家子美而貧也。"

1985 只問人,不問官　晉史④："王澄嘗經陳畱,問:'此郡名士有誰乎?'吏曰:'江應元、蔡子尼。'澄曰:'陳畱多居大位者,何但稱此二人?'吏曰:'向謂君侯只問人,不問官位也。'澄默然。"

1986 令人喜、令人怒　《晉書》："桓溫以郄超爲參軍⑤,王珣爲主簿⑥,每事必與二人謀之。府中爲之語曰:'髯參君,短主簿,能令公喜,能令公怒。'"

1987 左回頭、右回頭　《楞嚴經》："如來從輪掌中飛一寶光在阿難左,卽時阿難回頭左盼,又飛一光在阿難右,阿難則又回頭右盼。"

1988 挽不來,推不去　《晉書》："鄧攸守吳郡,不受祿,載米來食,惟飲郡中水。去郡時,數千人挽船不得進,夜乃遁去。民歌曰:'鄧侯挽不來,

---

① 《文選箋證》卷二九《陳孔璋爲袁紹檄豫州》"如律令"引。

② 引文見《世說新語·賞譽》。

③ 引文見《太平御覽》卷三八二《醜丈夫》引《風俗通》。

④ 引文見《晉書·蔡謨傳》。

⑤ 郄,《晉書》作"郗"。

⑥ 珣,《晉書·郗超傳》作"珣"。

謝令推不去。’”

1989 少所見，多所怪 《牟子》：“古諺曰：‘少所見，多所怪，見橐駝以爲馬腫背。’”

1990 何所聞、何所見 《魏志》①：“嵇康夏月踞大樹下鍛②，鍾會造焉，康鍛如故，會徑去。康曰：‘何所聞而來？何所見而去？’會答曰：‘聞所聞而來，見所見而去。’”

1991 此間樂，不思蜀 《魏書》③：“司馬昭问禪曰：‘颇思蜀否？’答曰：‘此間樂，不思蜀也。’左右皆笑。昭曰：‘人之無情，一至於此。’”

1992 先聞名，後識面 北齊史④：“神武見宋游道曰：‘吾先聞其名，今始識其面。’”神武，高歡也。

1993 再而三，三而四 《穀梁·成公二年》“七月”傳曰：“‘請一戰，一戰不克，請再，再不克，請三，三不克，請四，四不克，請五，五不克，舉國而授。’于是而與之盟。”

1994 喫橄欖，思回味 《詩話》⑤：“歐公謂梅聖俞詩，始讀之，歎莫能及。過時思之，乃漸有味，何止喫橄欖，回味方覺其永。”王禹偁《橄欖》詩：“良久有回味，始覺甘如飴。”

1995 奴欺主，鬼弄人 杜荀鶴詩：“世亂奴欺主，年衰鬼弄人⑥。海枯終見底，知人不知心。”

1996 問他啞口無言 《高僧傳》⑦：“凌行婆問浮杯和尚：‘盡力道不得底句云云。’和尚以告趙州大師，師曰：‘我若見這臭老婆，問教他口啞卻。’

---

① 引文見《晉書·嵇康傳》。

② 嵇，原訛作“稽”。

③ 引文見《三國志·蜀書·後主傳》注引《漢晉春秋》。

④ 引文見《北齊書·宋游道傳》。

⑤ 《王直方詩話》。

⑥ 《全唐詩》卷六四三李山甫《自歎拙》：“世亂僮欺主，年衰鬼弄人。”

⑦ 引文見《景德傳燈錄》卷八。

婆聞，云：‘趙州自合喫婆手裏棒。’”

1997 今日不談公事 《南史》：“徐勉爲吏部尚書，嘗與門人夜集。客有求詹事五官，勉正色答曰：‘今夕止可談風月，不宜及公事。’時服其無私。”

1998 平生嗜好都無 《南齊書》：“張瓌爲光祿，妓妾盈房。或譏其衰老，瓌曰：‘我平生嗜好無一復存，惟未能遣此耳。’”

1999 做官莫亂動手 《揮麈錄》[1]：“商則任廩丘尉，性廉介，縣令、丞皆貪。因會宴，令、丞舞則動手，尉止回身而已。令問故，曰：‘長官動手，贊府亦動手，尉更動手，百姓何容活耶？’令、丞皆默然，不樂而罷。”

2000 死者不可復生 《公羊・襄公三十年》“諸侯會于澶淵，宋災故”傳曰：“諸侯相聚，而更宋之所喪，曰：‘死者不可復生，爾財復矣。’”

2001 笑罵任他笑罵 《宋史》：“鄧綰附安石，或問：‘當作何官？’綰曰：‘不失爲館職。’明日果除館職。其鄉人在都者，皆笑且罵。綰曰：‘笑罵任他笑罵，好官還我爲之。’”

2002 何須壁後置人 晉史[2]：“桓溫大陳兵衞，延見朝士。王坦之流汗沾衣，倒執手版，謝安從容謂溫曰：‘安聞諸侯有道，守在四鄰，明公何須壁後置人耶？’溫笑曰：‘正自不得不爾。’命撤之。”

2003 如一鼻孔出氣 未詳。郭璞《爾雅註》：“比肩民，卽半體人，各有一目、一鼻孔、一臂、一腳，相合則如一人。”

2004 所見不逮所聞 《全唐詩話》[3]：“崔信明貞觀中爲秦中令，工詩，有‘楓落吳江冷’之句。鄭世翼因請其全集，略閲之曰：‘所見不逮所聞。’遂投其所作于水而去。”

2005 酩酊不知人事 《世說》：“山簡鎮襄陽時，至習家園酣飲，名其池曰‘高陽’。時人爲歌曰：‘山公時一醉，逕至高陽池。日暮倒載歸，酩酊無

---

① 引文見《職官分紀》卷二四注引《語林》。

② 引文見《晉書・謝安傳》。

③ 引文見《唐詩紀事》卷三《鄭世翼》。

所知。’”

2006　不可一日無君　《公羊·文公九年》“毛伯來求金”傳曰：“緣民臣之心，不可一日無君；緣終始之義，一年不二君，不可曠年無君。”

2007　無惜齒牙餘惠　《南史》：“謝朓好獎譽人才。會稽孔𩅣有才華，未爲人知。朓語孔稚圭曰：‘此子聲名未立，應共獎成。無惜齒牙餘論。’”

2008　事難與俗人言　《史記》太史公曰：“僕誠已著此書，藏之名山，傳之其人云云。然此可爲智者道，難爲俗人言也。”

2009　被裏探出頭來　坡詩註[①]：“太祖謂縣令曰：‘切勿於黃紬被裏放衙。’文彦博知榆次縣，題詩衙鼓，末二句云：‘黃紬被裏曉眠熟，探出頭來道放衙。’”

2010　肉眼不識貴人　《避暑錄》[②]：“鄭光業狀元及第，遇未第時見侮之人，謝曰：‘當時不識貴人，凡夫肉眼。’光業曰：‘吾久忘之。’”

2011　一生喫著不盡　《宋史》[③]：“王曾發解及南省廷試，皆居第一。翰林劉子儀謂曰：‘狀元一生喫著不盡。’曾正色曰：‘曾平生之志不在溫飽。’”

2012　往來皆是爲利　《史記·貨殖傳》：“天下熙熙，皆爲利來；天下攘攘，皆爲利往。”

2013　不能增減一分　宋玉《登徒子好色賦》：“臣東家之子，窺臣三年云云。增之一分則太長，減之一分則太短。”

2014　匆匆不能記憶　唐史[④]：“太宗問李靖曰：‘吾以天下之衆困于小夷，何也？’靖曰：‘此道宗所解。’上顧問道宗，具陳在駐蹕時乘虛取平壤之言。上悵然曰：‘當時匆匆，吾不憶也。’”

2015 教子孫不忘本　唐史[1]："王師範爲節度使，和謹好學。每本縣令到官，必往謁之，自稱百姓，拜之於庭。僚佐或諫，範曰：'吾敬桑梓，所以教子孫不忘本也。'"

2016 恢恢乎有餘地　《莊子》："庖丁爲惠子解牛云云。彼節者有間，而刀刃者無厚。以無厚入有間，恢恢乎其於游刃必有餘地矣。"

2017 陰德必有陽報　《史記》[2]："孫叔敖殺枝首蛇而埋之，恐後人見也。歸泣告母曰：'兒聞見兩頭蛇者死，兒不得事親矣。'母曰：'有陰德者必有陽報。子埋蛇，陰德著，可不死矣。'"《隋書》李士謙曰[3]："夫言陰德，其猶耳鳴，己獨知之，人無知者。"

2018 取功名如拾芥　《漢書》："夏侯勝每講授，嘗謂諸生曰：'士患不明經。經術苟明，其取青紫如俯拾地芥耳。'"

2019 成敗不能逆料　諸葛亮《出師表》："臣鞠躬盡瘁，死而後已。至于成敗利鈍，非臣之明所能逆覩也。"

2020 使人擡不得頭　《天寶遺事》："張象登第，爲華陰簿，而爲守令所抑。歎曰：'大丈夫有凌雲之志，而拘于下位，若立矮屋之下，使人擡頭不得。'乃棄官去。"

2021 不似大家舉止　《翰墨志》："羊欣書如大家婢作夫人，雖處其位，而舉止羞澀，終不似眞。"

2022 爲人作寄書郵　《晉書》："殷羨，字洪喬，遷豫章太守。都下人士共託致家書百餘，羨行次石頭，皆投之水中，曰：'沈者自沈，浮者自浮，殷洪喬不爲人作寄書郵。'"

2023 開闢未聞之事　《南史》[4]："宋參軍沈正說司馬顧琛曰：'國家此

---

[1]　引文見《資治通鑑·唐昭宗大順二年》。

[2]　引文見《新序·雜事》。

[3]　引文見《北史·李士謙傳》。

[4]　引文見《宋書·沈正傳》。

禍,開闢未聞,今以江東驍鋭,倡大義于天下,誰不響應。’”

2024 閣筆不敢措手　《魏書》[①]:“王粲才高,每有制作,詞義俱美,鍾繇、王朗,皆閣筆不敢措手。”

2025 百聞不如一見　《漢書》趙充國曰:“百聞不如一見,兵難預度,願至金城,圖上方略。”唐辛替否云:“耳聞不如目見。”

2026 低頭不能出氣　《莊子》:“孔子聞盜跖之言,趨走出門,上車執轡三失,目芒然無見,色若死灰,據軾低頭,不能出氣。”

2027 行家看見笑煞　《盧氏雜記》:“盧全下第出都,投逆旅。有一人附火吟曰:‘學織錦綾工未多,亂拈機杼錯抛梭。莫教宮錦行家見,把似文章笑煞他,’全因問之,答曰:‘舊隸宮錦坊,近以薄技投本行,云如今花樣不同,且東歸也。’”

2028 如今花樣不同　注見上。

2029 此調不彈久矣　未詳。當是本稽叔夜《廣陵散》事。宋人句:“古調今人多不彈。”

2030 頭上出角不成　《隋書》[②]:“文帝初生,皇妃抱之,忽見頭上出角,徧體起麟,驚而墮地。有尼來見曰:‘已驚我兒,令晚得天下。’”宋鄭獬夢己頭上出角。

2031 一誤豈可再誤　《宋史》:“柴禹錫上變,欲以搖秦王廷美。帝意不決,召趙普,諭以太后遺旨。普對曰:‘太祖已誤,陛下豈容再誤?’廷美遂得罪。”

2032 成敗在此一舉　《光武紀》[③]:“吳漢進逼城都曰:‘若能同心一力,人自爲戰,大功可立。如其不然,敗必無餘。成敗之機,在此一舉。’諸將皆諾。”

---

① 引文見《三國志·魏書·王粲傳》注引《典略》。

② 引文見《北史·隋本紀上》。

③ 引文見《後漢書·吳漢傳》。

2033 一生受用不盡 《傳燈錄》：“天龍禪師豎一指示和尚，當下大悟。一日謂衆曰：‘吾得天龍一指頭禪，一生受用不盡。’言訖示寂。”

2034 何必爲他人守 《漢書》：“呂祿過其姑覆家，姑怒曰：‘汝爲將而棄軍，呂氏今無處矣。’乃悉出珠玉金帛散堂下，曰：‘毋爲他人守也。’”

2035 燈花開，得錢財 《西京雜記》陸賈曰：“目瞷得酒食，燈火花得錢財，乾鵲噪則行人至，蜘蛛集則百事喜。故目瞷則呪之，燈花則拜之，鵲噪則餧之，蜘蛛則放之。”

2036 得不得未可知 《穀梁·隱公三年》：“武氏子來求賻。”傳曰：“魯不可以不歸，周不可以求之。求之爲言得不得未可知之辭也。交譏之。”

2037 有意無意之間 《世說》：“庾子嵩作《意賦》，從子文康曰：‘有意耶，非賦能盡；無意耶，復何所賦？’子嵩答曰：‘在有意無意之間耳。’”

2038 畫餅不可充飢 《魏志》：“明帝詔吏部尚書虞毓曰：‘選舉勿取有名，名如畫地作餅，不可啖也。’”凡事不成者亦云“畫餅”。

2039 言人所不能言 《唐書》：“李絳曰：‘若臣畏避不言，是臣負陛下；言之而惡聞，是陛下負臣也。’上怒解，曰：‘卿所言，皆人所不能言，眞忠臣也。’”

2040 至今以爲美談 《公羊·閔公二年》“齊高子來盟”傳曰云云：“魯人至今以爲美談，曰：‘猶望高子也。’”

2041 老死不相往來 《道德經》：“其食美，其服安，其居樂，其俗雞犬之聲相聞，民至老死不相往來。”

2042 可以情恕理遣 《晉書》：“衛玠嘗謂人有不及，可以情恕；非意相干，可以理遣。”

2043 出人口入人耳 《左·昭公廿年》：“楚平王使城父司馬奮揚殺太子，未至而使遣之。王召奮揚曰：‘言出於余口，入於爾耳，誰告建也？’對曰：‘臣告之。’”

2044 何得每事盡善　晉史[①]："王導每發言，一坐贊美。王述正色曰：'人非堯舜，何得每事盡善？'導謝之。"

2045 一身不充兩役　《南史》："張充少好逸遊，父緒嘗告歸至吳，始入西郭，見充右臂鷹，左牽犬，遇緒船至，便放絏脫韝，拜于水次。緒曰：'一身兩役，無乃勞乎？'"

2046 後來恐難爲繼　《南史》宋文帝曰："四賢同管喉舌，恐後世難爲繼。"喉舌，謂出納王命之職。

2047 料前不能料後　歐陽修《上范司諫書》："豈洛之士大夫能料於前而不能而料於後也，將執事有待而爲也？"

2048 梡脫子一般樣　唐史[②]："武氏引見存撫使所舉人，無問賢愚，悉加擢用。時爲之語曰：'補闕連車載，拾遺平斗量；欋槌侍御史，梡脫校書郎。'"

2049 戞戞乎其難哉　韓愈《答李翊書》："當其取于心而注于手也，惟陳言之務去，戞戞乎其難哉！"

2050 吉人自有天相

2051 假裝鬼臉嚇人　《宋史》："狄青善騎射，從西征，戰安遠，諸將皆克捷。臨敵被髮，帶銅面具，出入賊中，皆披靡莫敢當。"

2052 背上若有芒刺　《漢書》："宣帝初立，謁見高廟，大將軍霍光從驂乘，上內嚴憚之，若有芒刺在背。後霍氏之禍，始于驂乘。"

2053 頑石尚知點頭　《高僧傳》[③]："梁異僧生公，講經於虎丘，人無信者，乃聚石爲徒，與談玄理，石皆點頭。"故語云："生公說法，頑石點頭。"

2054 一見如舊相識　《左·襄公廿九年》："吳公子札歷聘至鄭，見子產，如舊相識，與之縞帶，子產獻紵衣焉。"

---

① 　引文見《晉書·王述傳》。

② 　引文見《資治通鑑·唐則天長壽元年》。

③ 　《淵鑒類函》卷三一七"點石"引《潛確類書》。

2055 鬼比閻王難見　注見“米珠薪桂”。今如謁要人，閽者不爲通，輒云：“閻王難見，小鬼更難見。”

2056 誰肯去鑽狗洞　《晏子春秋》：“晏子身短，使楚。楚人爲小門于大門側，延晏子。晏子曰：‘使狗國者從狗門入，今使楚，不當從此門入。’”

2057 凡事須畱餘地　《朱子家訓》：“凡事須畱餘地，得意不宜再往。”

2058 富貴一塲春夢　《侯鯖錄》：“東坡在昌化軍，有老婦年七十餘，謂坡曰：‘內翰昔日富貴，一塲春夢。’坡然之。時呼老婦爲‘春夢婆’。”

癸　冊

2059 事無不可對人言　《言行錄》：“司馬溫公語晁補之曰：‘吾無過人處，但平生所爲，未嘗不可對人言耳。’”

2060 放下屠刀便成佛　《山堂肆考》：“廣顙屠兒在涅槃會上，放下屠刀立便成佛。”

2061 好官不過多得錢　《宋史》：“曹彬下江南，還家居，常怏怏。太宗賜錢五十萬，乃歎曰：‘好官不過多得錢耳，何必作使相也。’”

2062 書中自有黃金屋　宋眞宗《勸學篇》：“富家不用買良田，書中自有千鐘粟。安居不必架高堂，書中自有黃金屋。娶妻莫恨無良媒，書中有女顏如玉。出門莫恨無人隨，書中車馬多如簇。男兒欲遂平生志，五經勤向窗前讀。”

2063 文字雖同命不同　《揮麈錄》：“王欽若以故相守杭州，見錢塘老尉履歷，乃同年也，憐而薦之。尉謝詩云：‘當年同試大明宮，文字雖同命不同。我作尉曹君作相，東皇原沒兩頭風。’”

2064 何得與人同生活　《北史》：“祖瑩八歲通詩書，時號‘聖小兒’。仕魏，爲秘書監。嘗曰：‘文章須出自風骨，何得與人同生活耶？’”

2065 癡人前不宜說夢　《說海》：“陶淵明云：‘癡人前不宜說夢，達人前不可言命。至急則無陰陽。有妄心則被五行所惑，有私心則爲邪神所制。’”

2066 打破沙鍋問到底 山谷《拙軒頌》云："覓巧了不可得,試道拙從何來? 打破沙盆一問,狂子因此眼開。"

2067 莫與兒孫作馬牛 羅隱詩[1]："兒孫自有兒孫福,莫與兒孫作馬牛。"

2068 有其角者缺其齒 《家語》："萬物之不同:四足者無羽翼,戴角者無上齒。"董仲舒策:"夫天亦有所分限:予之齒者去其角,傅之翼者兩其足。"

2069 讀書人不知合變 《史記》："趙奢之子括,徒能讀父書,不知合變。"

2070 文章自古無憑據 《侯鯖錄》[2]："歐陽修知貢舉,每閱卷,坐後覺有一朱衣人點頭,便喜其文入格,回頭一無所見。因有句云:'文章自古無憑據,惟願朱衣暗點頭。'"

2071 大姨夫作小姨夫 《合璧事類》："歐陽修、王拱宸同爲薛簡肅公壻。歐娶長,王娶次,後歐公又娶其妹,故有'舊女壻爲新女壻,大姨夫作小姨夫'之句。"

2072 說三箇好便歡喜 《法智禪師語錄》："退一步行安樂法,說三箇好喜歡緣。"

2073 天下有如此癡人 《北史》："齊主佯怒,典御丞李集切諫。令縛置流中,久之引出,謂曰:'吾何如桀紂?'集曰:'彌不及矣。'又令沈之,引出更問,如此數四,集對如初。齊主大笑曰:'天下有如此癡人,方知龍逄、比干未是俊物。'遂釋之。"

2074 難做他一箇腳指 北齊史[3]："李幼廉爲瀛州長史,神武行部各州徵責文簿,幼廉應機立成,神武責諸人曰:'卿等作得李長史一箇腳指否?'

---

① 引文見《宋詩紀事》卷九〇徐守信《絕句》。"福"作"計"。

② 引文見《事類備要》前集卷三九引《侯鯖錄》。

③ 引文見《北史·李幼廉傳》。

俱謝罪。”

2075 天不生無路之人

2076 生長富貴當惜福　《宋史》①：“永寧公主常衣貼繡鋪翠襦入宮中。帝曰：‘汝後勿復爲此飾，汝生長富貴，當念惜福，豈可造此惡業之端？’”

2077 宰相須用讀書人　《宋史》：“蜀宮人鏡背有識‘乾德四年’，鑄者怪之，以示宰相，皆不能答。學士竇儀曰：‘昔蜀王衍有此年號，此必蜀物。’帝歎曰：‘宰相須用讀書人。’”

2078 那來得這副眼淚　《南史》：“宋殷貴妃薨，上至墓，謂劉德願曰：‘汝哭貴妃若悲，當厚賞。’德願應聲大哭。上悅。又令醫術羊志哭，志亦嗚咽不勝。人問：‘那來得這副急淚？’志曰：‘我自哭亡妾耳。’”

2079 心術善惡不關相　《荀子·非相篇》：“形不勝心，心不勝術。形相雖惡而心術善，無害爲君子也；形相雖善而心術惡，無害爲小人也。”

2080 十箇指頭有長短　《魏志》陳思王曹植詩云②：“十指有長短，痛惜應相似。”按：植兄弟不睦，故以指爲喻，即《煑豆》詩之意。

2081 兩隻眼莫向一邊　注見“獨具隻眼”。

2082 目不能見自己面　《韓非子》：“楚莊王欲伐越，莊舄曰：‘伐越何也？’王曰：‘以政亂兵弱。’莊子曰：‘目見百步之外，不能自見其睫，故曰自見之謂明。’”

2083 獅子搏兔用全力　《談藪》③：“獅子搏象用全力，不知獅子搏兔亦用全力。”

2084 覆巢之下無完卵　《後漢書》④：“孔融爲操所誣，將就獄，二子泣曰：‘大人豈見覆巢之下復有完卵乎？’果俱爲操所害。”

---

① 引文見《宋史全文·宋太祖二》。

② 引文見劉商《胡笳十八拍》。

③ 引文見《五燈會元》卷六《亡名古宿》。

④ 引文見《世說新語·言語》。

2085 病不服藥爲中醫 《漢書·藝文志》：“有病不治，常得中醫。”

2086 只消一服清涼散 《玉堂嘉話》[①]：“程子儀自翰林望登兩府，移疾不出。朝士候之，則云虛熱上攻。石中立云：‘只消一服清涼散。’暗謂兩府始得用清涼傘也。”

2087 且不問東頭西頭 《宋史》：“趙縝厚結劉美人家婢[②]，以干進用。命未下，有馳告者，縝問東頭西頭，蓋意在中書也。聞者以爲笑談。”

2088 人不識鬼也不識 《筆譚》[③]：“關中無蟹，秦人家收得一乾蟹，土人怖其形狀，以爲怪物。每人家有病者，則借去懸門上，往往得瘥。不但人不識，鬼也不識。”

2089 家事不必問外人 《唐書》：“高宗欲立武氏，褚遂良諫曰：‘武氏經事先帝，天下耳目何可蔽也？’他日，帝問李勣，勣迎合上意，對曰：‘此陛下家事，不必問外人。’上意遂決。”

2090 話都從肺腑流出 《談苑》李格非曰[④]：“陶淵明《歸去來辭》，語語如肺腑中流出。”

2091 窮想發財鬼好笑 《湘山野錄》：“宋劉伯龍歷郡守，貧甚，慨然將營什一之利。一鬼在旁撫掌大笑，伯龍訝曰：‘貧窮固有命，乃復爲鬼所笑也。’遂止。”

2092 得高歌處且高歌

2093 婦人之言不可聽 《晉書》：“劉伶性嗜酒，妻諫之，伶曰：‘當誓神斷之。’妻乃具酒肉，伶跪祝曰：‘天生劉伶，以酒爲名。一飲一石，五斗解酲。婦人之言，慎不可聽。’飲酒啖肉，陶然復醉。”

2094 人不怕死無奈何 《朝野僉載》：“太宗賜任瓌二美人，妻妒，爛其

---

① 引文見《事文類聚》前集卷四七《一服清涼散》引《翰林雜志》。

② 縝，當作“積”，見《宋史·趙積傳》。

③ 引文見《夢溪筆談》卷二五。

④ 引文見《箋注陶淵明集》卷五《歸去來兮辭》注引李格非。

髮秃。太宗賜金瓶酒,云:‘飲之立死,不妒不須飲。’柳氏拜勑曰:‘誠不如死。’乞飲盡。太宗謂璥曰:‘人不怕死,卿其奈何?’”

2095 父子豈有分兩家 《宋史》①:“江南使徐鉉來乞緩師,曰:‘李煜無罪,以小事大,如子事父,奈何見伐?’帝曰:‘爾謂父子爲兩家可乎?’鉉不能對。”

2096 作事不可在人後 《南史》齊明帝嘗戒子東昬侯曰:“作事不可在人後。先發制人,後發爲人制。”②太白詩:“風流肯落他人後?”

2097 小人腹度君子心 《左·昭公廿八年》:“魏戊將受梗陽人賂,閻没、女寬當食而歎。魏子問之,二人云云,願以小人之腹爲君子之心,屬厭而已。”按:此借食諫貪,常語異義。

2098 醉翁之意不在酒 歐陽修《醉翁亭記》云:“醉翁之意不在酒,在乎山水之間也。”

2099 撥開雲霧見青天 未詳。《晉書》:“樂廣善談名理,每厭人心。衛瓘見而奇之,曰:‘此人之冰鏡也。見之若披雲霧而見青天。’”按:常語謂受屈得伸之事。

2100 此人何事不能了 《宋史》③:“張詠知益州,民間苦鹽貴,而廩有餘積,乃下其估,聽以米易鹽,於是米多。遂奏罷陜運,省費無數。帝聞之,喜曰:‘此人何事不能了,吾何憂乎?’”

2101 人心不同如其面 《左·襄公三十一年》子產謂子皮曰:“人心之不同,如其面焉,吾豈敢謂子面如吾面乎?”

2102 開口笑的日子少 《莊子·盜跖篇》:“除死喪憂患,其中開口而笑者,一月之中不過四五日而已矣。”

2103 貧賤之交不可忘 注見“事不諧”。

---

① 引文見《新五代史·李煜傳》。
② 《南史·齊本紀下》僅有“作事不可在人後”一句。
③ 引文見《宋史全文·宋太宗二》。

2104 面部下豐後來好　《左·文公二年》①:"王使內史叔服來會葬。公孫敖聞其能相人也,見其二子焉。叔服曰:'穀也食子,難也收子。穀也豐下,必有後于魯國。'"

2105 遠水不能救近火　崔鴻《十六國春秋》後周赫連達曰②:"遠水不能救近火,何足道哉?"

2106 知其一未知其二　《莊子》曰:"識其一,不知其二,治其內而不治其外。"《漢書》:"帝置酒洛陽宮,問諸將曰:'吾所以有天下,項氏所以失天下者何?'王陵對云云。上曰:'公知其一,未知其二。張良、蕭何、韓信此三人者,人傑也,吾能用之。項氏有一范增而不能用,此所以爲我禽也。'"

2107 如連雞腳離不開　《國策》:"六國諸侯勢如連雞。"《後漢書》陳登父珪曰:"袁術等卒合之師,謀非素定,不能相維。子登策之,比于連雞,勢不俱栖,立可離也。"

2108 英雄無用武之地　《三國志》諸葛亮見孫權于柴桑③,說:"曹操破荊州,威震四海,英雄無用武之地。豫州逃遁至此,願將軍量力而處之。"

2109 寧爲雞口,毋爲牛後　《史記》蘇秦爲楚合從,說韓王曰:"臣聞鄙諺曰:'寧爲雞口,毋爲牛後。'今西面交臂而臣事秦,何以異于牛後也?"《國策》作"雞尸"。尸,主也。

2110 流芳百世、遺臭萬年　晉史④:"桓溫有不臣之志,嘗曰:'丈夫不能流芳百世,便當遺臭萬年。'後子玄果傾覆公室,僭諡溫曰'宣武'。"

2111 不癡不聾,不作家翁　《唐書》⑤:"郭子儀子曖尚公主,一日反目,曖曰:'汝恃父爲天子耶?我父薄天子不爲。'主泣奏之。子儀囚子待

---

① 二,當作"元"。

② 引文見《北史·赫連達傳》。

③ 引文見《資治通鑑·漢獻帝建安十三年》。

④ 引文見《晉書·桓溫傳》。

⑤ 引文見《資治通鑑·唐代宗大曆二年》。

罪,代宗曰:'不癡不聾,不作家翁。兒女閨房之言,何足聽?'"作,去聲。

2112 三十六策,走爲上計　《南史》:"齊王敬則舉兵,東昏在東宮,見征虜亭失火,謂敬則,急裝欲走。敬則聞之,曰:'檀公三十六策,走爲上計。'蓋譏檀道濟避魏事。"

2113 安知非禍、安知非福　《淮南子》:"塞上之翁其馬亡入胡,數月,將胡駿馬而歸。人皆賀之,翁曰:'安知非禍?'家富馬良,其子好騎,墜馬折髀,人皆弔之。翁曰:'安知非福?'居一年,胡大入,塞上之人戰死八九,此子以跛免。"

2114 不入虎穴,不得虎子　《後漢書》:"班超使西域,鄯善王前恭後慢。超謂官屬曰:'此必有北虜使來。'乃會其吏士三十六人,曰:'不入虎穴,不得虎子!'遂夜攻虜營,斬其使,一國震怖。"

2115 得寸則寸,得尺則尺　《史記》:"范雎說秦曰:'遠交近攻,得寸則王之寸也,得尺則王之尺也。'"

2116 有機事者,必有機心　《莊子》:"子貢至漢陰,見丈人抱甕而灌畦,子貢曰:'有機于此云云,名曰桔槔。'丈人笑曰:'有機械者,必有機事;有機事者,必有機心。吾非不知,羞不爲也。'"

2117 瓜田李下,各避嫌疑　古詩:"君子防未然,不處嫌疑間。瓜田不納履,李下不整冠。"

2118 上比不足,下比有餘　《三輔決錄》:"杜伯度、崔子玉以工書稱於前,趙襲與羅暉亦以能草頗自矜誇。伯英與朱賜書曰:'上比崔杜不足,下比羅趙有餘。'"

2119 箭在弦上,不得不發　《魏志》[①]:"陳琳爲袁紹作檄,紹敗歸操。操謂曰:'卿昔爲本初作書,但可罪孤而已,何乃上及祖父?'琳曰:'箭在弦上,不得不發。'乃赦之。"

---

① 引文見《太平御覽》卷五九七引《魏書》。

2120 見可而進，知難而退 《左·宣公十二年》邲之戰，士會曰："見可而進，知難而退，軍之善政也。兼弱攻昧，武之善經也。"

2121 不如意事，十常八九 《晉書》羊祜建議伐吴，賈充、荀勖等力言不可。祜歎曰："天下不如意事，十常居八九。天與不取，豈非更事者限于後時哉[1]？"

2122 城門失火，殃及池魚 《風俗通》[2]："城門失火，殃及池魚。舊說，池魚，人姓名，居近城。城門災，延及其屋焉。《百家書》曰：'宋城門失火，因汲池水以沃之，池竭魚死。'喻惡之滋，并傷良善也。"按：東魏杜弼《移梁檄文》引此語。

2123 無閒工夫爲人拭涕 《指月錄》："衡岳寺有執役僧，性嬾而食殘，故號'嬾殘'。德宗使人召之，僧寒涕垂膺，使者笑，令拭之。僧曰：'我無閒工夫爲他人拭涕。'"

2124 豈有四隻眼、兩箇口 《魏略》[3]："曹操與馬超、韓遂相持渭南，超等請和，操僞許之。一日與遂交馬會談，不及軍事，觀者重沓。操笑曰：'汝輩欲觀曹公耶？吾亦猶人也，豈有四目兩口？但多智耳。'"

2125 面目可憎，語言無味 《東軒筆錄》：山谷沈醉經史，詩文與東坡齊名，嘗云："士大夫三日不讀書，則禮義不交於胸中，對鏡覺面目可憎，向人則語言無味。"[4]《南史》先有此語，"無味"作"可惡"。

2126 欲加之罪，何患無辭 《左·僖公九年》[5]："晉侯將殺里克，謂之曰：'子弑二君與一大夫，爲子君者，不亦難乎？'對曰：'不有廢也，君何以興？欲加之罪，其無辭乎？'"

2127 應有盡有，應無盡無 《南史》："沈懷文每稱江智淵曰：'人所應有盡有，人所應無盡無者，其惟江智淵乎？'"

2128 君子交絕，不出惡聲 《國策》："樂毅報燕王書：'臣聞古之君子交絕，不出惡聲；忠臣去國，不潔其名。'"

2129 不可無一，不可有二 《南史》："齊太祖奇愛張融，時與欸接，笑曰：'此人不可無一，不可有二。'"

2130 知者不言，言者不知 《老子》："知者不言，言者不知。塞其兌，閉其門，挫其銳，解其紛，和其光，同其塵，是謂玄同。"

2131 寧人負我，我不負人 《唐書》[①]："陸贄以大水請遣使賑撫。上曰：'淮西闕貢賦，不必遣也。'贄曰：'昔秦晉仇敵，穆公猶賑其饑，況天子懷柔萬邦，惟德與義，寧人負我，無我負人。'"

2132 小時了了，大未必佳 《後漢書》[②]："孔融年十歲，見李膺稱通家云云。膺大奇之，陳韙在坐曰：'小時了了，大未必佳。'融曰：'想君小時，必當了了。'韙跼踖。"

2133 將求於人，必先下之 《左·昭公廿五年》："齊侯將唁公于平陰，公先至于野井。書曰：'公孫于齊云云。'將求於人，必先下之，禮之善物也。"

2134 窮當益堅，老當益壯 《漢書》[③]："馬援嘗謂賓客曰：'丈夫為志，窮當益堅，老當益壯。'"王勃賦中引此語。

2135 失之東隅，收之桑榆 《光武帝紀》[④]："帝降璽書勞馮異曰：'始雖垂翅回谿，終能奮翼澠池，可謂失之東隅，收之桑榆。'"

2136 自己清廉，無益百姓 東漢朱均為尚書令，謂人曰："國家喜文法廉吏，以為足止姦也。然文吏習為欺謾，而廉吏清在一己，無益百姓。"

---

① 引文見《資治通鑑·唐德宗貞元八年》。

② 引文見《三國志·魏書·孔融傳》注引《續漢書》。

③ 引文見《後漢書·馬援傳》。

④ 引文見《後漢書·馮異傳》。

2137 一言既出，駟馬難追　《說苑》：“口者關也，舌者機也。出言不審，駟馬不能追也。”《鄧析書》曰：“一言而非，駟馬不能追；一言而急，駟馬不能及。”

2138 取之無禁，用之不竭　注見“無盡藏”。

2139 子弟佳如芝蘭玉樹　《晉書》：“謝玄與仲兄朗爲叔父所器，曰：‘子弟亦何預人事，而欲使其佳，譬如芝蘭玉樹，欲使生于階庭耳。’”

2140 鉛刀豈無一割之用　晉史[①]：“王敦謂湘州刺史譙王丞曰：‘大王雅素佳士，恐非將帥才也。’丞曰：‘公未見知耳。鉛刀豈無一割之用？’”

2141 飽的飽死，餓的餓死　《漢書》：“東方朔曰：‘朱儒長三尺，奉一囊粟，錢二百四十。臣朔長九尺，亦奉一囊粟，錢二百四十。朱儒飽欲死，臣朔飢欲死。’”

2142 禍福無門，惟人自召　《左·襄公廿三年》：“季氏以公鉏爲馬正，慍而不出。閔子馬見之曰：‘子無然！禍福無門，惟人自召。’”

2143 食之無味，棄之可惜　《魏略》[②]：“魏王攻劉備，不得進，欲退軍，發令云‘雞肋’。軍中不解，楊修解曰：‘雞肋，棄之可惜，食之無所得。’王果還軍。”

2144 前車之覆，後車之鑒　《漢書》賈誼上文帝疏曰：“前車之覆，後車之誡也。”

2145 一飲一啄，莫非前定　未詳。《莊子》：“澤雉十步一啄，百步一飲。”潘岳《射雉賦》：“一啄一飲，時行時止。”

2146 生一事不若減一事　《元史》：“耶律楚材每言：‘興一利不若除一害，生一事不若減一事。’人以爲名言。”

2147 衣不如新，人不如故　古樂府：“熒熒白兔，東走西顧。衣不如新，人不如故。”按：後漢竇玄貌美，天子使出其妻，而妻以公主。妻悲怨，作此歌。

---

① 引文見《晉書·譙剛王遜傳》。

② 引文見《三國志·魏書·武帝紀》注引《九州春秋》。

2148 近朱者赤，近墨者黑　未詳。《家語》孔子曰：“丹之所藏者赤，漆之所藏者黑。是以君子必慎其所與處者焉。”

2149 夜夢不祥，書門大吉　《東軒筆錄》[①]：“宋子京修《唐書》，好以艱深文淺易，歐公每思所以諷之。一日，大書其壁曰：‘宵寐匪禎，札闥洪休。’宋見之，詫曰：‘非夜夢不祥，書門大吉乎？何必求異如此。’歐公曰：《李靖傳》云“震霆無暇掩聰”，亦是類也。’宋大沮。”

2150 一指蔽目，不見泰山　《宋史》神宗覽王安禮疏論云：“朕嘗謂不應沮格人言，以自壅蔽。今以一指蔽目，雖泰、華在前不之見。近習蔽其君，何以異此？”

2151 三十年老娘倒繃孩兒　《宋史》[②]：“苗振召試館職，晏殊曰：‘君久從仕，必疎筆硯，宜稍溫故。’振曰：‘豈有三十年爲老娘，而倒繃孩兒者乎？’既而試澤宮選士賦，振有句云：‘普天之下莫非王。’被黜。殊曰：‘苗君今倒繃卻孩兒矣。’”

2152 捧土加泰山，並無益處　《韓詩外傳》：“子貢對齊景公曰：‘臣之事仲尼，譬猶操壺杓就江海而飲，腹滿而去，安知江海之深乎？’公曰：‘得毋譽之太甚？’子貢曰：‘臣譽仲尼，譬猶兩手捧土附泰山，其無益明矣。使臣不譽仲尼，猶兩手杷泰山，其無損亦明矣。’”

2153 鷸蚌相爭，漁人得其利　《國策》趙伐燕，蘇代爲燕將，說趙王曰：“今者臣過易水，見蚌出曝，而鷸啄其肉，蚌合而箝其喙。鷸曰：‘今日不雨，明日不雨，必有蚌脯。’蚌曰：‘今日不出，明日不出，必有死鷸。’兩不肯解。漁人見而並得之。”

2154 巧媳婦難作無米之炊

2155 三世做官，方知穿衣喫飯　《魏志》[③]：“文帝詔云：‘三世長者知

---

① 　引文見《事文類聚》別集卷五《文章不必換字》。

② 　引文見《東軒筆錄》卷七。

③ 　引文見《太平御覽》卷六八九引《魏志》。

被服，五世長者知飲食。'"注："言被服、飲食不易也。"常語本此，不知何時訛"長者"爲"做官"。

2156 臥榻之側，豈容他人鼾睡 《長編》："太祖伐江南，徐鉉來乞罷兵。太祖曰：'江南主有何罪？但臥榻之側，豈容他人鼾睡乎？'"

2157 螳螂捕蟬，不知黃雀在後 《吳越春秋》①："吳欲伐齊，太子友諫吳王曰：'園中樹上有蟬，蟬高居悲鳴，不知螳螂往其後，曲肘欲取之。而螳螂又不知黃雀在其後，延頸欲啄之。然黃雀又不知臣操彈丸在其下也。'"按：《莊子·山木篇》"異鵲搏蟬云云"，與此大同小異。

2158 禍兮福所倚，福兮禍所伏 《道德經》："禍兮福之所倚，福兮禍之所伏。孰知其極？其無正邪？是以聖人方而不割云云。"

2159 只見爾送人，不見人送爾 《世說》②："羅友在桓溫府，以家貧乞祿。溫許而不用。後同府有得郡者，溫餞之。友後至，問何遲，答曰：'昨奉教旨，首且出門，道逢一鬼，大見揶揄，云："我只見爾送人作郡，不見人送爾作郡。"'"

2160 只可共安樂，不可同患難 《國語》③："范蠡遺大夫種書曰：'越王長頸鳥喙，可與同患，不可與共安樂。子何不去？'種疾不朝。"

2161 不喫苦中苦，難爲人上人

2162 "智者千慮"四句 《晏子春秋》："景公曰：'昔先君桓公以書社封管仲，不辭，子辭之，何也？'對曰：'聖人千慮，必有一失；愚人千慮，必有一得。意者仲之失，而嬰之得耶？'"按：李左車說韓信引此語，"聖人"作"智者"，"愚人"作"愚者"。

2163 "欲人勿知"四句 《老子》："欲人勿知，莫若勿爲；欲人勿聞，莫若勿言。"枚乘、劉向文皆全引此語。

---

① 引文見《說苑·正諫》。

② 引文見《世說新語·任誕》注引《晉陽秋》。

③ 引文見《史記·越王勾踐世家》。

俗　說

上虞羅振玉

丁亥孟夏，譔輯方言里語之載古籍而梁氏同書《直語補證》、錢氏大昕《恆言錄》、翟氏灝《通俗編》所未載者，爲《俗說》一卷。《俗說》，梁沈休文所著書，僭其名也。齋居無事，爲此遣寂。續貂之誚，予無辭焉。上虞羅振玉。

2164 太陽　《說文》："日，實也。太陽之精不虧，從口一，象形。"李賀《宮娃歌》："願君光明如太陽。"《世說》："元帝正會，引王丞相登御座。王公固辭曰：'使太陽與萬物同暉，臣下何以瞻仰？'"

2165 月宮　宋王珪《宮詞》："玉兔何年上月宮？"

2166 雷公電母　《管輅別傳》："使召雷公、雷父[①]。"宋蘇軾詩："揮駕雷車訶電母[②]。"

2167 旋風　《北齊書·權會傳》："會方處學堂講說，忽有旋風瞥然，吹雪入戶。"李賀詩："紙錢窸窣鳴旋風。"

2168 天造地設　《四朝聞見錄》："慈明太母張夫人葬處，蓋天造地設，非人力所及。"

2169 下雨　《孟子》："沛然下雨。"王建詩："但得天公不下雨。"

2170 下雪　《南史·梁邵陵王綸傳》："葬之日，黃雪雰糅，唯冢壙所獨不下雪。"

2171 氣候　《南史·扶風國傳》："氣候、風俗大較與林邑同。"

2172 路上　《世說》："王夷甫妻郭氏貪欲，令婢路上擔糞。平子諫之，並言不可，郭大怒。"

2173 水腳　花蕊夫人《宮詞》："曲沼門含水腳清。"

2174 黃泥　王建《開池得古釵》詩："鈿花落處生黃泥。"

2175 地底　元稹詩："鼓角驚從地底回。"

2176 街頭　王建《鏡聽詞》："恐畏街頭見驚怪。"

---

① 雷父，《三國志·魏書·管輅傳》注引《管輅別傳》作"電母"。

② 車，蘇軾《次韻章傳道喜雨（禱常山而得）》作"公"。

2177 半路　《世說》:“孫承公狂士,每至一處,賞翫累日,或回至半路卻返。”

2178 外國　王建《贈海東僧》詩[1]:“學得中州語,能爲外國書。”

2179 鞭春　《東京夢華錄》:“開封府進青牛入禁中鞭春[2]。”

2180 打春　宋晁沖之詩:“自慙白髮欺吾老,不上譙門看打春。”《東京夢華錄》:“府僚打春。府前百姓賣小春牛。”

2181 守歲　周處《風土記》:“除夕達旦不眠,謂之守歲。”孟浩然詩:“守歲接長筵。”《玉臺新詠》徐君倩有《共內人夜坐守歲》詩。白居易詩:“守歲尊無酒。”

2182 新正　白居易《除夜寄弟妹》詩:“歸思逼新正。”

2183 月內　《孔雀東南飛行》:“視厤復開書,便利此月內。”

2184 多時　《四朝聞見錄》:“周必大直宿禁林,孝宗夜召入,謂必大曰:‘多時不與卿說話。’賜必大坐。”

2185 平素　《南史·庾承先傳》:“先師平素食不求飽,衣不求輕。”

2186 平常　《世說》:“王子猷、子敬曾俱坐一室,上忽發火,子猷遽走,子敬神色恬然,不異平常。”

2187 期限　漢《鄭固碑》:“以疾錮辭,未滿期限。”

2188 二月二龍擡頭　《宛委記》:“都人呼二月二爲龍擡頭。”

2189 叔父　柳宗元有《叔父墓版文》。《陳書·蕭乾傳》:“善隸書,得叔父子雲之法。”

2190 佳子弟　《世說》:“大將軍語右軍:‘汝是我家佳子弟。’”

2191 男人　《後漢書·東沃沮》:“耆老說海中有女國,無男人。或傳其國有神井,闚之輒生子。”

---

[1]　王建,當作“張籍”。

[2]　青牛,《東京夢華錄》卷六《立春》作“春牛”。

2192　元配　《晉書·禮志》:"前妻曰元配,後妻曰繼室。"[①]

2193　繼配　王安石《葛源墓誌》:"繼配盧氏。"

2194　親兄弟　《北齊書·神武紀》紹宗曰:"親兄弟尚爾難信,何況香火?"

2195　姪女　唐《法琬法師碑》:"尼仙悟迦毗,卽法師之姪女也。"

2196　堂兄　《酉陽雜俎》:"蜀小將韋少卿,韋志微堂兄也[②]。少不喜書,嗜好劄青。"

2197　堂弟　唐《杜行方墓誌》:"堂弟夏陽縣尉述甫書。"

2198　表兄　《因話錄》:"唐李寰鎮晉州,表兄武恭性誕妄,又稱好道及蓄古物。"又竇遺直有《夏夜宿表兄宅話舊》詩。

2199　表姪　唐《徐浩碑》:"表姪張平叔題諱。"

2200　織造　《蜀錦譜》:"元豐六年,呂大防始建錦院于府治東,募匠五百人織造,置官以蒞之。"

2201　童生　《鞠坡叢話》:"王十朋寓居臨安,偶值乍寒,諸生有陳元佐、劉士宗各借以衣,童生謝偉、謝侃濟以衾。因作二詩以贈。"按:今人謂士子未泮捷者爲童生,見此。

2202　罰俸　《宋史·刑法志》:"奪俸一月。"《金史·刑法志》:"罰俸一月。""罰俸"之稱肇此。

2203　履歷　《魏書·源子恭傳》:時有亡人許周僞稱梁黃門侍郎,子恭疑之,表云:"據其履歷清華,則家累應不輕。今來歸化,何其孤迥?""履歷"之稱始此。

2204　告身　《北齊書·傅伏傳》:"周克并州,遣韋孝寬與其子世寬來招伏,曰:'并州已平,故遣公兒來報,便宜卽下。'授上大將軍、武鄉郡開國公,

① 此句《晉書·禮志中》作"前妻爲元妃,後婦爲繼室"。

② 志,《酉陽雜俎》卷八作"表"。

即給告身。”

2205 書辦　《野獲編》：“書辦爲管文書者通稱。宣德間，沈度已正拜翰林學士，沈粲已官右春坊右庶子，尚結銜文華殿書辦。”

2206 告示　《南史·梁吳平侯景傳》：“移書告示。”

2207 賞格　《南史·侯景傳》：“城内亦射賞格，出外有能斬景首者，授以景位。”《陳書·陳寶應傳》：“立功立事，已具賞格。”

2208 准　按：《五經文字》云《字林》“準”作“准”。則“准”爲“準”之俗體。翟氏《通俗編》引周必大《二老堂雜志》說，誤。

2209 關防　《隋書·酷吏傳》：“庫狄士文爲貝州刺史，凡所住宿，皆封署其門，禁家僮毋得出入，名曰關防。”[1]

2210 號簿　王建《贈郭將軍》詩：“向晚臨階看號簿。”

2211 白契　《宋史·食貨志》：“建炎五年始令諸州印賣田宅契紙，自今民間爭田，執白契者勿用。”

2212 德政碑　《南史·梁宗室恭傳》：“恭至州，政績有聲。百姓請于城南立碑頌德，詔許焉，名爲德政碑。”

2213 脫鞾　《唐書》：“憲宗時，華州刺史崔戎徙衮海沂密觀察使，民擁畱于道，不得行，乃休傳舍，民至抱持取其鞾。戎夜單騎去。”按：今人于循吏去任時畱其鞾，懸之譙樓，以志去思。其事已見于此。

2214 抄書　《世說》：“戴安道就范宣學，視范所爲。范讀書亦讀書，范抄書亦抄書。”

2215 句子　《朝天續集·以六一泉煑雙井茶》中有句云：“細參六一泉中味，故有涪翁句子香。”

2216 義塾　《輟耕錄》：“周待制月巖先生買地于府城之鄭榾兒坊，創

---

① 引文見《邃懷堂駢文箋注》卷十三《謝來安縣大令伍房師啟》“關防”注。《隋書·酷吏傳》無“關防”語。

義塾以淑後進。”

2217 學生　《元史·巙巙傳》：“今秘書所藏當時倣書，御筆于學生下親書御名習書謹呈。”

2218 倣本　《元史·巙巙傳》：“世祖以儒足以致治，命裕宗學于王恂。今秘書所藏當時倣書，御筆于學生下親書御名習書謹呈。”按：今童子入塾習字有倣本，其名已見于此。

2219 卷子　《貴耳錄》：“淳熙間，省元徐履殿試用卷子寫竹一枚，題曰‘畫竹一竿，送與試官’。”

2220 一本　《北齊書·魏收傳》：“及詔行魏史，收以爲直置秘閣，外人無由得見。于是命送一本付并省，一本付鄴下，任人寫之。”按：今人謂書一冊曰“一本”，始此。

2221 一部　《北齊書·權會傳》：“注《易》一部，行于世。”

2222 曲子　花蕊夫人《宮詞》：“御製新翻曲子成。”

2223 書目　《南史·張纘傳》：“欲遍觀閣內書籍，帝執四部書目曰：‘君讀此畢，可言優仕矣。’”

2224 行狀　《南史·吳均傳》：“欲撰齊起居注及群臣行狀[1]，武帝不許。”

2225 八行書　元稹《贈嚴童子》詩：“八行飛札老成人。”李治《寄校書七兄》詩[2]：“因過大雷岸，莫忘八行書。”

2226 小隊　杜甫詩：“元戎小隊出郊坰。”

2227 馬隊　《南史·齊鄱陽王傳》：“馬隊主劉巨，武帝時舊人。”陶詩：“馬隊非講肆。”

2228 請安　《春秋左氏傳》：“昭公孫于齊，齊侯將享之。子家子曰：

---

① “撰”下《南史·吳均傳》有“齊書，求借”四字。

② 李治，當作“李冶”。

'朝夕立于朝,何享焉?' 乃飲酒,使宰獻,而請安。"

2229 交杯酒　王建《失釵怨》:"雙杯行酒六親喜,我家新婦宜拜堂。"按:今江淮間婚娶新婦,降輿後,先以酒二爵,夫婦互進一卮,謂之交杯酒。飲畢,然後拜堂。觀建詩,是唐時已然。

2230 看新婦　《南史·徐摛傳》:"晉宋以來,初昏三日,婦見舅姑,衆賓皆列觀。"

2231 三朝　《夢粱錄》①:"三朝與兒落臍炙顋。"按:今人以生子三日爲"三朝",本此。

2232 滿月　《北齊書·韓鳳傳》:"男寶仁尚公主,在晉陽賜第一區。其公主生男昌滿月,駕幸鳳宅,宴會盡日。"按:兒生滿月慶宴始此。《通俗編》云"滿月"字見《北史·節義傳》、滿月慶宴則始于唐,誤。

2233 後事　《南史·阮孝緒傳》:"後事當付鍾君。"

2234 照尸　今人于死人氣甫絕時,必然燈一盞,云冥途昏暗,然燈俾死者魂魄識途。其說甚可笑。然《南史·吳苞傳》曰:"吾今夕當死,壺中大錢一千,以通九泉之路;臘燭一挺,以照七尺之尸。"此風南朝已然。

2235 影　司馬光《書儀》:"世俗皆畫影,置于魂帛之後。"按:近世謂死後畫像曰影,始此。

2236 辭靈　《北齊書·皮景和傳》:"丁母憂,起復,將赴東②,辭靈慟哭而絕。"

2237 喪出然柴　今人喪禮:棺出後,送殯人回宅時,列炬於門外。不知何所取義。觀《顏氏家訓》有云:"喪出之日,門前然火,戶外列灰。"是此風已始南北朝。

2238 柩底荐置《孝經》　《南史·沈麟士傳》:"遺令:'棺中依士安用

---

①　粱,原訛作"梁"。

②　東,當作"京",見《北齊書·皮景和傳》。

《孝經》。'"按：今人于安葬時，納《孝經》一冊，云令後嗣孝順。其俗始此。惟古人置之棺中，今人納之壙內爲異耳。

2239 合葬　《檀弓》季武子曰："合葬非古也，自周公以來，未之有改也。"

2240 銘旌　《周禮·春官·司常》："大喪，供銘旌。"

2241 石人石馬　《唐書·秦瓊傳》："太宗詔有司琢石爲人、馬，立墓前，以旌其功。"按：今鉅公墓前用石獸、石人，疑始此。

2242 罪孽深重，不自殞滅　見歐陽修《與弟書》[①]。

2243 火葬　《南史·林邑國傳》："死者焚之野中，謂之火葬。"

2244 普天同慶　《世說新語》："元帝皇子生，普賜群臣。殷洪喬謝曰：'皇子誕育，普天同慶，臣無勳焉。'"

2245 全福　《南史·王彧傳》："故甘心于履危，未必逢禍；縱意于處安，不必全福。"

2246 反叛　《北齊書·顏之推傳·觀我生賦》自注："梁武帝納亡人侯景，授其命，遂爲反叛之基。"《陳書·雷異傳》："顯然反叛，非可容慝。"

2247 聲名　《中庸》："是以聲名洋溢乎中國。"

2248 名聲　《莊子·天地篇》："子非獨弦哀謌，賣名聲于天下者乎？"

2249 不中用　《詩·大東》"無浸穫薪"箋："浸之則將腐涅，不中用也。"

2250 窮人　《南史·齊文惠太子長懋傳》："太子與竟陵王子良俱好釋氏，立六疾館以養窮人。"

2251 鐵漢　《駁聞錄》[②]："李遵懿握兵江漢，號'鐵漢'。"

2252 寒士　《世說》："王文度弟阿智，長而無人與婚。孫興公因詣文度言：'我有一女，乃不惡，但吾寒士，不宜與卿計，欲令阿智娶之。'"

---

①　歐陽修《與十四弟書二》作"罪逆深重，不自死滅"。

②　引文見《佩文韻府》卷七四之一"鐵漢"引。

2253 惡少　王建《羽林行》：“長安惡少出名字。”

2254 尊貴　《世説》：“褚公東出，投錢唐亭住。爾時沈充爲縣令，送客出，亭吏驅公移牛屋下。沈令問：‘牛屋下是何人？’吏曰：‘昨有一傖父來寄亭中，有尊貴客，權移之。’”

2255 等候　花蕊夫人《宫詞》：“等候大家來院裏。”

2256 生怕　《龍洲集·同郭殿帥游鳳山》詩：“走馬看花生怕晚，果然桃李一山開。”

2257 從小　宋徽宗《宫詞》：“秦娥從小學宫韶。”

2258 舒徐　元稹《貽蜀張校書元夫》詩：“少年爲事要舒徐。”

2259 出去　《北齊書·杜弼傳》：“高祖叱令出去。”

2260 出來　白居易《琵琶行》：“千呼萬喚始出來。”

2261 過來　韋應物《西樓》詩：“秋雁過來稀。”

2262 上來　宋姜夔《李陵臺》詩①：“時時一上來。”

2263 下來　《詩》：“牛羊下來。”

2264 回來　王建《宫詞》：“回來憶着五弦聲。”

2265 分別　《世説》：“王夷甫容貌整麗，捉玉柄麈尾，與手都無分別。”

2266 計策　《北齊書·顔之推傳》②：“雖不從之推計策，然猶以爲平原太守。”

2267 毆打　《南史·齊廢帝紀》：“若與營署爲異人所毆打及犬物所傷③，豈直罪止一身？”

2268 相好　《詩》：“式相好矣。”

2269 得罪　《孟子》：“不得罪于巨室。”

2270 富足　《世説》：“周浚作安東時，行獵，值雨，過汝南李氏。李氏

---

① 姜，原訛作“江”。

② 之，原訛作“子”。

③ 與，《南史·齊本紀下》作“於”。

富足,而男子不在。"

　　2271 失收　今江淮人謂年穀不登,謂之"失收"。《南史·昭明太子傳》:"吳興累年失收,人頗流遺①。"

　　2272 判命　《東都事略·章惇傳》:"能自判命者,能殺人也。"

　　2273 奔波　《南史·梁宗室蕭勵傳》:"勵乃奔波,屆于江夏。"王建詩:"此身誰願長奔波。"

　　2274 橫事　秦觀《與蘇公先生簡》:"薄田百畝,雖不能盡充饘粥、絲麻,若無橫事,亦可給十七。"

　　2275 性暴如雷　《孔雀東南飛行》:"我有親父兄,性行暴如雷。"按:今人尚有"性暴如雷"語。

　　2276 罷意　《國策》:"蘇秦說秦惠王曰:'願大王少罷意。'"

　　2277 快活　《北齊書·和士開傳》:"一日快活敵千年。"

　　2278 自由　《孔雀東南飛行》:"汝豈得自由?"

　　2279 天分　《世說》:"王江州夫人語謝遏曰:'汝何以都不復進? 爲是塵務經心,天分有限?'"

　　2280 蓬頭　庾信《小園賦》:"蓬頭王霸之子。"

　　2281 梳頭　元稹《離思》詩:"閒讀道書慵未起,水精簾卷看梳頭。"庾信《鏡賦》:"梳頭新罷照着衣。"《世說》:"桓宣武以李勢妹爲妾。主始不知,旣知,拔白刃襲之。正值梳頭,髮委藉地,膚色玉曜,不爲動容②。"

　　2282 神頭鬼面　《農田餘話》:"宋南渡後,文體破碎,詩體卑弱。惟石湖、放翁爲平正,至晦庵諸子始一變時習,模仿古作,故有'神頭鬼面'之論。"

　　2283 鵶角　《罷青日札》:"宋淳熙中,剃削童髮,必罷大錢許,項左右束以彩繒,宛若博焦之狀,曰'鵶角'。"按:今日女孩猶有此妝。

---

① 遺,《南史·昭明太子傳》作"移"。

② "爲"前原衍"覺",據《貞松老人遺稿甲集·俗說刊誤》删。

2284 玉體 《戰國策》:"恐太后玉體之有所郤。"《南史·梁武陵王紀傳》:"以茲玉體,辛苦行陣。"

2285 剃面 《顏氏家訓》:"梁朝貴遊子弟,無不熏衣剃面,傅粉施朱。"

2286 聞香 吳均《餅說》:"旣聞香而口閟,亦見色而心迷。"《瑞應圖》:"天漢二年,月支國貢香三枚,狀如燕卵,能辟疫,香聞百里。"按:"聞"字從耳,與"聽"字義略同,今人有謂鼻所臭曰"聞"者,雖於字訓無可攷,而古籍往往有從俗者。

2287 身材 《北齊書·趙彥深傳》:"子叔堅身材最劣。"

2288 經手 《北齊書·韓鳳傳》:"軍國要密,無不經手。"

2289 手心 《北齊書·孝昭帝紀》:"太后常心痛不自堪忍,帝立侍帷前,以爪搯手心,血流出袖。"

2290 手裏 王建《宮詞》:"宮人手裏過茶湯。"

2291 八字眉 張蕭遠《送宮人入道》詩:"玉指休勻八字眉。"李商隱詩[1]:"八字宮眉捧額黃。"《妝臺記》:"漢武帝宮人掃八字眉。"

2292 眉心 白居易《春詞》:"春入眉心兩點愁。"

2293 一毛不拔 《燕丹子》荆軻曰:"有鄙志,常謂心向意,投身不顧;情有異,一毛不拔。"

2294 氣喘汗流 《北齊書·傅伏傳》:"每至文林館,氣喘汗流。"

2295 勁 《列子》:"孔子之勁,能開國門之關。"

2296 志 《南史·沈約傳》:"腰有紫志。"

2297 小便 《後漢書·甘始傳》:"或飲小便,或倒懸,愛嗇精氣。"《說文》:"屎,人小便也。"[2]

2298 大便 《北齊書·安德王延宗傳》:"爲定州刺史,于樓上大便,使

---

[1] "詩"字本無,據《貞松老人遺稿甲集·俗說刊誤》補。

[2] 說文屎,原作"屎說文",據《貞松老人遺稿甲集·俗說刊誤》乙。

人在下張口承之。”

2299　出恭　俗謂上厠曰“出恭”，初不得其解，繼閱《神仙傳》云：“淮南王安坐起不恭，主者奏安不敬，謫守天厠。”疑“出恭”二字原出於此。

2300　不入耳之言　李陵《答蘇武書》：“以不入耳之言①，來相勸勉。”

2301　老爺　楊椒山《自訂年譜》：“方予割肉時，獄卒持鐙手戰，至將墜地，曰：‘關公割肉療毒，猶藉于人，不似老爺自割者。’”

2302　乃兄　趙抃《雙竹》詩：“長者似乃兄，短者弟相逐。”

2303　息婦　《能改齋漫錄》引王彥輔《麈史》：“今之尊者斥卑者之婦曰‘新婦’，卑對尊稱其妻及婦人自稱亦然。而不學者輒易之曰‘息婦’，又曰‘室婦’。”

2304　孫息婦　《四朝聞見錄》：“皇甫眞人號爲有道，嘗自出見高宗曰：‘臣爲陛下尋得箇好孫息婦。’”

2305　大人　《野獲編》：“江陵公新得國，先大父隨衆謁于朝房，張忽問曰：‘那一位是沈大人？’先大父出，應曰：‘某是也。’江陵公因再揖。”案：官長稱“大人”，當始此。

2306　卑職　元陳天祥《奏盧世榮姦邪疏》：“卑職等在内外、百司之間，伺察非違。”按：“卑職”之稱始此。但此乃臣對其君之辭，今則下員對長吏，爲異耳。

2307　泰水　孫持正：“俗呼人之妻父爲‘岳丈’，以泰山有丈人峯。似亦有理。而呼妻母爲‘泰水’，此何義耶？”

2308　親家母　《太平廣記》引《北夢瑣言》：“有民妻不識鏡，夫市之而歸。妻取照之，驚告其母曰：‘某郎又索一婦歸也。’其母亦照曰：‘又領親家母來也。’”

2309　晚生　《晉書》戴邈請立學校疏曰：“今後進晚生，目不覩揖讓

---

①　言，《文選》卷四一《答蘇武書》作“歡”。

之儀。”

　　2310 老師　《觚不觚錄》:“嘉靖以前,門生稱座主,不過曰‘先生’而已。分宜當國,始稱‘老翁’。此後門生均曰‘老師’。”

　　2311 某甲某乙　《三國志·王脩傳》注:“張甲李乙,猶或先之。”

　　2312 太歲　《南史·夷貊傳·滑國》:“其王坐金牀,隨太歲轉。”

　　2313 土地神　《搜神記》:“蔣子文謂故吏曰:‘我當爲此土地神。’”《漢沔記》:“襄陽漢水西村有廟,名‘土地府君’,極有靈驗。”

　　2314 宅神　庾信《小園賦》:“鎮宅神以薝石。”

　　2315 劉猛將軍　朱坤《靈泉筆記》:“宋景定四年,封劉錡爲揚威侯天曹猛將。勅云:‘飛蝗入境,漸食嘉禾。賴爾神靈,翦滅無餘。’”

　　2316 幽冥　《南史·齊宜都王鏗傳》:“自悲不識母,祈請幽冥,求一夢見。”

　　2317 紙錢　李賀詩:“紙錢窸窣鳴旋風。”

　　2318 燄口　俗以延僧道薄莫誦經曰“放燄口”。案:唐有不空譯《佛說救燄口餓鬼陀羅尼經》一卷,“燄口”二字已見于此。

　　2319 觀音經　《南史·皇侃傳》:“侃性至孝,常日限誦《孝經》三十徧[1],以擬《觀世音經》。”

　　2320 道士　《南史·梁沈約傳》:“因病,夢齊和帝劍斷其舌。召巫視之,巫言如夢,乃呼道士奏赤章于天,稱代禪之事,不由己出。”按:古所謂“道士”皆謂有道之士,以稱“羽士”始此。又《南史·顧歡傳》:“屢見刻舷沙門、守株道士,交諍小大,互相彈射。”

　　2321 法師　《世說》:“王文度在西州,與林法師講。”

　　2322 小沙彌　《世說》:“范寧作豫章,八日請佛,有版。衆僧疑,或欲作答,有小沙彌在坐末曰:‘世尊默然,則爲許可。’衆從其義。”

────────────

[1]　三十,《南史·皇侃傳》作“二十”。

2323 佛事　梁簡文帝《相官寺碑》:"譬若淨土,長爲佛事。"

2324 功德　《南史·虞愿傳》:"新安太守巢尚之罷郡還見,帝曰:'卿至湘宫寺未? 我起此寺是大功德。'"

2325 行香　《南史·岑之敬傳》:"十八,預重云殿法會,時武帝親行香,熟視之敬。"

2326 香火　《南史·陶弘景傳》:"百日内,夜常然燈,旦常香火。"

2327 合掌　《南史·虞愿傳》:"大漸日,正坐呼道人,合掌便絕。"

2328 禮拜　《世說》:"何次道住瓦官寺,禮拜甚勤。"

2329 還俗　《南史·天竺迦毗黎國傳》:"自非戒行精苦,並使還俗。"

2330 來生　《南史·天竺迦毗黎國傳》:"不照幽冥之途,弗及來生之路[①]。"

2331 紙房子、紙人、紙馬　《元典章》:"世祖至元七年,刑部尚書奏稱民間多有無益破費,如紙房子等。請飭禁止,隨降旨,着將紙糊房子、人、馬等物,截日盡行禁斷。"

2332 生活　《孟子》:"民非水火不生活。"

2333 國手　《酉陽雜俎》:"僧一行本不解奕,因會燕公宅,觀王積薪一局,遂與之敵,笑謂燕公曰:'此但爭先耳。若念貧道四句乘除語,則人人皆國手。'"

2334 推命　《墨莊漫錄》:"紹興初,逐元祐黨人,以水土美惡繫罪之輕重。執政聚議劉安世,蔣之奇云:'劉某平昔人推命極好。'章惇以筆于昭州上點之云:'劉某命好,且於昭州試命一回。'"

2335 看命　《桯史》:"中都有談天者,居於觀橋之東,日設肆於門,標之曰'看命司'。"

2336 流年　朱子《逢僧談命》詩:"時行時止非人力,莫問流年只問天。"

---

① 路,《南史·天竺迦毗黎國傳》作"化"。

2337 圓光　《晉書·佛圖澄傳》:"劉曜攻洛陽,石勒以訪澄。澄令一童子潔齋七日,取麻油合臙脂,躬自研于掌中,舉手以示童子,粲然有光。童子驚曰:'見一人長大白晢,以朱絲縛其肘。'澄曰:'此曜也。'勒悅,遂距曜,生擒之。"

2338 地理　《耳談》[①]:"宋嘉定中,有厲布衣者自江右來廣,精地理之學,名傾一時。"

2339 醫稱郎中　《夷堅志》:"趙珪,本上官彥成之隸,粗得醫術,人稱趙三郎中。"

2340 剃頭稱待詔　黃省曾《吳風錄》:"張士誠走卒、廝養皆授官爵,至此椎油作麵傭夫爲博士、剃工爲待詔。"以此。又《石屋語錄》:"有某大夫官待詔,每每施剃于衆僧。"按:稱剃工爲"待詔",或因此。《吳風錄》所云未必然。

2341 儒醫　《老學庵筆記》:"三朝御裏陳忠翊,四世儒醫陸大丞。"

2342 藥劑　顏延之《陶徵士誄》:"藥劑弗嘗,禱祀非恤。"

2343 瓦匠　《宋名臣言行錄·張詠傳》:"有一瓦匠因雨乞假,公判曰:'天晴蓋瓦,雨下和泥。'"

2344 船家　花蕊夫人《宮詞》:"正待婕好先過水[②],遙聞隔岸喚船家。"按:今人猶呼"榜人"爲船家。

2345 妃子　元稹《連昌宮詞》:"朝廷漸漸由妃子。"

2346 老婆　《太平廣記》引《王氏見聞》云:"三蜀有長鬚和尚,謁樞密使宋光嗣。因問曰:'師何不剃鬚?'答曰:'削髮除煩惱,畱鬚表丈夫。'宋大恚曰:'吾無髭,豈老婆耶?'"

2347 老娘　《武林舊事》:"宮中有娠,令踏逐老娘、伴人、乳婦、抱洗

---

① 引文見《水東日記》卷十四。
② 正待,《全唐詩》卷七九八作"近侍"。

女子①。"按：今人謂穩婆爲"老娘"，見此。

　　2348 梳洗　元稹《連昌宮詞》："太眞梳洗樓上頭。"

　　2349 勻粉　劉克莊詩："丫頭婢子忙勻粉，不管先生硯水渾。"

　　2350 房錢　宋周密《浩然齋雅談》載張卿詩："小小園林矮矮屋，一日房錢一貫足。"

　　2351 蠅頭微利　蘇軾詞："蝸角虛名，蠅頭微利。"

　　2352 鵝眼錢　裴子野《宋略》："泰始中，沈慶之啟通私鑄，而錢大壞矣。一貫長三寸，謂之'鵝眼錢'。"

　　2353 毛錢　《宋史·高宗》："紹興十三年，毀私鑄毛錢。"按：今人呼小錢曰"毛錢"，始此。

　　2354 債主　《世說》："桓宣武少家貧，戲大輸，債主敦求甚切。思自振之方，莫知所出。"

　　2355 交　花蕊夫人《宮詞》："月頭交給買花錢②。"

　　2356 城牆　花蕊夫人《宮詞》："背倚城牆面枕池。"

　　2357 浴堂　王建《宮詞》："浴堂門外抄名入。"

　　2358 場屋　《四朝聞見錄》："秦少游未第，王賢良久困場屋。"按：唐以前謂戲場爲"場屋"，宋人始以爲考文之所。

　　2359 店面　《夢粱錄》③："今之茶肆，列花架，安頓奇松、異檜等物于其上，裝飾店面。"

　　2360 學堂　《北齊書·權會傳》："會方處學堂講說，忽有旋風瞥然，吹雪入戶。"

　　2361 中門　白居易《池上閒詠》："暫嘗新酒還成醉，亦出中門便當遊。"

　　2362 屋檐　白居易《答客問杭州》詩："大屋簷多裝雁齒。"

---

① 抱洗女子，《武林舊事》卷八《宮中誕育儀例略》作"抱女、洗澤人"。

② 交，《全唐詩》卷七九八作"支"，一作"又"。

③ 粱，原訛作"梁"。

2363 粉壁　花蕊夫人《宮詞》："粉壁紅窗畫不成。"元稹《連昌宮詞》："塵埋粉壁舊花鈿。"庾信《鏡賦》[①]："窗藏明于粉壁。"

2364 門扇　《南史·侯景傳》："賊又斫東掖門，羊侃鑿門扇刺殺人，賊乃退。"

2365 公館　唐《殷夫人碑》："卒于□尉之公館。"唐《魏邈墓誌》："卒于宣州宣城縣之公館。"韋應物詩："公館夜云寂。"

2366 門地　《世說》："溫公嶠從姑劉氏有女，屬公覓壻。少日，公報姑云：'已得壻處，門地粗可。'"

2367 瓦屋　《世說》："蔡司徒在洛，陸機兄弟往參佐廨中[②]。三間瓦屋，士龍住東頭，士衡住西頭。"

2368 當中　王建《宮詞》："太平萬歲字當中。"

2369 中央　《詩》："宛在水中央。"

2370 四角　《孔雀東南飛行》："四角垂香囊。"《南史·齊竟陵王子良傳》："以銅爲花，插御牀四角。"

2371 傍邊　王建《宮詞》："玉案傍邊立起居。"

2372 前頭　唐朱慶餘詩："鸚鵡前頭不敢言。"

2373 外頭　王建《宮詞》："乍到宮中憶外頭。"

2374 隣居　《世說》："孫綽齋前種一株松，恆自手壅治之。高世遠時亦隣居，語孫曰：'松樹子非不楚楚可憐，但永無棟梁用耳。'"

2375 跨竈　蘇軾《與陳季常尺牘》："長子邁作吏，頗有父風；二子作詩騷，殊勝，呱呱皆有跨竈之興。"方回詩："跨竈郎來溫課冊，齊眉人爲摺深衣。"

2376 牙門　《南史·侯景傳》："初，景之爲丞相，居于西州，將率謀臣，

---

① 庚，原訛作"庾"。鏡賦，當作"燈賦"，見《全後周文》卷九《燈賦》。

② 往，《世說新語·賞譽》作"住"。

朝必集行列門外，謂之牙門。以次引進。”

2377 家堂　《孔雀東南飛行》：“入門上家堂。”

2378 後門　《南史·褚伯玉傳》：“父爲之婚，婦入前門，伯玉從後門出。”按：今江北人居宅必有後門，其制已肇于此。

2379 隔子　元稹詩：“微風暗度香囊轉，朧月斜穿隔子明。”

2380 石礫　《南史·扶南國傳》：“可深九尺許。至石礫，礫下有石函。”

2381 門限　《南史·陶弘景傳》：“帝頸血流于門限焉。”

2382 牛屋　《世說》：“褚公東出，乘估客船，送故吏數人，投錢唐亭住。亭吏驅公移牛屋下。”

2383 衣鈕　晉《東宮舊事》：“太子納妃，有著衣大鏡、銀花小鏡並衣鈕百副。”

2384 衣服　《世說》：“許允爲吏部郎，多用其鄉里。魏明帝遣虎賁收之。既檢校，皆官得其人。于是釋允。衣服敗壞，詔賜新衣。”

2385 帽簷　元葛邏祿迺賢《塞上曲》：“忽見一枝長十八，折來簪在帽簷前。”

2386 紗帽　《北齊書·平秦王歸彥傳》：“齊制，宮內惟天子紗帽，臣下皆戒帽①，特賜歸彥紗帽以寵之。”

2387 絲線　王建《織錦曲》：“唯恐秋天絲線乾。”元稹《雉媒》詩：“剪刀摧六翮，絲線縫雙目。”

2388 眞珠　《南史·夷貊傳》：“波斯國有虎魄、馬腦、眞珠、玫瑰等。”

2389 背心　《北狩見聞錄》：“徽廟出出御衣之襯一領（俗呼背心）②。”

2390 鐶子　《北狩見聞錄》：“又索於懿節邢后，得所帶金耳鐶子一隻。”

2391 衫子　元稹詩：“藕絲衫子柳花裳。”

---

① 戒，當作“戎”，見《北齊書·平秦王歸彥傳》。

② 衍一“出”字。

2392 **朝衣**　白居易詩：“春風侍女護朝衣。”

2393 **皮衣**　《南史·虞愿傳》：“帝性猜忌，體肥憎風，夏月常着小皮衣。”

2394 **帽子**　王建《宮詞》：“未戴柘枝花帽子。”

2395 **蘭干**　《後漢書·牢夷傳》[①]：“罽㲯帛疊，蘭干細布，織成文章如綾錦。”

2396 **繭絲**　《晉語》：“趙簡子使尹鐸爲晉陽，請曰：‘以爲繭絲乎？抑爲保障乎？’”

2397 **袴襠**　《北齊書·陸法和傳》：“虵頭齘袴襠而不落。”

2398 **細布**　《南史·司馬筠傳》：“《禮》云：‘縞冠玄武，子姓之冠。’則世子衣服宜異于常，可着細布衣，絹爲領帶，三年不聽樂。”

2399 **手帕**　王建《宮詞》：“纏得紅羅手帕子。”

2400 **鍼線**　元稹《遣悲懷》詩：“鍼線猶存未忍開。”

2401 **袈裟**　《南史·陶弘景傳》：“通以大袈裟覆衾。”

2402 **繩牀**　《北齊書·陸法和傳》：“坐繩牀而終。”唐《濟瀆廟北海壇祭器雜物銘》碑陰：“繩牀十。”

2403 **竹牀**　韓愈詩：“竹牀筦席到僧家。”許渾詩：“露井竹牀寒。”

2404 **竹牀子**　唐《濟瀆廟北海壇祭器雜物銘》碑陰：“竹牀子一。”

2405 **毯子**　唐《濟瀆廟北海壇祭器雜物銘》碑陰：“四尺毯子四。”

2406 **蒲合**　唐《濟瀆廟北海壇祭器雜物銘》碑陰：“蒲合廿領。”

2407 **牀腳**　《南史·侯景傳》：“及升御牀，牀腳自陷。”

2408 **牀邊**　《世說》：“劉尹至王長史許清言，時王苟子年十三，倚牀邊聽。”

2409 **牀頭**　《南史·王僧虔傳》：“往年有意於史，取《三國志》聚置

────────────

① “牢”前《後漢書》卷八六有“哀”字。

牀頭。"

2410　**香案**　元稹《連昌宮詞》："菌生香案正當衙。"

2411　**燈臺**　《摭言》："孫泰，山陽人，少師皇甫穎，有古賢風。都市遇鐵燈臺，市之，磨洗則銀也，還之。"唐《濟瀆廟北海壇祭器雜物銘》碑陰："燈臺四。"

2412　**上燈**　元稹詩："滿山樓閣上燈初。"

2413　**點燈**　宋楊太后《宮詞》："鑾輿半仗點燈回。"

2414　**糞船**　《宋稗類鈔》："南渡後，浙中賦稅全是横斂丁錢，有至三千五百者。人由此多去計會中使，作宮中名字以免稅。辛幼安云：'曾見糞船亦插德壽宮旗子。'"

2415　**抽屜**　庾信《鏡賦》："暫設裝匲，還抽鏡屜。"

2416　**倚子**　唐《濟瀆廟北海壇祭器雜物銘》碑陰："繩牀十，内四倚子。"

2417　**馬杌**　《錢氏私誌》："賢穆有荆雍大長公主金撮角、紅籐下馬杌子。聞國初貴主乘馬，故有之。"按：今坐具中馬杌始此。

2418　**杌子**　《愛日齋叢鈔》："駕頭，舊以一老宦者抱繡裹杌子於馬上，高廟時亦然。"

2419　**材**　《陳書·周弘直傳》："氣絶已後，便買市中見材，材須小形者。"按：今人呼棺爲"棺材"，江北人或單呼爲"材"，已基于此。

2420　**靈柩**　《陳書·沈洙傳》："沈孝軌門生陳三兒牒稱主人翁靈柩在周，主人奉使關内，因欲迎喪，久而未返。"

2421　**水車**　花蕊夫人《宮詞》："水車踏水上宮城。"

2422　**盒子**　宋徽宗《宮詞》："小金盒子黃封帖。"

2423　**竹火籠**　謝朓《竹火籠》詩[①]："體密用宜通，文斜性非曲。"又范靜妻池氏亦有《竹火籠》詩。《南史·蕭正德傳》載正德《詠竹火籠》詩七絶。

---

① 朓，原訛作"眺"。

2424 **手爐、足爐** 《採蘭雜志》:"馮小憐有手爐曰'辟邪',足爐曰'鳧藻',皆以飾得名。"

2425 **筆架** 《致虛閣雜俎》:"王羲之有巧石筆架,名'扈班'。"

2426 **筆頭** 《開元遺事》:"李白少夢所用之筆,頭上生花。"

2427 **筆牀** 《玉臺新詠》序:"翡翠筆牀,無時離手。"梁簡文帝書云:"時設書幌,置筆牀。"

2428 **鎮紙** 《清異錄》:"歐陽通脩飾文具,皆刻名號。鎮紙曰'套子龜',曰'小連城',曰'千鈞史'。"

2429 **界尺** 《姚氏殘語》:"太祖以柏木爲界尺,謂之'隔筆簡'。"《清異錄》:"界尺曰'由準氏'。"

2430 **水牌** 《七修類稿》:"俗以長形薄版塗布油粉,謂之簡版。以其易去錯字而省紙。官府用曰'水牌'。"

2431 **筆筒** 陸機《毛詩草木鳥獸蟲魚疏》"螟蛉有子"條:"取桑蟲負之於木空中,或書簡筆筒中。"《致虛閣雜俎》:"王獻之有斑竹筆筒名'裘鍾'[①]。"

2432 **千里鏡** 《清異錄》:"千里鏡,電之行也。"

2433 **紅紙** 花蕊夫人《宮詞》:"紅紙泥窗遶畫廊。"

2434 **艸紙** 《元史·后妃傳》:"弘吉剌皇后侍皇太后于廁,凡所用艸紙,亦以面擦軟而進之。"按:今廁上用紙曰"艸紙",本此。

2435 **蘆席** 姜夔《昔遊詩》[②]:"長竿插蘆席,船作野馬走。"

2436 **粉合** 《齊民要術》:"作香粉法:惟多著丁香於粉合中,自然芬馥。"

2437 **摺扇** 《春風堂隨筆》:"今世所用摺扇,亦名'聚頭扇'。"

2438 **扇面** 《春風堂隨筆》:"南宋以來詩詞,咏聚頭者甚多。予收得楊妹子所寫絹扇面,摺痕尚存。"《夢粱錄》"夜市"[③]:"有崔官人將字攤,梅

---

① 裘,原訛作"喪",據《貞松老人遺稿甲集·俗說刊誤》改。

② 姜,原訛作"江"。

③ 粱,原訛作"梁"。

竹扇面兒，在五間樓前大街坐鋪。”

2439 扇柄　《解醒語》：“楊璉正伽啟掘宋帝諸陵，度宗陵得五色藤絲盤、影魚黃瓊扇柄。”

2440 宮扇　《淵穎集》有題《宋度宗御書福王慶壽宮扇》詩云：“歲周甲子壽筵開，賓客滿堂宮扇來。”

2441 竹片　《世說》：“魏武征袁本初，治裝，餘有數十斛竹片，咸長數寸。”

2442 酒海　白居易詩：“就花枝[①]，移酒海。”唐《濟瀆廟北海壇祭器雜物銘》碑陰：“酒海一。”

2443 茶船　《清祕錄》：“茶船，一名茶舟。”

2444 盤子　唐《濟瀆廟北海壇祭器雜物銘》碑陰：“盤子五十隻。”

2445 疊子　今俗呼盛饌之品曰“楪子”，古作“疊子”。《北齊書·祖珽傳》：“曾至膠東刺史司馬世雲家飲酒，遂藏銅疊兩面。”《酉陽雜俎》：“劉錄事日食鱠數疊[②]。”唐《濟瀆廟北海壇祭器雜物銘》碑陰：“疊子五十隻。”

2446 甕器　《柳宗元集》有《代人進甕器表》。

2447 石獅子　《文苑英華》有唐閻朝隱《鎮座石獅子賦》。

2448 火石　潘岳詩：“熲如石取火。”[③]按：以石取火，當始於此。

2449 蠟燭　《南史·王僧虔傳》：“僧綽採蠟燭珠爲鳳皇。”按：古人燭不用蠟，觀此，知南朝始然。又《世說》：“石季倫用蠟燭作炊。”

2450 白蠟燭　《北夢瑣言》：“樂昌孫氏，進士孟昌期之內子，善爲詩。有《代夫贈人白蠟燭》詩。”

2451 花蠟燭　《四朝聞見錄》：“宣政盛時，宮中以河陽花蠟燭無香爲恨，遂用龍涎、沈腦屑灌蠟燭。”

2452 金剛鑽　《齊東野語》：“金剛鑽，形如鼠糞，色青黑，如鐵如石。”

---

① “就”前原衍“詩”字，據白居易《就花枝》刪。

② 日，《酉陽雜俎》卷十五作“初”。

③ 《文選》卷二六潘岳《河陽縣作詩二首》作“熲如檷石火”。

2453 **麻繩**　《陳書·沈衆傳》：“以麻繩爲帶。”

2454 **雜貨**　《南史·梁臨川王宏傳》：“餘屋貯布、絹、絲、綿、漆、蜜、紵、蠟、朱沙、黄屑雜貨，但見滿庫，不知多少。”

2455 **刀子靶**　《北齊書·徐之才傳》：“又有以骨爲刀子靶者，五色斑斕。”按：今人謂刀柄爲“刀靶”，本此。

2456 **糧食**　《南史·張齊傳》：“齊緣路聚糧食，種蔬菜。”

2457 **麻油**　《晉書·佛圖澄傳》：“取麻油合臙脂，躬自研于掌上。”

2458 **臘八粥**　《夢華録》：“十二月初八日，諸僧寺作浴佛會，并送七寶五味粥與門徒，謂之‘臘八粥’。都人是日亦以果子雜料煑粥而食。”

2459 **乾飯**　《世説》：“王敦初尚主，如厠，還，婢進澡豆，因倒着水中而飲之，謂是‘乾飯’。”

2460 **就酒**　陸機《毛詩艸木鳥獸蟲魚疏》“于以采蘋”條：“可糁蒸以爲茹，又可用苦酒淹以就酒。”

2461 **粉團**　《開元天寶遺事》：“宫中端午節造粉團、角黍，貯于金盤中。”

2462 **薄餅**　《荆楚歲時記》：“長沙寺九子母神，四月八日，無子供養薄餅以乞子。”

2463 **包子**　陸放翁有《食野味包子》詩。《燕翼詒謀録》：“仁宗誕日，賜群臣包子。”

2464 **茶食**　樓鑰《北征行紀》：“遼宴使臣茶食，以大桦陳四十碟。”

2465 **圓子**　周必大《平園續纂》：“元宵浮圓子，前輩似未曾賦此，坐間成四韻。”[①]又朱淑眞亦有《圓子》詩。

2466 **糖圓**　《皇明通紀》：“永樂十年元夕，聽良民赴午門，觀鰲山三日，以糖圓、油餅爲節食。”

---

① 纂，當作“槀”。“元宵”下有“煮”字，見周必大《文忠集》卷四三。

2467 **饊子**　《夢粱錄》[①]:"冬日茶肆添賣七寶擂茶、饊子、蔥茶。"

2468 **果子**　《武林舊事》:"果子:花花糖、烏梅糖。"

2469 **月餅**　《武林舊事》:"蒸作從食[②]:月餅、春餅。"

2470 **春餅**　同上。

2471 **獅貓**　《老學庵筆記》:"秦檜孫女崇國夫人小名'童夫人'[③],愛一獅貓,失之,徧索不得。"

2472 **水牛**　《世說》劉孝標注:"今之水牛,唯生江淮間,故謂之'吳牛'也。"

2473 **鵲子**　《世說》:"王平子出爲荆州,王太尉及時賢送者傾路。時庭中有大樹,上有鵲巢,平子脫衣巾,逕上樹取鵲子。"

2474 **雀子**　《北齊書·神武帝紀》:"先是,童謠云:'可憐青雀子,飛來鄴城裏。'"

2475 **九頭鳥**　梅聖俞詩:"嘗憶楚鄉有祆鳥,一身九首如贅疣。"

2476 **鵝蛋、鴨蛋**　《夢粱錄》[④]:"三日,女家送冠花、緞、鵝蛋。"又:"育子,父母家家以綵畫鴨蛋百二十枚[⑤],及芽兒繡棚彩衣至壻家。"按:鳥卵稱"蛋"始見於此。《宛委餘編》云"蛋"字似應寫作"彈",蓋鳥卵圓轉如彈丸,故有"彈"之名。其說較可信。

2477 **魚秧**　陶宗儀《南村雜賦》:"徑分黃菊本,池種小魚秧。"

2478 **田雞**　《四朝聞見錄》:"杭人嗜田雞如炙,卽蛙也。"

2479 **水雞**　《侯鯖錄》:"水雞,蛙也,水族中厥味可薦者。"

2480 **蒼蠅**　《詩》:"蒼蠅之聲。"

---

① 梁,原訛"梁"。

② 食,原訛"作",據《武林舊事》卷六改。

③ 童,《老學庵筆記》卷三作"童"。

④ 梁,原訛作"梁"。

⑤ 衍一"家"字。

2481 **蚊子** 《爾雅翼》：“蚊生艸中者吻尤利，而足有花文，吳興號‘豹腳蚊子’。”歐陽修詩序：“予作《憎蠅賦》，蠅可憎矣。尤不堪蚊子，自遠嚶喝來咬人也。”

2482 **橘子** 王建《宮詞》：“衆内遙拋金橘子。”

2483 **種子** 《陳書·世祖紀》天嘉元年，詔恤農曰：“其有尤貧，量給種子。”

2484 **小麥** 《南史·夷貊傳》：“渴盤陀國，地宜小麥，資以爲糧。”

2485 **竹子** 郭茂倩《樂府》：“江干黃竹子，堪作女兒箱。”

2486 **仙果** 王建《朝日賜百官櫻桃》詩：“仙果人間都未有，今朝忽見下天門。”

2487 **瓜子** 《南史·韓靈敏傳》：“兄弟共種瓜，朝採瓜子，暮生已復。”

2488 **根鬚** 《南史·齊晉安王子懋傳》：“華更鮮紅，視罌中稍有根鬚。”

2489 **烟火** 《宛署記》：“烟火有聲者曰‘響礮’。”《武林舊事》：“西湖有少年競放爆仗及設烟火。”

2490 **地老鼠** 《宛署記》：“烟火旋繞地上者曰‘地老鼠’。”

2491 **起火** 《宛署記》：“烟火高起者曰‘起火’。”

2492 **毬燈、走馬燈** 《夢粱錄》①：“杭城大街春冬撲買玉栅小毬燈、奇巧玉栅屏風、棒燈、沙戲、走馬燈。”②

2493 **賭錢** 《南史·王敬則傳》：“呼僚佐文武拇蒲賭錢。”

2494 **一張** 《東宮舊事》：“皇太子初拜，給香墨四九③。赤紙、縹紅紙、麻紙、救紙、法紙各百張。”④

2495 **一下** 《北齊書·廢帝紀》：“文宣怒，親以馬鞭撞太子三下。”又《陸法和傳》：“又有人以牛試刀，一下而頭斷。”《陳書·始興王叔陵傳》：“叔

---

① 粱，原訛作“梁”。
② 買，當作“賣”；“棒”當作“捧”，見《夢粱錄》卷十三《夜市》。
③ 九，當作“丸”，見《初學記》卷二一《墨第九》引《東宮舊事》。
④ “赤紙”至“百張”見《藝文類聚》卷五八《紙》引《東宮舊事》。

陵又斫太后數下。”

2496 一條　《南史·宋前廢帝紀》：“書跡不謹，上詰讓之曰：‘書不長進，此是一條耳。聞汝比素業都懈。’”

2497 六十花甲子　《唐詩紀事》趙牧詩：“手捼六十花甲子，循環落落如貫珠^①。”

2498 七旬　白居易詩：“且喜同年滿七旬。”

2499 元來　元稹《放言》詩：“蓮葉元來水上乾。”

2500 誠如　王績《三日賦》：“誠如褚爽之詞。”

2501 情知　王績《三日賦》：“情知上巳風光好。”

2502 自然　庾信《謝趙王賚絲布啟》：“妾遇新縑，自然心伏。”

2503 蚤已　《世說》：“王司州與殷中軍語，歎曰：‘己之府奧，蚤已傾寫而見。殷陳勢浩汗，衆源未可得測。’”

2504 居然　《世說》：“殷中軍道韓太常曰：‘康伯少自標置，居然是出群器。’”

2505 什麽　《傳燈錄》：“爲什麽向佛頭放糞？”

2506 恐防　王建《宮詞》：“恐防天子在樓頭。”

2507 神氣　《世說》：“王戎、和嶠同時遭大喪。王雞骨支牀，和哭泣備禮。武帝謂劉仲雄：‘卿數省王、和否？和哀苦過禮，使人憂之。’仲雄曰：‘和嶠雖備禮，神氣不損；王戎雖不備禮，而哀毀骨立。’”

2508 粉碎　《世說》：“王丞相令郭璞作一卦，卦成，郭云：‘公有震厄，可命駕西出數里，得一柏樹，截斷如公長，置牀上常寢處，災可消矣。’王從其語，數日中，果震，柏粉碎。”

2509 氣憤憤　白居易《樂府·縛戎人篇》：“同伴行人因借問，欲說喉中氣憤憤。”

―――――――――

①　貫，《唐詩紀事》卷六六作“弄”。

索 引